RADO
AUTOMATIC
SWISS MADE
WWW.RADO.COM

1 个百年钟表零售品牌的传承

4 个不同的零售渠道

50 个国际知名品牌

130 余个维修网点

370 多个零售网点

目录Contents

精选品牌表款图鉴

傳承2012 Horology Annual Book 钟表年鉴

图书在版编目（CIP）数据

钟表年鉴. 2012 / 郑世爵主编. — 汕头：汕头大学出版社, 2011.12

ISBN 978-7-5658-0404-5

Ⅰ. ①钟… Ⅱ. ①郑… Ⅲ. ①钟表—世界—2012—年鉴 Ⅳ. ①TH714. 5-54

中国版本图书馆CIP数据核字（2011）第 243507 号

PUBLISHING 出版

主　　编：郑世爵 James Cheng
责任编辑：胡开祥 Kai Xiang Hu
责任技编：姚健燕 Jian Yan Yao
出版发行：汕头大学出版社
地址：广东省汕头市汕头大学内　邮编：515063
电话：+86 (0754) 8290 3126
印刷：上海利丰雅高印刷有限公司
开本：205x200mm 1/16
印张：22
字数：150千字
版次：2011年12月第1版
印次：2011年12月第1次印刷
定价：160.00元

AUTHORITY IN CHARGE 主办

亨得利 HENGDELI 上海新宇钟表集团有限公司 Shanghai Xinyu Watch & Clock Group Ltd.
Publisher 出版人　张瑜平 Yuping Cheung
Managing editor 执行主编　陈颖 Maggie Chen

EDITOR & ART DEPARTMENT 编辑部

上海唐码城邦媒体集团 Tom Media Group
城邦国际名表 International Wristwatch
Editorial & Art Director 编辑总监　饶素芬 Josephine Jao

AGENCY 广告总代理

上海睿时公共关系咨询有限公司 Shanghai Riches PR Consulting Co., Ltd.
高蕊 Summer Gao
广告联系电话：(021) 64264985 分机8006

CIRCULATION DEPARTMENT 发行服务

上海新宇钟表集团有限公司Shanghai Xinyu Watch & Clock Group Ltd.
Manager in Ad. & distribution 广告发行主管　王艳 Apple Wang
读者服务专线：(021) 53858899

卷首语

璀璨传承 登峰大赏

又是晓寒料峭时，又是一年收获时。

尽管面对纷繁复杂的国内外经济局面、面对云雾弥漫的市场形势的艰难挑战，各家品牌均抱持着保守的态度，稳健的步伐，最后在年终拥有一个好结果，各项数据指标已回升至金融危机前的水准，尤其是中国及周边大中华地区展现的领导地位已经不言而喻，甚至成为维持全球高级钟表品牌命脉的火车头。

责任，在这里或许是更应该强调的。那么对于亨得利集团来说，不仅肩负着对中国钟表消费的引领和推动的责任，肩负着传递和承续钟表历史与文化的责任；而且，他还肩负着以创新改变生活，改变社会，改变制表产业理念的责任。

编辑《传承钟表年鉴》的目的，就是在尊重各自迥异的钟表文化价值的基础上，为当代钟表艺术在将来的历史舞台上保留一些最基本的材料和有益的参考。

自创刊以来，《传承》杂志及钟表年鉴的编辑出版工作承蒙品牌及客户的厚爱，得到了关爱支持和鼎力协助，受到了广泛的欢迎及赞赏。在此，《传承》编辑部谨向以上单位和个人以及所有关心、支持《传承》编辑出版工作的朋友们表示崇高的敬意和诚挚的谢意。

借此《传承钟表年鉴》发布之际，举办“璀璨传承 登峰大赏”首届国际名表品牌年度表款甄选活动，呈现国内消费者对于名表品牌的重视及钟表工艺的关注，期待透过此方式，让钟表的薪传能够更深入消费者印象，也为钟表业界激荡出市场价值的火花。

璀璨源于艺术之美，钟表艺术不仅是一种工艺，更是一种境界，甚至是一种哲学。让更多的人们了解到如何臻至更完美的生活方式，让中国人真正享受到钟表艺术所带来的快乐和满足，这才是我们最重大神圣的使命！

正是今年风景美，共庆新年笑语哗，而今迈步从头越。相信即将到来的2012年，对世界、对中国钟表行业来说，更将是个丰收之年。

陈颖

21

SALON INTERNATIONAL DE LA HAUTE HORLOGERIE GENEVE 2011

2011高级钟表趋势发展分析

回归常轨发展 古典复兴当道

看看这阵子国际经济形势，再对照今年两大表展所端出的新表，瑞士钟表业果然在2008年金融风暴当中得到教训，学会以保守态度、回归常轨发展，以迎接未来严峻挑战。因为消费者在历经金融风暴严重打击后，就算收入所得已恢复正常，但消费信心仍然需要时间重建，再加上近来天灾人祸频传以及国际经济诸多不确定因素，即使有中国市场这颗大力丸加持，多数品牌对于未来展望皆抱持谨慎保守态度。

由于整体经济环境受创，消费者看紧荷包的情况下，购表偏好不再像金融风暴之前暴发户心态，迷信那些超复杂功能、特殊材质与华丽珠宝表款；而是重拾以往回归正常，于是具备传统价值、古典外形、基本功能、简洁设计的表款，再度成为市场主力。因此我们可以发现到今年新款，多数着重在基本面的正常发展，基本功能的入门系列最受宠爱。例如IWC万国表今年重心完全放在入门级Portofino系列；其次是LVMH集团的ZENITH，该品牌前任总裁Thierry Nataf将产品大幅时尚化、特异化之后，2009新总裁Jean-Frédéric Dufour走马上任，产品便回归技术导向之传统品牌定位。

IWC
MON 25
SCHAFFHAUSEN
SWISS MADE

IWC
SCHAFFHAUSEN

ZENITH
SWISS MADE

LONGINES
AUTOMATIC
SWISS MADE

BASELWORLD

VACHERON CONSTANTIN
GENEVE

古典设计散发传统精神

制表业回归传统发展路线，在设计上既能快速反应又能充分表现者，莫过于复刻自过去经典表款或者采用古典设计元素。其次，快速崛起之庞大中国市场，对于这类古典设计之偏好，也是今年复刻表大行其道主因之一。这类表款从Swatch集团来看，浪琴LONGINES的Twenty-Four Hours飞行表最为出色，复刻自1950年代浪琴为瑞士航空特别制作的产品，表盘上独特的24小时指示方式，是表款名称之由来。其次，拥有长达256年悠久历史，江诗丹顿VACHERON CONSTANTIN的复刻表具备得天独厚之价值，因此其Historiques Aronde 1954长方形手动腕表，便成瞩目焦点，当然其形似双翼之双拱弧形独特表壳设计，有锦上添花之效果。还有，帝舵表TUDOR也在2010年以Heritage系列加入复刻行列，该系列新成员Advisor腕表，搭载全新响铃机构，以声音重新诠释这波新古典浪潮。

中国势力引发龙年风潮

虽然先有金融风暴后有欧债问题接踵而至，但瑞士制表业受害程度却低于预期，主因在于中国跟俄罗斯这类大型新兴市场崛起弥补了伤害，于是华人的消费偏好便成为设计重点之一。适逢明年是华人最爱的龙年，为投其所好于是今年表展会场上飞龙蔽日、龙表齐聚，最精彩者首推伯爵PIAGET龙凤腕表。伯爵汇集三大珐琅彩绘技艺，加上金工雕刻、珠宝镶嵌与卓越超薄机芯，龙凤腕表堪称天时、地利、人和之中国风杰作。不让伯爵专美于前，芝柏GIRARD-PERREGAUX也以ww.tc世界时区腕表，在表盘中央以珐琅技艺挥洒出龙形图案，完美呈现中国主题；还有掐丝彩绘名家雅典ULYSSE NARDIN，也以拿手技法推出彩绘Classico金龙腕表，图案上各种明亮釉彩，将龙形飞跃神韵精准描绘。看来龙不只是中国神兽象征，也是制表业的幸运符！

两极发展顶级表生意盎然

当经济低迷时消费者算盘打得精，那是指一般普罗大众而言，对于亿万富豪来说，经济再差也不过是帐目上零头变化而已。因此即使今年简约设计当道，却还是不乏百万名表推出，尤其是高技术、高价位的三问表，积家经典的Reverso系列今年即以一款加装幕帘的Reverso Répétition Minutes à Rideau三问表，推开表面上幕帘同时也启动三问打簧装置，释放出优美清脆报时声响，视觉跟声音机构巧妙融合，是高价复杂表上乘之作。

2011年瑞士钟表展中，各家品牌均全力推出创新之作，并对2011年的钟表销售抱持乐观态度。

成长中见保守

2011年高级钟表市场分析

当2011年第一季瑞士钟表展包括BASEL、S.I.H.H.结束之际，从集团至独立品牌均表示，回馈自各地区市场的业绩数据皆展现惊人的能量，并一致看好2011年的状况，但不料全球经济环境一夕数变，变化之大让人有些措手不及。

事件发生是从欧洲区的希腊开始，七月份再延烧至意大利。八月又因美国主权债务评级遭标准普尔调降，使得全球股市一夕之间迅速崩盘。至本刊截稿为止，欧元区与美国这两大经济体的利空，使得整个金融市场仍普遍悲观，股市亦疲软不振。经济大环境不佳自然对奢侈品消费市场冲击极大。尽管金融危机的发生，不会迅速反应在各钟表集团的财报数字中，不过市场未来的保守走向应该可被预期，毕竟各国都不想再经历二次衰退。

从瑞士钟表工业协会Federation of the Swiss Watch Industry FH及三大钟表集团包括Swatch Group斯沃琪集团、Richemont Group历峰集团与LVMH所提供的财报数字推敲分析，发现全球高级钟表市场从2010整年至2011前半年的财报所呈现的数据，已回升至金融危机前的水准，尤其是中国及周边大中华地区呈现的领导地位已经不言可喻，甚至成为维持全球高级钟表品牌命脉的火车头。

2010 瑞士钟表出口总值（单位：10亿瑞郎）

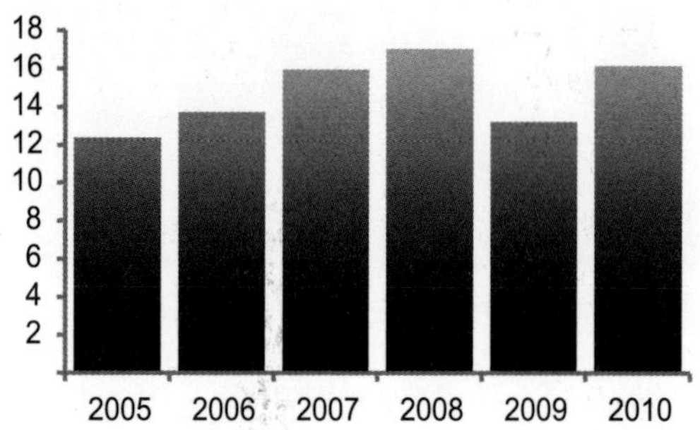

2010瑞士机械表输出值（单位：10亿瑞郎）

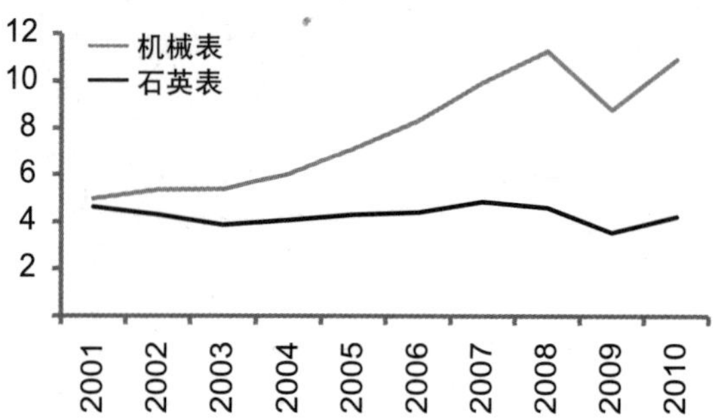

2010至2011瑞士钟表出口数据成长惊人

从2010年的全年度报表观察，金融风暴后的市场销售反弹速度十分明显。相较于2009年出口总值下滑22.3%，2010年整年的销售刚好由负转正，成长22.1%，金额达到一百六十亿瑞郎，比起2009年多出了29亿瑞郎，甚至比起高级钟表的高峰期2008年的最高记录：一百七十亿瑞郎也不遑多让，可见品牌对市场的预期相当正确。接着再根据2011年上半年（一至八月）的报表解读，瑞士钟表出口延续了2010年的气势，可说一路长红，从高级钟表进口前三十名国家来看，仅有欧洲五国中的葡萄牙与希腊呈现衰退，就连之前衰退的德国与日本，也能有个位数的正成长。

2011上半年瑞士钟表前十大输出国

国别	2011	2010	成长率
中国香港	2381.1	1881.6	26.50%
美国	1216.2	998.2	21.80%
中国	962.7	651.7	47.70%
法国	827.6	699.1	18.40%
新加坡	697.7	561.6	24.20%
意大利	648.5	588.5	10.20%
德国	540.5	493.8	9.50%
日本	522.1	491.1	6.30%
阿拉伯联合大公国	448.6	356.9	25.70%
英国	399.1	369.5	8.00%

（数据由2011年1月-8 月）　（单位：百万瑞郎）

三大品牌总裁Marc A. Hayek

Marc A. Hayek是目前最重要的集团人物，身兼斯沃琪集团的三个最高端品牌总裁，掌握品牌的设计、开发走向，甚至将带动整个集团品牌的销售。

OMEGA新机芯、新材料

身为集团里最重要的中坚品牌，OMEGA除了持续以同轴擒纵为主打，2011年也推出9300自主计时机芯以及液态金属表圈，相信会引起新一波的话题与销售。

2011年上半年整体总值成长达19.2%，与2010年上半年同期差距不大，或许大家应把注意力放在下半年来观察。

至于前十名的国家或地区中，中国香港仍蝉联首位，比起2010年成长26.5%，第二名则是近期问题重重的美国，但仍旧保有21.8%的成长；不过2010年还位居第五名的中国，2011一举挺进第三名，成长幅度达47.7%，而中国与第二名美国之间的差距也缩小为两亿五千万瑞郎（2010年差距为三亿四千万）。以其成长均数预测，后续中国势必包办高级钟表的前两名，加上新加坡（+24.2%）、南韩（+33.7%）、台湾（+11.1%），亚洲无论经济与消费力都确实超越了旧时由欧美主导的局势，甚至成为欧美品牌的主要消费地区。

Swatch Group再创营运佳绩

在Nicolas G. Hayek离开后，2011年也是Swatch Group新的决策团队开始运作的第一年，其中的核心人物仍是Hayek家族成员，包括董事会主席Nayla Hayek、集团执行长Nick Hayek，以及备受瞩目、掌握三个最高端品牌包括宝玑BREGUET、宝珀BLANCPAIN与雅克德罗JAQUET DROZ营运的执行长Marc A. Hayek。

集团在2011年上半年的财报显得十分强劲与乐观，或许是新的团队在既有的扎实基础下，也能发挥得游刃有余。2011年上半年又再次突破集团的业绩纪录，总销售业绩金额达到33亿瑞郎，比起2010年还成长24.2%，不过因为受到瑞郎在年初一波的强势升值，造成3亿8千万的损失，但净利仍

SWATCH GROUP 2011年上半年财报

项目	2011上半年	2010上半年	成长比例
总销售收入	3362	3017	24.20%
营业收益	756	626	20.80%
税后纯利	579	465	24.50%

（单位：百万瑞郎）

SWATCH GROUP 2011年上半年 钟表珠宝部财报

项目	2011上半年	2010上半年	成长比例
总销售收入	2913	2572	27.40%
营业收益	621	559	11.10%
税后纯利	2749	2427	13.30%

（单位：百万瑞郎）

万宝龙高速发展

从收购Minerva，强化了高级钟表制作后，让万宝龙旗下不仅只有书写工具为单一强项，也带动包括其他如皮件、珠宝等等项目，2011年财报已单独成为计算分类，在集团占有举足轻重的地位。

达到5亿7千9百万，有着24.5%的高成长比例。

钟表与珠宝部分，达到27.4%、29亿瑞郎的销售金额成长，仍是集团主要的获利领域。而财报中提到的另一项重点，集团整体的获利，除了是之前致力于零售通路的布局与发展所得，另外，单单生产部门就贡献了9亿6千万瑞郎、28.5%的成长率，这表示，掌握瑞士制表生产关键的Swatch Group，尽管之前宣布了从2010年开始限产ETA机芯的政策，但是以目前总供应产量的基本面来说，还是替集团带来很不错的收益，或许未来更会强化集团各价格带的品牌，在全球市场的潜在影响力。

Richemont Group 2011年财报表现亮眼

Richemont Group历峰集团，2011年财报同样是从2010年3月开始计算至2011年3月，当然，这段期间就是钟表市场反弹骤升的时间，所以帐面数字的亮丽，看来莫不令所有投资者兴奋。尤其历峰旗下均属高端品牌，所以其数据更具有市场指标性意义，但近期的欧美经济危机均从七、八月才开始，或许可以想见2012年的财报会不如2011年好。

根据历峰的2011年度财报显示，集团整体营收达68亿欧元，比起2009年的51亿欧元成长33%，数字相当惊人，复苏后的2010年确实让集团大有斩获，特别在中国部份，据传，多数历峰集团的钟表品牌，对大中华地区的依存度，甚至已超过百分之五十。另外，珠宝仍然占集团最大销售百分比，

历峰集团 2011年财报

项目	2011	2010	成长比例
集团销售	6892	5176	33%
营业获利	1355	830	63%
税后净利	1079	600	80%

（单位：百万欧元）

历峰集团 2011各部财报

项目	2011	2010	成长比例
珠宝	3479	2688	29%
专业制表	1774	1353	31%
万宝龙	672	551	22%
其他	967	584	66%

（单位：百万欧元）

历峰集团各部门销售比例图

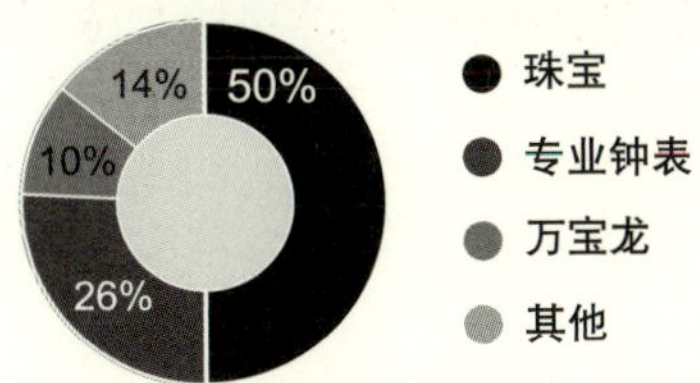

宝格丽进入LVMH集团

宝格丽为意大利知名的珠宝品牌，原是家族独立经营，直至2010年被LVMH并购，旗下的腕表与珠宝相信能替集团带来极高收益。

尽管金额增加、但比起2010年占比下降2个百分点，来到50%、34亿欧元，专业钟表的部份则维持26%，但金额上升至17亿欧元，总体来说，历峰集团旗下虽有不同类别商品，仍是以珠宝与钟表领域马首是瞻。不过这当中有趣的是，因为万宝龙旗下商品的多元化经营，历峰在2011年将其归类为单一项目计算，所以万宝龙的腕表并不在专业制表的栏目中计算。

在销售地区业绩比，以往欧洲地区一直是历峰集团最主要市场，2011年成长达23%、25亿欧元，亚洲太平洋地区的整体业绩虽然还不及欧洲，但成长幅度却已经是欧洲的两倍之多，金额从2010年的17亿达到2011年的25亿欧元、成长48%，并再次拉近与欧洲市场的差距，从3亿到现在仅剩1千9百万欧元，市场的消费力差距可见一斑，预计明年就会宾主易位。至于其他市场像是美洲、日本等，也都有双位数的成长。

LVMH 集团 2011年上半年财报

项目	2011	2010	成长比例
集团销售	10292	9099	13%
营业获利	2223	1816	22%
税后净利	1463	1144	22%

（单位：百万欧元）

LVMH 集团 2011年上半年各部门财报

部门	2011	2010	成长比例
酒类	1435	1302	14%
时尚皮件	3971	3516	39%
香水化妆品	1518	1441	15%
钟表珠宝	576	443	30%
零售	2831	2419	27%
总计	10292	9099	13%

（单位：百万欧元）

LVMH 销售地区比例图

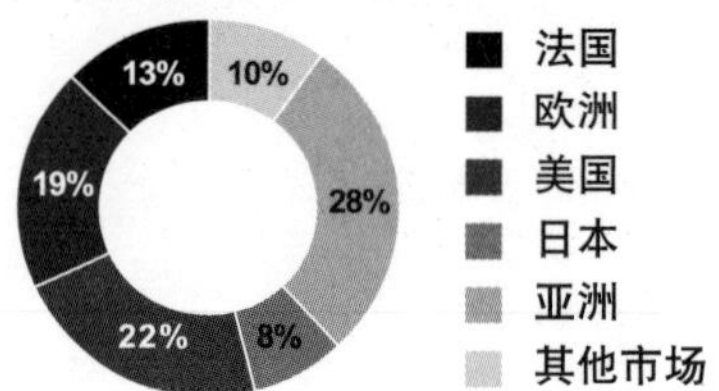

LVMH钟表珠宝部门如虎添翼

LVMH在2010年最大的新闻，就是并购了意大利知名珠宝商BVLGARI宝格丽，原执行长Francesco Trapani也进入LVMH的执行委员会；LVMH甚至还野心勃勃地持续扩张其集团版图，如透过控股公司买下爱马仕HERMÈS的股权，引起一波不小的涟漪。看起来从加入宇舶表HULBOT、宝格丽等强势伙伴，加上原有的品牌，LVMH真是拿得满手好牌，未来的发展、甚至收购状况，只会更趋凶猛。

整个集团在2010年的总营收呈现成长的态势，从2009年的一百七十亿成长为两百亿欧元，共成长19%。至于钟表珠宝部门从2009年的七亿六千万到2010年为九亿八千万欧元，高达29%的涨幅，总值仍是集团最低，但还是所有部门的成长率之冠。最重要来看到2011年上半年的表现，集团总营收达一百亿欧元，比2010年上半年同期的九十亿成长13%，钟表珠宝部门则达五亿七千万欧元，超出2010年同期30%。

销售地区上，2011年欧洲地区还是LVMH集团的主要市场，法国与其他欧洲地区相加后共占比32%，比起2010年略跌1%。除了日本之外的亚洲，则上升至28%，是LVMH第二大的市场，但比例相差已无几，加上中国持续强劲的能量带动下，2012年必然与其他集团财报呈现相同结果，就是亚洲成为第一大市场。

2011

顶级瞩目杰作

机械表的巅峰，就是现在。
今年，在SIHH、BASELWORLD相继出现了前所未见的微机械杰作，它们空前，但不会绝后——
机械表复兴的底蕴正是传统工艺与现代化科技的结合、保守讲究细节与突破大胆创新的婚姻。
冲突而不断进化的两种属性会创造出全新的血统，为机械表创作出更多的基因。
每年都会比之前好，而现在又比刚才好，一言以蔽之，名曰“进步”；以不断地革命，持续地精进。
精选十二款作品是不得已的选择，成千上万的作品不免沧海遗珠，
我们以最大的智慧与经验，挑选出最独特、有话题性、有创造力、有持久度的十二款手表，
来自不同的品牌，代表殊异的价值坚持：
相对平价的表款依恃的可能是强大的售后服务以及产品口碑，
天价的作品讲求的可能是别人达不到的那一点点差异。
不论所由来差别何在，它们都独一无二，代表机械表所开创的绝顶化境。

A.LANGE & SÖHNE
Richard Lange Tourbillon “Pour le Mérite”

AUDEMARS PIGUET
Royal Oak Offshore Selfwinding Tourbillon Chronograph

BLANCPAIN
L-Evolution 8822

BREGUET
Reveil Musical

HARRY WINSTON
Opus 11

JAEGER-LECOULTRE
Reverso Répétition Minutes à Rideau

LOUIS VUITTON
Tambour Minute Repeater

MONTBLANC
Villeret 1858 Tourbillon Bi-Cylindrique

PANERAI
Luminor Submersible 1950 3 Days Automatic Bronzo

PATEK PHILIPPE
Ref. 5208P

PIAGET
Emperador Coussin

ROLEX
Explorer II Ref.216570

Explorer II Ref.216570

直径42mm的904L不锈钢表壳／时间、日期指示、两地时间功能／Cal.3187自动上链机芯，储能48小时，Parachrom游丝，Paraflex避震器／蓝宝石水晶镜面／防水100米

赏

ROLEX 劳力士

抗震防磁性能升级

今年是探险家二号的40周年纪念，

许多表友朝思暮想的新款终于在这年度出现；

接近原始设计的桔针，特有一番风味。

除非推出新系列，不然劳力士每年会发表什么更新版本，基本上是算得出来的；今年，就该是探险家二号。新款回归1971年的原始设计，桔色指针相当抢眼，同款有黑与白色表盘两种，原作本为白面，因此后者更有古风；但黑面设计属运动风格，向来深受表迷喜爱。表壳虽然较旧款直径含蓄的大了2mm，视觉上却已大上许多，所幸戴上手仍很合宜，连笔者这种戴不惯大表的人都觉得恰到好处。表壳与表带都改为904L不锈钢，这种钢材较一般使用的316L钢更具抗腐蚀的本领，但含镍较多，不适合易过敏的肤质；或许是这个原因，旧款只有表壳采用这种材质，表带则用316L。不过实际上，对金属过敏的情况比例并不高，若以劳力士坚实耐用的形象来说，全表使用904L则更能符合其特质。

表扣与GMTII一样可以做半个链节的微调，相当方便。机芯型号改成3187，除了换上独家的Parachrom抗磁游丝与Paraflex避震器，官方并没有说明还有甚么不同，一般认为机芯的基础应与之前的3185和3186相差不大，估计可能是随着表盘加大而将日历盘向外推移，以获取更平衡的视觉效果。

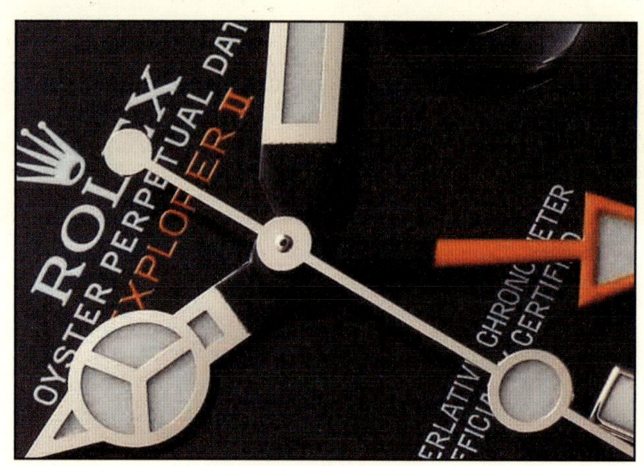

三枚指针靠近轴心的地方皆涂成与表盘相同的黑色，看起来像是指针漂浮在表盘之上，品牌称之为神秘的“Phantom”效果。这设计是否更为好看则见仁见智。

加大的表壳看起来更为厚实可靠，质感也提升不少，表冠与旧款一样搭配有双重防水胶圈的旋入式表冠，镜面上有能放大2.5倍的日历放大镜，保有传统特色。

Ref. 5208P

直径42mm的PT950铂金表壳／时间指示、瞬跳万年历、计时与三问报时功能／Cal. R CH 27 PS QI自动上链机芯，以Silinvar材质制作之Pulsomax擒纵叉及擒纵轮，Spiromax游丝／蓝宝石水晶镜面与可更换式透明或实心表背

赏

PATEK PHILIPPE 百达翡丽

复杂王者犀利出击

PP推出现行表款中，
复杂程度排名第二的大复杂功能表Ref.5208P，
具备三问报时、单按把计时以及视窗式瞬跳万年历功能。

Ref.5208机芯主要分三个层次，最靠近表盘侧是万年历模组、中间是计时模组，摆轮侧则是基础机芯及三问报时模组，由701枚零件构成。

Ref.5208P是PP现行表款里的二当家，复杂程度仅次于Sky Moon Tourbillon，仅凭名号就让它不可一世，而其中的真材实料更是令人咋舌：它是少见的自动上链大复杂功能表，擒纵结构采用独特的Silinvar硅质材料制作，擒纵及游丝分别是PP拥有专利的Pulsomax以及Spiromax，代表传统百达翡丽制表价值，努力迎向高科技的深远意涵。

它的计时模组来自全世界最薄的CHR 27-525 PS计时机芯，采用单按把及导柱轮结构，计时轮系所采用的齿形也由PP独家开发使用，能有效传输发条动力，避免计时迟滞；瞬跳万年历模组来自Ref.5207；三问报时功能则向来是PP最抢手的复杂功能，它必须耗去制表师太多工时制作及调整，还必须经过总裁Stern父子亲耳验收才能出厂。

划时代的新材质Silinvar本身就极有意思，在硅材质零件表面以物理气相沉积工法镀上一层镀膜，让物理特性比纯硅质零件更适用于制表！Pulsomax擒纵器及Spiromax游丝都以这种材质制作，拥有坚硬、质轻、几近无摩擦力、防磁且抗磨等特性；初期只搭配950铂金制作的表壳。

偏心式自动盘设计才不会掩去三问报时结构的光彩，光是PP的问表就已经非常难得，这款表更加上自动上链、计时以及万年历功能。

Luminor Submersible 1950 3 Days Automatic Bronzo 47mm

型号PAM00382／直径47mm 青铜表壳表圈与钛金属底盖外圈，单向旋转表圈／时间指示与日期窗／P.9000自动上链机芯，储能72小时／蓝宝石水晶镜面与透明底盖／皮革表带与钛金属针扣／防水300米／限量1000只

赏

PANERAI 沛纳海

古意盎然的青铜材质

在半个多世纪之前，
沛纳海曾经为埃及海军制作专业潜水表，
本款由其衍生而来，独特青铜材质更贴近品牌的海洋风格。

在早期不锈钢的抗腐蚀能力与制作成本居高不下的情形，许多航海的金属工具都采用青铜做为材质，不论是船只上的工具，亦或是潜水员的头盔配备，都使用这种抗海水且防腐蚀的材质。而且其稳定性高，具有优异的可塑性与延展性，结构强度亦十分杰出。在2011年，沛纳海首度使用青铜CuSn8来制作表壳，青铜是铜与锡的合金材质，在金属切割制作完成后，会保留原材料柔和的色泽，但是在经过岁月的流逝之后，在表面会形成绿锈的色泽，呈现出古朴的金属风格。而这样的表面氧化反应，并不会影响整体的材质强度，就如同不锈钢表面会产生氧化铬一般，只是氧化物的色泽不同，所以表面会有不同的呈现模式。而青铜表壳的表面采用磨砂拉丝处理，直径为47mm，搭配沛纳海的专利表冠护桥与旋入式底盖，防水深度可达300米。表款内部搭载P.9000自动上链机芯，具有双发条盒结构，机芯的表面采用3/4夹板设计，但是厂方特别在擒纵结构上方开设一个视窗，可窥见擒纵轮与擒纵叉的运作情况。采用特殊X造型的环状四臂摆轮，具有四颗微调快慢的螺丝，搭配不受快慢针影响的游丝结构，可提供更为稳定的运转准确度。

为了减低人体对于青铜的敏感性，厂方特别使用钛金属透明底盖，结合蓝宝石水晶玻璃，让消费者在佩戴腕表时，没有任何过敏的疑虑。

沛纳海Luminor系列的表冠护桥，不仅方便操作，且兼具防水与保护表冠等功能，是本系列表款的最大特色。在本图片中，也特别呈现青铜材质使用之后的样貌。

Richard Lange Tourbillon "Pour le Mérite"

型号760.032／直径41.9mm的18K玫瑰金表壳／规范式时间指示／Cal.L072.1手上链机芯，直径33.6mm、32石、振频21,600摆、储能36小时、德国银机板、陀飞轮装置／蓝宝石水晶镜面与表背／手工缝制鳄鱼皮表带搭配玫瑰金折叠扣

赏

A. LANGE & SÖHNE 朗格

表盘开阖的新机关

朗格新表里最吸睛的一款，独特的表盘开关设计；
精巧傲人、具体而微的芝麻链与专利可停秒陀飞轮，
让爱表人情绪沸腾。

虽是四分之三夹板构造，镂雕后不见原貌，但可以看到空心宝塔轮、芝麻链等精巧的结构，少了神秘感，多了份满足；这款机芯确是微机械里的杰作。

Pour le Mérite是普鲁士王国里最高阶的军事勋章，朗格巧妙运用历史资产，把自觉最顶级的表都冠上这个称号，感觉正像是“顶级特仕款”。Richard Lange Tourbillon “Pour le Mérite”是今年的代表作，独特开孔表盘、芝麻链动力系统以及可停秒的专利陀飞轮擒纵结构，使其跻身顶级手表之列。表盘规划参考自鲁普士宫廷御用制表师Johann Heinrich Seyffert，时、分、秒针互不重叠，其巧思在于秒针副表盘采镂空设计，为整只表点了眼。开孔下可见陀飞轮，附补重螺丝摆轮，螺丝锁定游丝头，非常朗格的配置；它还暗藏机关，小时副表盘与秒盘是有交错的，但交错的部份会移动，每六小时旋转90度，且机构很特别，表盘下有额外蜗型齿及击锤，工作方式近似逆跳结构，表盘快速瞬跳出现无误，有趣的是当逆调时并不瞬跳，还会慢慢收回去。翻过表即见如芝麻链，链目小而精巧。动力结构占50%的机板面积，止逆子采用古法处理，与发条盒同轴配置，多出来的簧片与机板造型搭配天衣无缝，这样耗工、效率却不见得高的方式，只为了罕见的美观而采用。芝麻链上有额外的止动钩，推测它应有预防拉断芝麻链的效果。

每6小时会跳动一次的小时副表盘是绝佳设计，上方的击锤、螺型齿会随着时间累积弹力，蓄满之后一次释放；而没有明确落差的齿形设计，让这个机构即使倒转也不会损坏。

Reverso Répétition Minutes à Rideau 三问腕表

直径55×35mm的18K白金表壳／时间指示与三问报时功能／Cal.944手动上链机芯，储能35小时／蓝宝石水晶镜面与透明底盖／黑色鳄鱼皮表带与18K白金针扣／防水30米／限量75只

赏

JAEGER-LECOULTRE 积家

幕帘式三问启动新法

高复杂功能一向是积家的绝活，
Reverso三问表同样感受到绝佳创意，
不仅符合翻转表壳的原创，更增添报时的神秘感。

2011年是Reverso推出八十周年，身为积家最著名表款，早在S.I.H.H.前，厂方就已经透露新款Grande Reverso Ultra Thin大型超薄腕表的资讯，但仅简单的两针，似乎不足表现Reverso传奇与创意的概念。因此积家在展场推出的Reverso Répétition Minutes à Rideau 三问表，将其可翻转式表壳的概念，发挥的淋漓尽致。一般来说，传统的三问表需要拨杆来启动三问功能，而本只腕表则是使用前方的滑动式幕帘来操作；当将幕帘往左推到底，便可启动三问功能，同时也可看见机芯上层的三问报时结构与表盘指针。白金材质的幕帘使用16块平行排列的长形板条，结合表壳上下方的轨道链结，除了可启动三问报时功能之外，同时也替报时发条盒上链。全新944手上链机芯，整体厚度5.89mm，采用积家新型的双轴心音锤设计，可提高敲击能量；同时结合非传统的调速装置，在运行过程中，带有铂金砝码的杠杆会微微向外延伸，将宝石固定在四壁上滑动，使报时杂音减至最低。另外，三问表中最重要的零件—音簧，则是采用积家特有的特殊合金制作，其截面为方形而非圆形，能跟音锤产生更大的接触面积，使声音更为响亮。

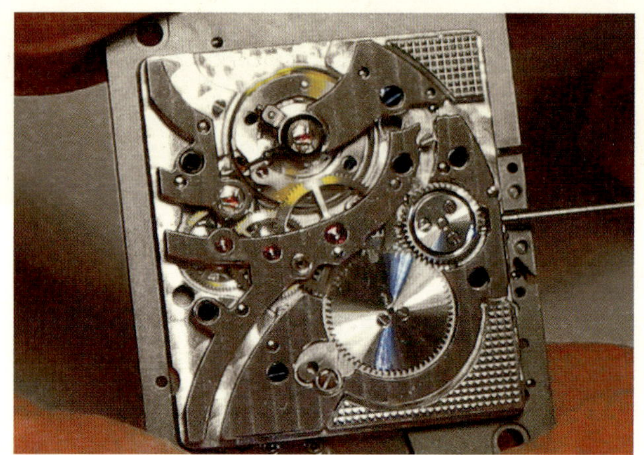

积家的这枚Cal.944手上链机芯，是由一枚薄型手上链机芯，然后再附加三问功能模组而成，图为制表师展示背面的机芯结构。

在仅有拇指般大小的空间，制表师必须将所有的报时零件装入其中，所以可以看出整个机芯结构非常紧密。而且音簧结构为一体成型，并采用特殊的弯曲样式。

Villeret 1858 Tourbillon Bi-Cylindrique

直径47mm的18K白金表壳／时间指示／MB M65.63手上链机芯、储能46小时、陀飞轮装置、双圆筒摆轮游丝、神秘钟设计／蓝宝石水晶镜面／防水30米／限量8只

赏

MONTBLANC 万宝龙

首见双圆筒式游丝

圆筒摆轮游丝碍于体积而难以用于腕表之上；
万宝龙将之缩小并改为双游丝系统且融合陀飞轮装置，
精准计时更上层楼。

万宝龙旗下属鉴赏级别的Villeret 1858系列，不但受到同业关注，更得到腕表收藏家的青睐，此款Tourbillon Bi-Cylindrique则是该系列的最新成员，中文译为双圆筒摆轮游丝陀飞轮腕表，它以万宝龙的神秘钟陀飞轮腕表为雏形，新增了两项迷人的特征；一是采用双圆筒摆轮游丝，二是揭开神秘钟的面纱，直接在表盘上大胆显露带动时、分水晶圆盘的轮系设计。两者都是在传统的技术上，赋予创新的面貌，不但在视觉上让人耳目一新，同时展现了技术实力。

机械腕表使用的游丝基本上有三种形式，一是扁平螺旋式，二是宝玑双层式，三是极为少见的圆筒式，由先而后依序来说，体积越来越厚，但等时性则是越来越好，换句话说，越后者越精确。圆筒游丝问世后，主要被应用在对精准要求非常严苛的航海钟上，不过，这要应用到空间有限的腕表上可不容易。目前能自制游丝的品牌屈指可数，而万宝龙是其中之一，因此有能力研发独门的圆筒形游丝，更特别的是，以传统设计为基础改良而成的双圆筒游丝系统，借由两个同圆心而不同直径的圆筒式游丝，一缩一放释出相同扭力，可以达到最佳的等时效果。

万宝龙独创的双圆筒式游丝，性能优异绝无分号。

三时位置可以看到带动神秘显时的走时轮系。印有时、分指针的两个蓝宝石水晶圆盘上下重叠，其边缘分别附有金属轮齿，借之与走时轮系相连，相当有趣。

Emperador Coussin自动陀飞轮

型号G0A36041／直径46.5mm、厚度10.4mm的18K玫瑰金表壳／时间指示、独立小秒针及储能指示／Cal.1270P自动机芯、直径34.9×34.9mm、厚5.55mm、35石、振频21,600摆、储能约40小时、18K玫瑰金微型自动盘、陀飞轮装置／蓝宝石水晶表面／黑色鳄鱼皮表带搭配玫瑰金折叠扣

PIAGET 伯爵

极致超薄 刷新纪录

伯爵先前就因9P、12P超薄机芯而闻名遐迩。
如今的超薄新机芯更掀波涛，
厚仅5.55mm的自动陀飞轮机芯1270P粉墨登场。

1270P机芯撷取1208P的微型自动盘上链结构、以及600P的薄型陀飞轮，组成一只冠绝古今的超薄陀飞轮机芯，结构相当罕见，机板的厚度就是整体厚度，迥异于一般机芯概念。

1270P机芯充分利用机板面积，为了降低厚度，不能像现行自动机械机芯采多层（两层）式设计，最明显者莫过于从自动盘到带动发条盒的钢轮组合，不像传统大小钢轮，1270P上大大小小一字排开七只钢轮，光是安排这些部分，对工程师就是不小的挑战。其余顶级表该有的苛求自然也体现在机芯上，倒角、环状打磨、蓝钢螺丝，机板上特有的放射直条、部分镂空的机板也是值得细细推敲琢磨的可爱细节。

伯爵在超薄领域的成就有目共睹，但对顶级收藏家来说，最有吸引力者非1270P自动上链陀飞机芯莫属，此机芯目前只安装在Emperador Coussin表壳里，表身厚度仅10.4mm，现行陀飞轮表中应无出其右者。

它集现阶段伯爵制表实力之大成，极薄体型以及陀飞轮结构，都是伯爵擅长的领域，超薄表对于厂家的难度在于建立整个供应链，大多数适用于正常机芯的零件几乎全不适用于超薄表，或许表面上只是更薄的机板、轴心更短的齿车，更薄的宝石轴承；原本就小量生产的零件也还罢了，但齿车这类已有固定型号的通用零件，小量生产当然可行，只是成本绝对远超乎常人想像。

它的表背采窥孔形式，一处是陀飞轮窥孔，能见到擒纵结构运作，另一处则是储能指示，整体规划具巧思而少见，表背上有伯爵厂徽，质感极佳。

Reveil Musical

直径48mm的18K白金表壳／时间指示、储能指示，音乐报时及播放功能／Cal.777M自动上链机芯，硅质擒纵结构，专利盘式发音结构，液态金属振膜，走时打簧双动力供应／蓝宝石水晶镜面与实心表背／防水30米

赏

BREGUET 宝玑

专利唱盘液金振膜

宝玑的Reveil Musical是极罕见的音乐手表，
采用盘式发音结构及
独特液态金属（Liquid Metal）振膜。

BREGUET的Reveil Musical或许不是世界首只音乐手表，却是罕见将高科技融入传统顶级制表传统的表款，它采用专利音盘结构取代主流的筒式结构，旋转的音盘上有销钉，会拨动梳形音簧，发出长近半分钟的音乐，为了让手表里体积被迫缩小的音簧展现出够大音量，BREGUET更为它量身打造了专用振膜，让声音能传得更远；播放音乐时，表盘内圈会快速旋转，饶富乐趣。

振膜所采取的材质名为液态金属，它并不是电影“魔鬼终结者”里的可变换外形的金属，而是成型方式与传统金属制成不同的合金，导入重点不在哗众取宠，而在于可能改变整个制表业。为了传出乐音，表背上必须有开口，而液态金属振膜高明之处就在它便于制作成任何形状，而不会大幅提高加工成本。因此虽有8个开口，还是能保有深达30米的防水性能。

它还有硅质擒纵轮，品牌特有的宝玑绕头游丝；在外观上它与传统宝玑表大同小异，绝佳的表盘手工镌刻、蓝钢宝玑针，焊接表耳、而宝玑偏好的表壳钱币刻纹因为音乐表的属性而稍有更动，表身上镌刻的是音谱记号及音符，秒针尾端的配重纹饰则是高音谱记号。

表背上还留有开口，以便声音传出；这正是液态金属必须介入的原因，极精密的扩音振膜还肩负了防堵水及湿气进入表壳内的重责大任；它仍拥有防水30米的能力。

宝玑附上独特表盒，以侏罗山区里惯常用于制作乐器的顶级云杉打造，独特内部设计考虑到音频放大效果，表放在里头播放音乐，乐音会被放大，效果正如留声机喇叭筒一般。

Opus 11

18K白金材质／时间指示（翻转字牌小时显示、分钟十位数字采跳时显示）／手动上链机芯，储能48小时／蓝宝石水晶镜面与透明底盖／鳄鱼皮表带搭配折叠扣／防水30米／限量111只

赏

HARRY WINSTON 海瑞温斯顿

令人眩目的翻转系统

Opus 11将显示分成两个舞台，
小舞台每十分钟跳跃一次还不够，大舞台每小时的
字牌转换如同乾坤大挪移，让人目不转睛。

表背为透明底盖设计，类似"8"字型的蓝宝石水晶玻璃制作不易，同时在左下角也可见如同怀表机芯的大型摆轮与造型特殊的擒纵轮设计。

Opus 11大致可分为三个部分，首先在表壳两点到三点钟位置的是分钟显示，两个同轴的数字盘在内圈为跳时显示的十位数字，外圈则为个位数字，接着在下方四到五点钟位置的则是大型的钛合金摆轮。至于最重要的是腕表中央的小时显示，由四个字牌组合成一个数字，承载字牌的是底下的大型旋转平台，平台上共有四组卫星系统，每组系统配有三对字牌，字牌正反两面都印上一部分的小时数字，所以一共有24个字牌，每逢整点时，除了底部平台会转动，四组卫星系统的组件也同时联动，令人眼花缭乱的字牌翻转过程会在三秒内组成正确的小时数字。当然装置都经过精密计算，在一个复杂高达10层的外摆线轮系转动结构（Epicycloidal Gear-train）上，结合许多特殊齿轮，其中倒角轮系齿轮（Bevel Gears）负责转换字牌的翻转轴，且依序推动滚轴结构向前进，才能在整点瞬间转换正确位置。还有三角齿轮和椭圆齿轮装置，则用于调节齿轮的旋转速度以吸收冲击力。此外齿轮制作也比照半导体的微型制程，倒角轮系齿轮的伞形尖端宽度仅1.2mm，还有翻转路径长短更得丝毫不差，才能减少翻转空间的浪费。

在表壳右侧两点至三点钟位置为分钟显示，两个同轴的数字盘显得很有立体感，且内圈数字盘为十位数，以特殊的跳时方式显示。

L-Evolution 8822
陀飞轮大日期自动盘动力储存

直径43.5mm的18K玫瑰金表壳／时间指示、大日期窗，陀飞轮装置，动力储存指示／Cal.4225G自动上链机芯，储能168小时／蓝宝石水晶镜面与透明底盖／防水100米

赏

BLANCPAIN 宝珀

改革动力储存指示

今年宝珀将动力储存指示破天荒的安置到自动盘上，
在自动盘下，藏着宝珀专利的差速器，
传递出L-Evolution革新本质。

乍看下，今年宝珀新推出的L-Evolution外形似乎与往年没什么独特之处。大日期窗、陀飞轮、七日动力储存，整体设计延续L-Evolution一贯的非古典气息。表盘刻意透空，显露大日期视窗的两个转盘以及打磨的机芯机板，完全展现出L-Evolution深刻的机械感。但如果只是如此，这款表不会成为今年的焦点表款。这款L-Evolution陀飞轮大日历自动盘动力显示腕表，让人惊喜之处在表背的自动盘。宝珀异想天开的将动力储存装置直接与自动盘连接，这是前所未见的独特配置，也是宝珀于2007年所获得的专利。取得专利后继续研发，直到今年才推出完整表款。中途面对许多复杂轮系的更动。简单的说，动力储存装置是透过一组轮系连接发条盒，并反应出发条盒当下动力状况，而宝珀主要的改革在于把这过程由水平的连接改为纵向传动，主要是利用了一组专利的差速器，这组垂直排列的传动轮系，会将发条盒的动力正确反应到动力指示盘上之外，动力指示盘还能够随着自动盘一起摆动，使得动力储存与自动盘虽然为同一轴心，但仍能各自以各自的速率运作。虽不是什么超级复杂的功能，也见出宝珀创新与改革的用心。

透过新的装置，将动力储存指示安置于自动盘上，虽然看来简单，但实际上这是经过品牌数年时间的调整与努力所完成的专利设计。

镂空的大日期视窗，大方地呈现出组成日期的两片数字转盘，以及机芯基板上的打磨，简单的设计表现出L-Evolution系列的前卫机械质感。

Tambour Minute Repeater

18K白金材质／时间指示、动力储存显示、两地时间与三问报时／Cal.LV178手动上链机芯，储能100小时／蓝宝石水晶镜面与透明底盖／鳄鱼皮表带／防水30米

赏

LOUIS VUITTON 路易威登

首次推出三问腕表

三问腕表是路易威登今年一大突破，
还加入两地时间功能，不仅让表款的实用性大增，
也符合品牌对旅行的诠释主轴。

从透明的蓝宝石水晶底盖，使用者可以窥见双音锤敲击的动作，以及摆轮运行的姿态。而华丽的机芯打磨，结合独特的机芯夹板设计，具备绝佳的视觉效果以及尊贵质感。

位于表盘中央的Home Time原居住地时间，以特殊的视窗结构来指示，随着时间的改变，扇型视窗会移动，而非底层的数字移动。另外下方的视窗，则是显示原居住地的日夜状态。

路易威登近年来持续致力于专业制表领域，除了推出实用的潜水表或是两地时间腕表之外，复杂的陀飞轮腕表也已是路易威登的经典表款。而在2011年的Basel表展中，路易威登发表复杂的Tambour Minute Repeater三问时腕表，其制作的难度更高于陀飞轮腕表。本款腕表使用手动上链机芯，并具有镂空表盘与透明底盖设计，因此可以清楚的窥视机芯结构的运作；以特殊工艺制作的蓝宝石水晶表盘，更呈现出雅致的淡烟熏色。而本只表款具备三问表中少见的两地时间功能，适合往返世界各国之间的商旅人士，也是路易威登一再强调的旅行主轴，借由表盘中央的Home Time原居住地时间视窗显示，使用者亦可充分掌握两地之间的时差。位于表盘一点钟与两点钟位置的100小时动力储存显示，可使佩戴者了解机芯内的发条动能还剩多少。从透明底盖来观察，我们可以发现这枚机芯修饰得相当美轮美奂，表层的机芯夹板经过黑色PVD处理，并以环形日内瓦波纹修饰，与银色的机板以及金黄色的齿轮，呈现出华丽的华丽尊贵的质感。使用者只需要按压表壳左侧的报时拉杆，就可看见音锤敲击音簧的动作，同时可聆听美妙的报时声响。

皇家橡树离岸型
自动上链陀飞轮计时码表
直径44mm锻造碳表壳，黑色陶瓷表圈／时间指示与计时功能／Cal.2897自动上链机芯，储能65小时／蓝宝石水晶镜面与透明底盖／黑色橡胶表带与钛金属针扣／防水100米

赏

AUDEMARS PIGUET 爱彼表

隐藏的环形自动盘

2011年爱彼推出全新改款的皇家橡树离岸型，
其中具备陀飞轮装置与环形自动盘的款式，
更是展现精湛工艺的绝佳作品。

位于表盘与机芯之间的950铂金环形自动盘，圆环内侧有齿牙可连接发条盒旁的上链轮系来进行上链，同时也是爱彼表首度采用的自动上链系统。

皇家橡树离岸型是爱彼最受欢迎的运动款，除了大尺寸及更为坚固的表壳之外，采用橡胶材质与较佳的防水性，让本系列突显不同的特色。2011年爱彼表将全系列计时码表由原本42mm延伸至44mm，同时大量采用陶瓷材质，提升整体质感。而本只皇家橡树离岸型自动上链陀飞轮计时码表，具有陀飞轮装置与导柱轮计时结构，虽然这样的设计在以往表款中，并非首次出现，但是本款腕表所搭载的新款2897自动机芯，却是第一次采用环形自动盘上链系统。从表盘正面与蓝宝石水晶透明底盖上，是无法看见环形自动盘结构，但是轻微的摇晃表款，即可感受到950铂金自动盘的摆动能量，同时也可听见上链轮系的声音。由于将自动盘设置于机芯周围，因此机芯厚度与一般的手上链计时机芯相同，仅有7.75mm，但是却多了自动上链与陀飞轮，因此展现出此枚机芯设计的巧妙之处。而位于表盘六点钟位置的开口，可以清楚的看见整个陀飞轮框架，这个不到0.45克重的机械结构，透过制表师仔细调校摆轮上的螺丝，可达成极为精准的运作性能；另外使用Phillips曲线的双层游丝，具高等时性并且可弥补方位差，是顶级表款必备设计。

机芯上所有的零件皆经手工打磨装饰；桥板和机板镀铑、珍珠圆点打磨、喷砂雾面处理，外缘线条经手工锉磨；棱角均经亮面抛光打磨，展现顶级表厂的水准。

朗格 A.Lange & Söhne

卡地亚 Cartier

宝玑 Breguet

宝珀 Blancpain

格拉苏蒂 Glashütte

万国 IWC

雅克·德罗 Jaquet Droz

江诗丹顿 Vacheron Constantin

积家 Jaeger LeCoultre

法兰穆勒 Franck Muller

欧米茄 Omega

劳力士 Rolex

真力时 Zenith

宝齐莱 Carl F.Bucherer

沛纳海 Panerai

宝格丽 Bvlgari

以上信息截止于2011年5月1日　如有更新请参考亨得利名表网 www.hengdeliwatch.com

ELEGANT 新宇三寶

2006年，亨得利集团收购香港三宝集团（Elegant International），锐意将其独特、成功的经营风格引入国内，以为顾客带来全新购物体验，举凡奢华宽敞的店面，品位高雅的陈列，或国际水准的专业服务，都能让顾客在购买顶级国际名表的同时，还能享受一场愉悦的感官之旅。

新宇三宝目前分布在：北京、太原、沈阳、哈尔滨、乌鲁木齐、上海、杭州、南京、郑州、香港和台北等城市。

新宇三宝在香港、台湾地区称为三宝，大陆地区称为新宇三宝。

RETAIL CHANNEL

A. LANGE & SÖHNE 朗格

创 办 人 ：Ferdinand Adolph Lange
创始年份：1845年
发 源 地 ：Glashütte，Germany
官　　网：www.alange-soehne.com

去年朗格庆祝创立165周年纪念，推出一套三款的165 Years-Homage to F.A. Lange Collection周年纪念表款；今年再彰显萨克森传统制表工艺精神，一次推出三款Saxonia系列腕表。另推出第一只乐声报时功能腕表，使朗格历史再现新局面。今年不像去年开发全新的合金材质—蜂蜜金，但就现有的材料已经发挥出极高效益。而今年表款中最受瞩目者莫过于Richard Lange Tourbillon "Pour le Mérite"，可观的结构及精巧的做工令人赞叹。

Richard Lange Tourbillon "Pour le Mérite"是第四款拥有 "Pour le Mérite（蓝马克斯勋章）"荣誉称号，内置芝麻链传动系统和配备专利停秒功能陀飞轮。

设计灵感启发自18-19世纪制表大师Johann Heinrich Seyffert；独特布局源自18 世纪的精密整时器，除了用作计时服务和天文台校准，也用来为新腕表同步调校时间。所谓整时器，通常仅有大型扫式分针，而副表盘则作为秒与小时的显示，但当年JH Seyffert为避免光线不足难以判读时间，将三针安置表盘不同轴上。秒针盘上设有圆形切口，一旦时针指向6 时，刻有罗马数字VIII、IX 和X 的表盘区瞬间转入显示窗以完成小时运转。内置芝麻链传动机制能提升机芯动力传输稳定度，陀飞轮则更精准。使用的L072.1手上链机芯首度在3/4德国银夹板开出大尺寸缺口。为避免影响夹板及零件稳定性，零件经过大工程的微调。为确保发条在最佳动力范围，芝麻链几乎满链时，会有小钩爪啮合并掣停机芯。

Lange Zeitwerk Striking Time是朗格第一枚备有乐声报时功能的腕表，数字转换运转时会释放庞大的力量，储存后就成为报时装置的动力，用来拉紧弹簧，驱动两个黑色抛光精钢制音槌，左边音槌每小时敲响一次，右边音槌则

每刻钟敲响一次。每一刻钟会以高音调的乐声报时，而整点音调较低沉。每刻钟报时虽然罕见但却实用，也可以通过4 时位置的按钮关闭此功能。拉出表冠时，音槌也会返回原位，如此一来便能双向旋转设定时间，不会启用或意外干扰报时装置。它配备精确跳字显示，设于显视窗旁的大型小时及分钟数字，由专利恒定动力擒纵系统所驱动，直至整点时间，三个数字盘同时前进一格，指针便会向前迈进一大步。

Saxonia Dual 双时区腕表则让时间调校更加容易，进入另一个时区只需按下表壳左侧8 时或10 时位置的按钮，指示当地时间的实心金时针便能以每小时为单位增减，完成时间设定。分针的运转不受影响，蓝钢第二时针则永远保持出发地的时间。今年同系列表中，Saxonia自动腕表玫瑰金和铂金表壳加大至38.5毫米，比之前都大，厚度也愈发纤薄。Saxonia Thin 超薄腕表直径达 40 毫米，但厚度仅有 5.9 毫米。所用的L093.1 型机芯直径 28 毫米，厚度仅2.9 毫米，是朗格所制作最纤薄的机芯。

朗格向以“传统精粹，出类拔萃”的品牌哲学享誉全球。今年包括Richard Lange Tourbillon “Pour le Mérite”、 Lange Zeitwerk Striking Time、Saxonia Dual Time、Saxonia Thin、Saxonia Automatic及耳目一新的 Saxonia 腕表从德国萨克森出发，踏上 22,000 公里长征，前赴朗格旗下四间专卖店作巡回展出，早在今年 4月4 日至 10 日间已在上海登场。骄人新品，发挥非凡创意与卓越科技，惊喜不绝，叫人眼界大开。

Richard Lange Tourbillon “Pour le Mérite”

型号760.032／直径41.9mm的18K玫瑰金表壳／手动上链机芯，芝麻链传动系统，陀飞轮装置／时间指示／蓝宝石水晶镜面与底盖／鳄鱼皮表带／防水30米／参考价RMB 1,518,000

Richard Lange Tourbillon “Pour le Mérite”

型号760.025／直径41.9mm的铂金表壳／手动上链机芯，芝麻链传动系统，陀飞轮装置／时间指示／蓝宝石水晶镜面与底盖／鳄鱼皮表带／限量100只／防水30米／参考价RMB 1,832,000

Zeitwerk Striking Time

型号145.029／直径44.2mm的18K白金表壳／手动上链机芯／时间指示、储能指示与报时功能／黑色表盘／蓝宝石水晶镜面与底盖／鳄鱼皮表带／参考价RMB 785,000

Zeitwerk Striking Time

型号145.025／直径44.2mm的铂金表壳／手动上链机芯／时间指示、储能指示与报时功能／银色表盘／蓝宝石水晶镜面与底盖／鳄鱼皮表带／限量100只／参考价RMB 963,000

Saxonia Dual Time

型号385.026／直径40mm的18K白金表壳／自动上链机芯／时间与第二时区指示／蓝宝石水晶镜面与底盖／鳄鱼皮表带／参考价RMB 230,000

Saxonia Dual Time

型号385.032／直径40mm的18K玫瑰金表壳／自动上链机芯／时间与第二时区指示／蓝宝石水晶镜面与底盖／鳄鱼皮表带／参考价RMB 220,000

Saxonia Automatic

型号380.026／直径38.5mm的18K白金表壳／自动上链机芯／时间指示／蓝宝石水晶镜面与底盖／鳄鱼皮表带／参考价RMB 192,000

Saxonia Automatic

型号380.032／直径38.5mm的18K玫瑰金表壳／自动上链机芯／时间指示／蓝宝石水晶镜面与底盖／鳄鱼皮表带／参考价RMB 182,000

Saxonia Thin

型号211.032／直径40mm的18K玫瑰金表壳／手动上链机芯／时间指示／蓝宝石水晶镜面与底盖／鳄鱼皮表带／参考价RMB 171,000

Saxonia

型号216.021／直径37mm的18K黄金表壳／手动上链机芯／时间指示／蓝宝石水晶镜面与底盖／鳄鱼皮表带／参考价RMB 146,000

Saxonia

型号216.026／直径37mm的18K白金表壳／手动上链机芯／时间指示／蓝宝石水晶镜面与底盖／鳄鱼皮表带／参考价RMB 156,000

Saxonia

型号216.032／直径37mm的18K玫瑰金表壳／手动上链机芯／时间指示／蓝宝石水晶镜面与底盖／鳄鱼皮表带／参考价RMB 146,000

"HOMAGE TO F. A. LANGE" Tourbograph "Pour le Mérite"

型号712.050／直径41.2mm的蜂蜜色金表壳／时间、储能指示与计时功能／手动上链机芯，陀飞轮装置芝麻链传动系统／蓝宝石水晶镜面与底盖／鳄鱼皮表带／限量50只／参考价RMB 4,244,000

"HOMAGE TO F. A. LANGE" Lange 1 Tourbillon

型号722.050／直径38.5mm的蜂蜜色金表壳／时间、日期与储能指示／手动上链机芯，陀飞轮装置／蓝宝石水晶镜面与底盖／鳄鱼皮表带／限量150只／参考价RMB 1,433,000

"HOMAGE TO F. A. LANGE" 1815 Moonphase

型号212.050／直径37.4mm的蜂蜜色金表壳／时间与月相指示／手动上链机芯／蓝宝石水晶镜面与底盖／鳄鱼皮表带／限量265只／参考价RMB 204,000

Lange 1 Daymatic

型号320.021／直径39.5mm的18K黄金表壳／时间、日期窗与星期指示／L021.1自动机芯／蓝宝石水晶镜面与底盖／鳄鱼皮表带／参考价RMB 330,000

Lange 1 Daymatic

型号320.032／直径39.5mm的18K玫瑰金表壳／时间、日期与星期指示／L021.1自动机芯／蓝宝石水晶镜面与底盖／鳄鱼皮表带／参考价RMB 330,000

Lange 1 Daymatic

型号320.025／直径39.5mm的铂金表壳／时间、日期窗与星期指示／L021.1自动机芯／蓝宝石水晶镜面与底盖／鳄鱼皮表带／参考价RMB 445,000

（以上价格仅供参考，以店铺实际销售为准）

BAUME & MERCIER 名士

创 办 人 ：Louis -Joseph Baume
创始年份：1830年
发 源 地 ：Les Bois Village
官　　网：www.baume-et-mercier.com

名士表总裁Alain Zimmermann。

自1830年起，名士就以其精良的制表技术和卓越的创新品质而蜚声国际。创始人Louis-Joseph Baume当年在瑞士侏罗山区的利波亚小镇（Les Bois）开设了株罗区第一家钟表经销店，之后由他的儿子们以“Frères Baume”之名继续发展家族事业，但所生产的表并未挂上如今全球知名的名士商标，直到1918年第三代领导人William Baume与 Paul Mercier相遇之后，他们才在日内瓦共同成立了Baume & Mercier公司，这是名士最重要的历史时刻之一。自创立起，品牌在钟表业界名声日益响亮，在19世纪末，于巴黎、伦敦、费城和日内瓦的国际展览会上，名士表的陀飞轮，三问表和万年历表等顶级复杂功能表屡获金牌，随后又在当时最著名的天文台计时竞赛——在伦敦附近的泰丁敦举行的皇家天文台计时竞赛中得到最高分数，而这个纪录更保持长达10年才被打破。

名士表有可能是2011年表坛最令人惊艳的品牌之一。 2011年名士表推出的卡普蓝系列飞返计时码表，以自家1948年的古董表为灵感，并且搭载了La Joux-Perret机芯厂的高阶机芯，一推出就令所有人耳目一新；名士表的卡普蓝系列飞返计时码表为名士表创造了一个清晰的识别，让人在提到2011年的表坛新表时，成为必定谈论的话题。而名士表总裁Alain Zimmermann的上任应该就是品牌形象改变的转折点。

Alain Zimmermann年轻有为，企业管理经验丰富，不但在历峰集团已有十余年，在进入集团之前更曾在国际化妆品集团及瑞士私人银行等等单位历练，拥有独到眼光与见解。2009年Alain首度被征询是否愿意接任名士的总裁，当时他立刻就表达了意愿。Alain接掌名士的任务非常明确，那就是重振名士威名。当Alain在接受采访的时候并没有透露太多他的重建计划，只重申了名士表高C/P值等等既有定位，比较值得一提的是，他点出了要强化品牌风格的主张，并且重新将品牌的风格定调为“经典、优雅”；之前名士表的产品偏重运动风，这个宣示可以说是明确的产品政策修改。

从Alain所主导的2011年新产品，即可看得出更多他的想法。在其中，除了卡普蓝系列飞返计时码表之外，今年

灵霓系列自动腕表，以镶嵌蓝宝石水晶玻璃的透明表背，将镌刻品牌徽号的摆陀展现得淋漓尽致。

全新汉伯顿系列表款以海滨雅致悠闲的生活步调为灵感，呈现浪漫自由的度假风情（上）。卡普蓝系列飞返计时码表（下），为表款带来优雅、经典的感受。

大改款的汉伯顿系列也是很好的例子。汉伯顿是名士表1994年推出的表款，向来侧重运动性能与动感，但此次改款则转向经典及优雅风格，更加契合名士已经确立的品牌方针。新一代的汉伯顿系列改走古典风格，参考名士在四十年代的经典古董设计，以相当复杂的线条呈现出丰富立体感，同时兼具古董表般的流畅造型，洋溢着独特的气质；不但成功地塑造出古典的气蕴，还看得出来导入了全新表壳、表镜制作技术，在整体性能上格外可靠。新系列中的明星款采用了红金表壳，还搭载了La Joux-Perret生产的优质手动上链机芯，不但最接近原型的古董表，价位上也稍微试了一下水温，凡此种种，或许可以看作是名士表下一步的提示。

名士灵霓系列于1987年面市，拥有优雅弧线和造型的表壳，一问世便开启腕表的全新感官时代。2000年灵霓系列引入可更换表带的创新理念，深受全球顾客喜爱。今年全新款的灵霓系列拥有更整体化的抛光缎面处理表带，原本优雅、舒适特点毫不减损，更展现全新风尚。它有多样化的选择：直径27毫米或32毫米，搭配石英机芯或自动机芯。

全新灵霓系列的自动腕表，采用直径32毫米的大尺寸，搭配缀以蜗形饰纹的珍珠贝母色表盘，镶嵌蓝宝石水晶玻璃透明表背将镌刻品牌徽号 Phi 的摆陀展现得淋漓尽致。它提供精钢表链搭配三重折叠式安全扣表带，另外附赠搭配针扣的黑色缎面表带，能随心所欲地配搭自己的心情或风格。2011年推出的秋冬限量款搭配珍珠灰、覆盆子红、闪耀着金属光泽的咖啡色等三款可更换表带，不论正式或休闲场合，都是万众瞩目的焦点。

汉伯顿10033

型号：10033／直径29mm×45.5mm的18K红金表壳／时间指示／La Joux-Perret736-3手动上链机芯，42小时动力储存／蓝宝石水晶镜面／鳄鱼皮表带搭配针扣／防水50米

汉伯顿10018

型号：10018／直径27mm×40mm不锈钢表壳／时间指示，日期窗／ETA F03.111石英机芯／蓝宝石水晶镜面／鳄鱼皮表带搭配可调节三重折叠式表扣／防水50米

汉伯顿10019

型号：10019／直径27mm×40mm不锈钢表壳／时间指示，日期窗／ETA F03.111石英机芯／蓝宝石水晶镜面／鳄鱼皮表带搭配可调节三重折叠式表扣／防水50米

汉伯顿10020

型号：10020／直径27mm×40mm不锈钢表壳／时间指示，日期窗／ETA F03.111石英机芯／蓝宝石水晶镜面／不锈钢链带搭配三重折叠式表扣／防水50米

汉伯顿10022

型号：10022／直径27mm×40mm不锈钢表壳，镶钻0.478克拉／时间指示，日期窗／ETA F03.111石英机芯／蓝宝石水晶镜面／缎面表带搭配可调节三重折叠式表扣／防水50米

汉伯顿10023

型号：10023／直径27mm×40mm不锈钢表壳，镶钻0.478克拉／时间指示，日期窗／ETA F03.111石英机芯／蓝宝石水晶镜面／不锈钢链带搭配三重折叠式表扣／防水50米

汉伯顿10024

型号：10024／直径27mm×40mm不锈钢表壳，镶钻0.731克拉／时间指示，日期窗／ETA F03.111石英机芯／蓝宝石水晶镜面／缎面表带搭配可调节三重折叠式表扣／防水50米

汉伯顿10025

型号：10025／直径27mm×40mm不锈钢表壳，镶钻1.78克拉／时间指示，日期窗／ETA F03.111石英机芯／蓝宝石水晶镜面／不锈钢链带搭配可调节三重折叠式表扣／防水50米

汉伯顿10026

型号：10026／直径32mm×45mm不锈钢表壳／时间指示，小秒针盘，日期窗／ETA 2895自动上链机芯／蓝宝石水晶镜面／鳄鱼皮表带搭配可调节三重折叠式表扣／防水50米

汉伯顿10027

型号：10027／直径32mm×45mm不锈钢表壳／时间指示，小秒针盘，日期窗／ETA 2895自动上链机芯／蓝宝石水晶镜面／鳄鱼皮表带搭配可调节三重折叠式表扣／防水50米

汉伯顿10028

型号：10028／直径32mm×45mm不锈钢表壳／时间指示，小秒针盘，日期窗／ETA 2895自动上链机芯／蓝宝石水晶镜面／鳄鱼皮表带搭配可调节三重折叠式表扣／防水50米

汉伯顿10029

型号：10029／直径34.3mm×48.4mm不锈钢表壳／时间指示，日期窗，计时功能／ETA 2894自动上链机芯／蓝宝石水晶镜面／鳄鱼皮表带搭配可调节三重折叠式表扣／防水50米

汉伯顿10030

型号：10030／直径34.3mm×48.4mm不锈钢表壳／时间指示，日期窗，计时功能／ETA 2894自动上链机芯／蓝宝石水晶镜面／鳄鱼皮表带搭配可调节三重折叠式表扣／防水50米

汉伯顿10031

型号：10031／直径34.3mm×48.4mm不锈钢表壳／时间指示，日期窗，计时功能／ETA 2894自动上链机芯／蓝宝石水晶镜面／鳄鱼皮表带搭配可调节三重折叠式表扣／防水50米

汉伯顿10032

型号：10032／直径34mm×47mm不锈钢表壳／时间指示，日期窗，计时功能／自动上链机芯，65小时动力储存／蓝宝石水晶镜面，透明底盖／鳄鱼皮表带搭配针扣／防水50米

灵霓10009

型号：10009／直径27mm不锈钢表壳／时间指示，日期窗／ETA F04.11石英机芯／蓝宝石水晶镜面／不锈钢链带搭配三重折叠式表扣，可更换小牛皮表带／防水50米

灵霓10011

型号：10011／直径27mm不锈钢表壳／时间指示，日期窗／ETA F04.11石英机芯／时间刻度镶钻／蓝宝石水晶镜面／不锈钢链带搭配三重折叠式表扣，可更换缎面表带／防水50米

灵霓10012

型号：10012／直径32mm不锈钢表壳／时间指示，日期窗与计时功能／ETA 251.471石英机芯／蓝宝石水晶镜面／不锈钢链带搭配三重折叠式表扣，可更换小牛皮表带／防水50米

灵霓10013

型号：10013／直径27mm不锈钢表壳镶钻／时间指示，日期窗／ETA F04.11石英机芯／珍珠贝母表盘／蓝宝石水晶镜面／不锈钢链带搭配三重折叠式表扣，可更换黑色缎面表带／防水50米

灵霓10015

型号：10015／直径27mm不锈钢与18K红金表壳／时间指示，日期窗／ETA F04.11石英机芯／蓝宝石水晶镜面／双色链带搭配三重折叠式表扣，可更换表带／防水50米

灵霓10016

型号：10016／直径32mm不锈钢与18K红金表壳／时间指示，日期窗与计时功能／ETA 251.471石英机芯／蓝宝石水晶镜面／双色链带搭配三重折叠式表扣，可更换表带／防水50米

灵霓10017

型号：10017／直径32mm不锈钢表壳镶钻／时间指示，日期窗与计时码表功能／ETA 251.471石英机芯／蓝宝石水晶镜面／不锈钢链带镶钻搭配三重折叠式表扣，可更换缎面表带／防水50米

灵霓10035

型号：10035／直径32mm不锈钢表壳／时间指示，日期窗／ETA 2892-A2自动机芯／珍珠贝母表盘／蓝宝石水晶镜面与透明表背／不锈钢链带，可更换黑色缎面表带／防水50米

灵霓10036

型号：10036／直径27mm不锈钢表壳／时间指示，日期窗／ETA F04.11石英机芯／蓝宝石水晶镜面／双圈小牛皮表带，可更换表带／防水50米

卡普蓝10001

型号：10001╱直径42mm不锈钢表壳╱时间指示，日期窗，计时功能，测速仪，测距仪╱Valjoux 7753自动上链机芯╱蓝宝石水晶镜面╱鳄鱼皮表带搭配三重折叠扣╱防水50米

卡普蓝10002

型号：10002╱直径42mm不锈钢表壳╱时间指示，日期窗，计时功能，测速仪，测距仪╱Valjoux 7753自动上链机芯╱蓝宝石水晶镜面╱鳄鱼皮表带搭配三重折叠扣╱防水50米

卡普蓝10005

型号：10005╱直径42mm不锈钢表壳╱时间指示，日期窗，计时功能，测速仪，测距仪╱Valjoux 7753自动上链机芯╱蓝宝石水晶镜面╱鳄鱼皮表带搭配三重折叠扣╱防水50米

卡普蓝10006

型号：10006╱直径44mm不锈钢表壳╱时间指示，日期窗，飞返计时功能，测速仪，测距仪╱La Joux-Perret 8147-2自动上链机芯╱蓝宝石水晶镜面与透明表背╱鳄鱼皮表带╱防水50米

卡普蓝10007

型号：10007╱直径44mm的18K红金表壳╱时间指示，日期窗，飞返计时功能，测速仪，测距仪╱La Joux-Perret 8147-2自动上链机芯╱蓝宝石水晶镜面与透明表背╱鳄鱼皮表带╱防水50米

克莱斯麦10037

型号：10037╱直径39mm的18K红金表壳╱时间指示，日期窗╱ETA 2892-A2自动上链机芯╱蓝宝石水晶镜面，透明底盖╱鳄鱼皮表带搭配针扣╱防水30米

克莱斯麦10038

型号：10038╱直径42mm不锈钢表壳╱时间指示，小秒针盘，大日期显示，年历功能╱Dubois Depraz 14950自动上链机芯╱蓝宝石水晶镜面，透明底盖╱鳄鱼皮表带搭配针扣╱防水30米╱限量1000只并备有独立编号

克莱斯麦10039

型号：10039╱直径42mm不锈钢表壳╱跳时功能╱Dubois Depraz 14400自动上链机芯╱蓝宝石水晶镜面╱鳄鱼皮表带搭配可调节三重折叠式表扣╱防水30米╱限量500枚并备有独立编号

克莱斯麦10040

型号：10040╱直径39mm的18K红金表壳╱时间指示，日期窗，双时区显示与动力储存显示╱Soprod 9035自动上链机芯╱蓝宝石水晶镜面╱鳄鱼皮表带搭配针扣╱防水30米

BULOVA ACCUTRON
宝路华·臻创

创 办 人：约瑟夫·宝路华

创始年份：1875年

发 源 地：Manhattan，USA

官　　网：www.bulova.com

创始人约瑟夫·宝路华令宝路华公司在136年的发展历史中不断创新、层出不穷地推出一个又一个创新标杆。

宝路华·臻创（BULOVA ACCUTRON）将宝路华公司自1875年以来的悠久创新历史与Accutron的传统融为一体，它是瑞士制造的精品手表品牌，专门为眼光挑剔、追求创新和精湛工艺的消费者而设计。

1875年，创始人约瑟夫·宝路华是一名真正的美国创新者，他自身的大胆创新精神，令他拥有超过50项发明专利的同时，将宝路华公司在136年的发展历史中不断创新、层出不穷地推出一个又一个创新标杆。1912年，几乎与亨利·福特试验第一条汽车装配线的同时，约瑟夫·宝路华在瑞士建立了第一家自己的工厂，全面从事腕表部件的批量制造和装配；“Dust-Tite Protector”技术是一款早期创新并最终诞生了现代防水技术；“Phototimer”（摄影计时器）则是准确运动终点拍照计时的基石；1928年，发明了全球第一只收音机闹钟；1931年，推出全球第一只电子钟；1941年，推出了世界上第一支电视广告“美国以宝路华时间运行”，让市场营销领域发生了根本性的变化;1953年，“Wrist-Alarm”（手腕闹钟）是世界上第一款拥有闹钟功能的腕表。

1960年，推出了Accutron一全球第一只真正的电子手表，与当时误差为每天20秒至30秒不等的机械手表不同的是，Accutron手表通过革命性的新技术将误差保持在每月一分钟之内。它被誉为钟表界300多年来唯一一项根本性的技术进步。 Accutron手表面世后，不仅被“空军一号”采用，而且还在林登·贝恩斯·约翰逊总统任职期间被作为正式的总统国礼。在太空竞赛中，宝路华公司的Accutron技术成为46次美国宇航局太空任务不可或缺的一部分。1969年7月20日20时17分零41秒，在

01.理查德·布兰森爵士与宝路华公司全球总裁Dennis W. Perry先生、中国区总经理谢健岚女士共同见证这一闪耀时刻！
02、03.“时光旅人”—宝路华·臻创中国上市发布会在上海外滩茂悦酒店隆重举行。
04.宝路华·臻创创意舞蹈。

人类首次登月的过程中，一只宝路华Accutron计时仪在月球上着陆，并被放在月球静海里，以控制重要数据的传输。至今，这种创新精神和技术成就仍然体现在每只宝路华·臻创腕表上。

2011年9月21日，“时光旅人”—宝路华·臻创（BULOVA ACCUTRON）中国上市发布会在上海外滩茂悦酒店隆重举行。宝路华·臻创全球品牌形象大使—创新先锋企业家、维珍集团的创始人理查德·布兰森爵士也亲临现场，为品牌进入中国全力助威。当天发布会上，理查德·布兰森爵士与宝路华公司全球总裁Dennis W. Perry先生、中国区总经理谢健岚女士共同点亮品牌的形象标志—革命性的音叉，见证了宝路华·臻创进驻中国的这一闪耀时刻！

宝路华·臻创携手理查德·布兰森爵士将创新进行到底—2011年，宝路华·臻创任命著名的企业家—理查德·布兰森爵士为全球品牌形象大使。理查德·布兰森先生作为维珍集团的创始人，是在许多领域产生了突出影响的创新者，更因对“创业精神的贡献”被授予爵士勋位。无论是作为一名企业家、人道主义者或者旗手型人物，布兰森爵士充分体现了宝路华·臻创对“创新永无止境”的不懈追求。宝路华公司全球总裁Dennis W.Perry也在发布会现场表示“布兰森爵士示范了品牌创始人约瑟夫·宝路华对创造性和创新能力的理解”。此外，理查德·布兰森爵士已将代言的收益全数捐赠给维珍联合（Virgin Unite—为推动商务成为一股有益的力量，帮助改革企业、社会部门和政府的合作方式而于2004年创建的公益基金）。

宝路华·臻创在值得骄傲的传统基础上开辟了前途无限的未来，正应了品牌的精髓—“创新永无止境”。

KIRKWOOD柯沃德全镂空机械男表

型号：63A001／精钢表壳／时间指示／SW200自动机械机芯／镂空表盘／双面蓝宝石水晶表镜，螺丝锁紧式底盖／精钢链带，折叠表扣／防水100米

KIRKWOOD柯沃德自动机械女表

型号：63R117／精钢表壳／时间指示／SW200自动机械机芯／天然珍珠贝母表盘，12点位镂空设计，内外真钻镶嵌／双面蓝宝石水晶表镜／精钢链带，折叠表扣／防水100米

STRATFORD斯特弗桶形自动男表

型号：64B22／精钢镀玫瑰金表壳／时间指示与日期窗／ETA2824-2机芯／咖啡色水波纹形表盘／防眩蓝宝石水晶表镜，螺丝式底盖／加厚牛皮表带搭配镀玫瑰金折叠表扣／50米防水

MASELLA玛塞拉女装间金钻表

型号：65R139／镀玫瑰金精钢表壳，外圈及刻度镶嵌真钻，穹顶状表冠／时间指示，独立小秒针／RONGDA石英机芯／白色格状表盘／防眩蓝宝石水晶表镜／镀玫瑰金精钢链带搭配折叠表扣／30米防水

AMERIGO艾瑞格自动男表

型号：63B021／精钢表壳搭配洋葱形表冠／时间指示、分区模块式秒针设计与半月形日历窗口／ETA2824-2机芯／银白色放射形表盘／半球形防眩蓝宝石水晶表镜，旋入式透明底盖／牛皮加厚表带，折叠表扣／防水50米

CORVARA柯瓦拉自动男表

型号：63B036／精钢表壳／时间指示与日期窗／ETA2824-2机芯／夜光刻度／拱形防眩蓝宝石水晶表镜，旋入式透明底盖／精钢链带，折叠表扣／防水100米

GEMINI杰美奈机械计时男表

型号：63C107／精钢表壳／时间指示，星期、日期双历显示，30分、60分、12小时计时功能／VALJOUX 7750机芯／银白色网格形表盘设计／防眩蓝宝石水晶表镜，透底旋入式底盖／牛皮加厚表带，折叠表扣／防水50米

GEMINI杰美奈两地时自动男表

型号：63B014／精钢表壳，洋葱式表冠／时间指示、第二时区指示与日期窗／ETA2893-2机芯／黑色放射形表盘设计／双面蓝宝石水晶表镜／精钢链带，折叠表扣／防水50米

CURAÇAO柯洛索运动男表

型号：64B108／镀玫瑰金精钢表壳，螺丝锁紧表冠，单项旋转外圈／时间指示与日期窗／SW200机芯／防眩蓝宝石水晶表镜，螺丝式底盖／橡胶链带，镀玫瑰金折叠表扣／防水300米

SALEYA赛丽雅桶形女装钻表

型号：63R005／精钢表壳／时间指示，独立秒针／RONDA石英机芯／白色表盘，真钻镶嵌／防眩蓝宝石水晶表镜，螺丝式底盖／精钢链带，折叠表扣／防水30米

EAGLE PILOT鹰之航两地时男表

型号：65B005／黑色离子电镀表壳／时间指示，两地时功能／ETA2893-2机芯／专利设计的黑色波纹状表盘，独有的飞机形第二地时间指示／防眩蓝宝石水晶表镜，螺丝式底盖／黑色离子电镀链带，折叠表扣／防水100米

EXETER艾塞特男表

型号：65C104／精钢表壳／时间指示与大日历窗，飞返星期指标／RONDA石英机芯／银白色表盘／防眩蓝宝石水晶表镜，螺丝式底盖／精钢链带，折叠表扣／防水30米

（以上价格仅供参考，以店铺实际销售为准）

BLANCPAIN 宝珀

创 办 人：Jehan-Jacques Blancpain

创始年份：1735年

发 源 地：Vallee de Joux，switzerland

官　　网：www.blancpain.com

宝珀表制表工坊。

宝珀表BLANCPAIN今年于巴塞尔表展中，以一系列揉合创新技术、出众工艺及独到风格的腕表作品包括 L-Evolution陀飞轮大日历动力储存显示腕表、Villeret单按把全日历计时码表、Villeret 1/2 时区半猎腕表、Villeret 1/2时区八日链腕表、Villeret繁复纹饰腕表及Villeret两地时间年历表，除了这两个复杂功能表款系列之外，五十噚潜水表也让表迷目不转睛。表展后一个月，宝珀便将2011年巴塞尔全系列新品带到北京展出，足见中国市场的消费力十分雄厚。

L-Evolution系列发表于2009年，今年全新 L-evolution 陀飞轮大日历动力储存显示腕表不但配备陀飞轮与大日期视窗显示，更有宝珀首创、与自动摆轮直接联动的动力储存显示，这是宝珀的专利，将位于小表盘上的动力储存显示直接连接自动盘，能释放更多表盘空间给其他指示之用，亦能增添视觉美感。新表款除维持系列特征，更拥有全球首创的技术 — 将动力储存显示小表盘直接放置于自动盘上。所采用的4225G机芯，拥有7日动力储存，表盘上可看见宝珀表的独特飞行陀飞轮运转与双格大日期视窗显示，搭配上43.5mm大尺寸表壳，阅读更清晰。

Villeret系列则是目前主力表款，这个名称来自宝珀的发源地，系列内表款皆是一时之选，例如全新单按把全日历计时码表，搭载Calibre 66CM8 机芯，针对全日历与月相装置进行妥善保护，透过独创隐藏式调校装置，即可快速又简单地调校腕表显示。计时码表采单按把传统设计，让Villeret系列腕表轮廓利落呈现。表盘简洁典雅，蓝钢日期指针特别与众不同。

此外，1950年代的五十噚潜水表应法国海军要求所制作，但不止供应给军方，也制作非军规版本供给民用市场，当时的五十噚多在潜水用品专卖店销售。2003年Marc A.Hayek接掌宝珀表总裁后，开始复刻五十噚表款。重新修改原设计，更符合高级钟表定

X Fathoms是结合最新科技的潜水表，拥有多种特殊指示。

位。修改着重在务实面，如单向旋表圈上加入蓝宝石镜面以防止磨损碰撞；指针涂料改用安全且效果更好的Super LumiNova夜光涂料；防水深度则加强到300米，以符合ISO要求的潜水表标准等。此系列演化出不少表款，像是500噚，以及最新款的X-Fathoms等。X-Fathoms是结合最新科技的潜水表，拥有多种特殊指示，包括五分钟倒数计时针、深度计以及不同色彩时间标记系统等实用功能。

另外在活动赞助方面，宝珀表向来也不遗余力，2011年9月宝珀表与Lamborghini汽车共同宣布，“全球最速统一规格系列赛”Lamborghini 宝珀表联名SuperTrofeo赛事，将于2012年与2013年赛季移师欧洲举行，另外也将于亚洲列入 2012 年赛程之中。

宝珀表为全球历史最悠久的钟表制造商，未来也将继续冠名赞助欧洲与亚洲赛事。自 Super Trofeo 于 2009 年首次开赛以来，瑞士精品品牌宝珀表已连续三年冠名赞助该赛事。宝珀表执行长Mark A. Hayek指出，“SuperTrofeo为宝珀表与 Lamborghini两家独具创意的国际精品品牌串起一段完美的合作关系。亚洲地区无论对宝珀表或Lamborghini而言，都是非常重要的市场，我们也希望能够在这个范围无限的舞台上更积极发展活动。”

欧洲地区系列赛将持续遵循运动规范，而本年度于主要欧洲国家举办的赛程也将纳入大型F1赛道。2012年春季将于雪邦赛道 (Sepang) 以测试赛做为起点，系列赛将于五周内陆续于中国、马来西亚、日本与台湾各地赛道举行。

Le Brassus 一分钟飞行卡罗素春宫三问表

型号Ref.0232-3631／直径45mm的18K玫瑰金表壳／时分指示，卡罗素装置，教堂钟声三问功能／232手动上链机芯，65小时动力储存／蓝宝石水晶镜面、透明底盖／机芯采定制化金雕设计／参考价RMB 3,648,500

Le Brassus一分钟飞行卡罗素腕表

型号Ref.0225-3434／直径43.5mm的铂金表壳／时间指示、日期指示，动力储存显示，卡罗素装置／225自动上链机芯，120小时动力储存／蓝宝石水晶镜面、透明底盖／限量288只／参考价RMB 1,558,000

Le Brassus 一分钟飞行卡罗素三问表

型号Ref.0235-3631／直径45mm的18K玫瑰金表壳／时间指示，卡罗素装置，三问功能／235自动上链机芯，65小时动力储存／蓝宝石水晶镜面、透明底盖／限量30只／参考价RMB 3,121,500

Villeret大明火时间等式万年历

型号Ref.6638-3431／直径42mm的铂金表壳／时间指示，真太阳时指示，自动调校时间等式，万年历，双闰年显示／3863自动上链机芯，72小时动力储存／蓝宝石水晶镜面、透明底盖，世界海洋金雕于自动盘与机芯／防水30米／限量88 只 ／参考价RMB 1,459,500

Villeret八日长动能半时区两地时间腕表

型号Ref.6661-3631／直径42mm的18K玫瑰金表壳／时间指示，日期窗，日夜指示，日期与时间调整显示，两地时间功能以半小时调整／5235DF自动上链机芯，192小时动力储存／蓝宝石水晶镜面、透明底盖／参考价RMB 337,000

Villeret八日长动能半时区两地时间腕表

型号：Ref.6661-3631／直径42mm的18K白金表壳／时间指示，日期窗，日夜指示，日期与时间调整显示，两地时间功能以半小时调整／5235DF自动上链机芯，192小时动力储存／蓝宝石水晶镜面、透明底盖／新品未定价

VILLERET复杂装饰腕表

型号：Ref. 6615-3631／直径45mm的表壳／时间指示／Calibre 15B 超薄机芯，机芯由宝铂雕刻大师手工完成中国大陆独特风貌纹饰／表盘以及指标为大明火烧制珐琅／蓝宝石水晶镜面、透明底盖／新品未定价

Villeret八日长动能全日历月相盈亏腕表

型号Ref.6639-3437／直径42mm的铂金表壳，大明火珐琅黑表盘／时间指示，日期、星期、月份显示，月相盈亏显示，隐藏式调校功能／6639 自动上链机芯，192小时动力储存／蓝宝石水晶镜面、透明底盖／防水30米／限量75只／参考价RMB 481,000

Villeret八日长动能全日历月相盈亏腕表

型号Ref.6639-3631／直径42mm的18K玫瑰金表壳，大明火珐琅表盘／时间指示，日期、星期、月份显示，月相盈亏显示，隐藏式调校功能／6639自动上链机芯，192小时动力储存／蓝宝石水晶镜面、透明底盖／防水30米／限量75只／参考价RMB 315,000

Villeret八日长动能黑表盘腕表

型号Ref.6614-3637／直径42mm的18K玫瑰金表壳，大明火珐琅黑表盘／时间指示，日期窗，动力储存显示／13R1手上链机芯，192小时动力储存／蓝宝石水晶镜面、透明底盖／防水30米／参考价RMB 261,000（另有铂金版本）

Villeret 两地时间年历表

型号Ref.6670-1542／直径40mm的18K白金表壳／时间指示，月份、星期、日期显示，两地时间功能，隐藏式调校功能／6054F自动上链机芯，72小时动力储存／蓝宝石水晶镜面、透明底盖／参考价RMB 304,000（另有玫瑰金款式）

Villeret 两地时间年历表

型号：Ref. 6670-3642／直径40mm的18K玫瑰金表壳／时间指示，月份、星期、日期显示，两地时间功能，隐藏式调校功能／6054F自动上链机芯，72小时动力储存／蓝宝石水晶镜面、透明底盖／新品未定价

Villeret半时区两地时间腕表

型号Ref.6665-3642／直径40mm的18K玫瑰金表壳／时间指示，日期窗，日夜指示，两地时间功能／5254DF自动上链机芯／蓝宝石水晶镜面、透明底盖／防水30米／参考价RMB 226,500

Villeret全日历月相飞返计时腕表

型号：Ref. 6685-3642／直径40mm的18K玫瑰金表壳，蛋白石表盘／时间指示，日期、星期、月份显示，月相盈亏显示，飞返计时码表功能，蓝钢曲线日期指示，隐藏式调校功能／66CM8自动上链机芯，40小时动力储存／蓝宝石水晶镜面、透明底盖／防水300米／新品未定价

Villeret全日历月相飞返计时腕表

型号Ref.6685-1127／直径40mm的不锈钢表壳／时间指示，日期、星期、月份显示，月相盈亏显示，飞返计时码表功能，蓝钢曲线日期指示，隐藏式调校功能／66CM8自动上链机芯，40小时动力储存／蓝宝石水晶镜面、透明底盖／防水30米／参考价RMB 161,500 (另有玫瑰金版本)

（以上价格仅供参考，以店铺实际销售为准）

L-EVOLUTION一分钟飞行透明卡罗素

型号Ref.0222-1500／直径43.5mm的钛金属表壳／时间指示，卡罗素装置／22T手动上链机芯，120小时动力储存／蓝宝水晶镜面、透明底盖／防水30米／限量50只／参考价RMB 1,962,000

L-EVOLUTION 飞返计时腕表

型号Ref.560ST-11B30／直径43.5mm的不锈钢表壳雾面处理／时间指示，飞返计时码表功能／F185自动上链机芯，40小时动力储存／蓝宝石水晶镜面、透明底盖／防水100米／限量275只宝珀Boutique专卖／参考价RMB 146,000

L-Evolution 八日链全月历月相腕表

直径43.5mm的18K玫瑰金表壳／时间指示，日期、星期、月份、月相盈亏显示与储能显示／Cal.66R9自动机芯，储能8日／蓝宝石水晶镜面与透明底盖／鳄鱼皮表带／防水100米／新品未定价

L-EVOLUTION 陀飞轮大日期视窗腕表

型号：Ref. 8822-36b30／直径43.5mm的18K玫瑰金表壳锻面处理／时间指示，大日期视窗，陀飞轮装置，动力储存指示于自动盘／4225G自动上链机芯，168小时动力储存／蓝宝石水晶镜面、透明底盖／防水30 米／新品未定价

L-EVOLUTION 陀飞轮大日期视窗腕表

型号Ref.8822-15B30／直径43.5mm的18K白金表壳锻面处理／时间指示，大日期视窗，陀飞轮装置，动力储存指示于自动盘／4225G自动上链机芯，168小时动力储存／蓝宝石水晶镜面、透明底盖／防水30米／参考价RMB 1,200,500（另有玫瑰金版本）

L-EVOLUTION八日长动能大日期视窗腕表

型号Ref.8850-36B30／直径43.5mm的18K玫瑰金表壳锻面处理／时间指示，大日期视窗／6938自动上链机芯，192小时动力储存／蓝宝石水晶镜面、透明底盖／防水100米／参考价RMB 285,500（另有不锈钢版本）

Fifaty Fathoms五十噚潜水表

型号Ref. 5015C-1130／直径45mm的不锈钢表壳，单向旋转表圈／时间指示，日期窗／1315 自动上链机芯，120小时动力储存／蓝宝石水晶镜面，透明底盖／防水300米／限量500只／参考价RMB 126,000

Fifty Fathoms五十噚无放射性复刻款

型号Ref. 5015B-1130／直径45mm的不锈钢表壳，单向旋转表圈／时间指示，日期窗／1315自动上链机芯，120小时动力储存／蓝宝石水晶镜面，透明底盖／防水300米／限量500只／参考价RMB 124,500

Fifty Fathoms全日历月相飞返计时码表

型号Ref. 5066F-1140／直径45mm的不锈钢表壳，单向旋转表圈／时间指示，日期窗，月相盈亏显示，飞返计时码表功能／66BF8自动上链机芯，120小时动力储存／蓝宝石水晶镜面，透明底盖／防水300米／参考价RMB 191,000

Women全日历月相女表

型号Ref. 3663-4654L／直径35mm的不锈钢表壳，表盘与表圈镶钻1.945克拉／时间指示，月份、星期、日期显示，月相盈亏显示／6763自动上链机芯，100 小时动力储存／蓝宝石水晶镜面、透明底盖／防水30米／参考价RMB 142,000

Women全日历月相玫瑰金女表

型号：Ref. 3663-2954／直径35mm的18K玫瑰金表壳，表盘与表圈镶钻1.945 克拉／时间指示，月份、星期、日期显示，月相盈亏显示／6763自动上链机芯，100小时动力储存／蓝宝石水晶镜面、透明底盖／防水30米／参考价RMB 207,000

Saint-Valentin 2011情人节限量腕表

型号：Ref. 3663-4654／直径35mm的不锈钢表壳，表圈及表盘共镶有58颗钻石与1颗红宝石，总重1.3克拉／时间、日期指示，月份、星期显示，月相盈亏显示／Calibre6763自动上链机芯，100 小时动力储存／珍珠贝母表盘／蓝宝石水晶镜面、透明底盖／每只腕表均附精美原木礼盒，限量99只／新品未定价

（以上价格仅供参考，以店铺实际销售为准）

BREGUET 宝玑

创 办 人 ：Abraham Louis Breguet
创始年份：1775年
发 源 地 ：Paris，France
官　　网：www.breguet.com

宝玑在2011年发表多项新研发的表款及材质，再创表坛传奇。

尽管历经2009年全球金融危机，BREGUET宝玑仍旧屹立不摇，更在2011年发表多项在困境中研发的新表款及材质，包括业界首见量产的10Hz计时码表，以及采用Liquidmetal等全新合金，前者是因为引进了硅科技才能达成，后者则简化了极耗工时及资源的表壳制程。称为Type XXII的计时码表代表宝玑在制表科技上的突破，高振频的机芯以往难逃快速磨耗的命运，因此只有厂家参加校时精准度的比赛时才会使用高达72,000摆的振频，如今却因为硅耐磨耗的特性而让高振频成为可能。此外，提到陀飞轮表时，更不能不记得宝玑正是陀飞轮表的发明人，目前最巅峰的表款还在一只机芯内使用两组陀飞轮构成独一无二的行星式架构。

历史上宝玑的表款只能以似锦繁花形容，现行表款中，以Classique、Tradition、Marine、Type XXI、Type XXII、及Reine de Naples为主。其中Classique属于经典表款，有着宝玑惯有的多项外观特征，例如钱币纹、焊接表耳、金属手工雕花表盘或珐琅表盘、独特的宝玑数字及宝玑指针等，都是这个系列表款的最大特色，而在功能性方面也以这个系列挂帅，从最简单的基本款，到陀飞轮、三问报时及万年历象等复杂功能等，都有相应的款式可供选择。没有任何其他表厂能发展出如此包罗万象的系列，只有拥有深厚历史基础、无穷尽的智慧财产宝库、坚强集团产品研发实力的宝玑才有能力办到。

今年推出的Classique 5717 Hora Mundi表款就是完美范例，表壳以珍贵18K玫瑰金或950铂金制作，表盘有三种：南北美洲，欧洲和亚洲又或者是亚洲和大洋洲，代表世界不同角落。宝玑团队以三年时间设计，开发和完善这款

宝玑Classique 5717 Hora Mundi腕表。

表。它首有即时跳时区显示功能，能轻松地显示在两个预先选定时区。日历与日／夜指示更会自动随之转换。采用高科技的表款还包括了走军表风格的Type XXI系列，外形复刻自1950年代法国海军航空队的公发表款，却是尊贵顶级走向，附加最新研发的中央计时分针以及24小时指针，计时分针及秒针同轴放置，计时长度判读便利，三点钟方向副表盘得能放置24小时制时针。

Tradition系列的理念则是来自于宝玑历史非常著名的Souscription表款，绝对与众不同的机芯理念，表盘只占了一小部份，而整个走时轮系与摆轮等机械结构完全摊在阳光下，机板皆采用仿鎏金工法处理，机板表面是当代制表工艺的完美运用，所有机板及桥板都依照最高规格的瑞士制表技艺施以处理及打磨，实表给人的感觉是细腻精致而又充满古典气息的，即使是古代的Souscription，精致程度也难望其项背。古典外观之下是最新科技结晶，原始Tradition系列就已经使用了无卡度的游丝及可调转动惯量的精密摆轮，虽然样式古朴，但可以精密调校，校时异常方便；较新款式更换上硅质零件，这是制表业与半导体产业合作后所引进的材料科学应用，硅有着耐磨损、不必润滑、高强度、高弹性耐冲击等特质，特别适合用于制作手表。

此外如Marine系列也属于风格较现代的表款，它同时提供阳刚的男用款及柔美的女用款及珠宝款，外观具现代感，除了基本款式之外，也有着超级复杂款以及珠宝款，选择性非常丰富。Reine de Naples则是宝玑最倚重的仕女表款，它是用来呈献那不勒斯王后Caroline Murat的腕表，采用了柔润的卵形设计，极具特色的表耳，更可选择复杂功能款或是高贵的珠宝款。

Classique 系列

型号：5140BA／29／9W6／直径40mm的18K黄金表壳／自动上链机芯／珐琅表面刻有宝玑阿拉伯数字及隐藏签名／防水功能／参考价RMB 147,800

Classique 系列

型号：5177BA／12／9V6／直径38mm的18K黄金表壳／自动上链机芯／镀银金表盘带手工镌刻图案／日期显示／蓝宝石水晶底盖／参考价RMB 178,600

Classique 系列

型号：5178BA／29／9V6 D000／直径38mm的18K黄金表壳，表圈镶有84颗钻石(约0.56克拉)／自动上链机芯／白色珐琅表盘、宝玑阿拉伯数字刻度及隐藏签名／日期显示／蓝宝石水晶底盖／参考价RMB 214,600

Classique 系列

型号：5967BA／11／9W6／直径41mm的18K黄金表壳／手动上链机芯／镀银金表盘，带手工镌刻图案／蓝宝石水晶底盖／防水深度30米／参考价RMB 139,100

Classique 系列

型号：5187BR／15／986／直径35.5mm的18K玫瑰金腕表壳／自动上链机芯／镀银金表盘带手工镌刻图案，偏心小时圈／中置分针及日期显示／蓝宝石水晶底盖／防水功能／参考价 RMB156,700

Classique 系列

型号：5197BA／15／986／直径35.5mm的18K黄金表壳／自动上链机芯，摆轮游丝均以硅制造／镀银金表盘带手工镌刻图案，日期显示／蓝宝石水晶底盖／具防水功能／参考价RMB 209,500

Classique 系列

型号5177BR/12/9V6／直径38mm的18K玫瑰金表壳／Cal.777Q自动上链机芯／时间与日期指示／蓝宝石水晶镜面与底盖／防水30米／鳄鱼皮表带／参考价RMB 183,000

Classique 系列

型号：5247BR／29／9V6／直径39mm的18K玫瑰金表壳／手动上链机芯／白色珐琅表盘，宝玑阿拉伯数字刻度／小秒针，30分钟累计器及测速显示／蓝宝石水晶底盖／防水功能／参考价RMB 361,300

Classique 系列

型号：7137BA／11／9V6／直径39mm的18K黄金表壳／超薄自动上链机芯／日期、动力储备及月相盈亏显示／镀银金表盘，带手工镌刻图案／蓝宝石水晶底盖／防水30米／参考价RMB 280,100

Classique 系列

型号：7337BA／1E／9V6／直径39mm的18K黄金表壳／自动上链超薄机芯／日期、星期以及月相盈亏显示／镀银金表盘，秒针子表盘，偏心数字圈／蓝宝石水晶底盖，防水30米／参考价RMB 299,600

Classique 系列

型号5717BR/AS/9ZU／直径44mm的18K玫瑰金表壳／Cal. 77F0自动上链机芯，硅游丝／时间、日期、昼夜及城市瞬跳功能／蓝宝石水晶镜面与底盖／防水30米／鳄鱼皮表带／参考价RMB 623,200

Classique 系列

型号：5327BB／1E／9V6／直径39mm的18K白金表壳／自动上链超薄机芯／镀银K金表面用人手以刻花机雕刻／万年历显示，日期、星期、月份、闰年及月相盈亏／动力储备显示／蓝宝石玻璃底盖／防水功能／参考价RMB 557,800

Classique 系列

型号：5707BB／12／9V6／18K白金表壳／自动上链机芯／镀银K金表面／小秒针、日历、第二时区显示器，闹钟时间及动力储存显示器、闹钟开关显示器／蓝宝石玻璃底盖／防水功能／另备黄金型号／参考价RMB 320,700

Classique Grande Complication 系列

型号： 3355PT／00／986／直径35mm的铂金表壳／手动上链机芯／小秒针置于陀飞轮轴上，补偿摆轮游丝装有宝玑游丝／镀银K金表面设表盘字圈和半月形秒针圈／蓝宝石玻璃底盖／防水功能／参考价RMB 1,209,900

Classique Grande Complication 18K 系列

型号：3358BB／52／986 DD00／直径35mm的18K白金表壳／手动上链机芯／小秒针置于陀飞轮轴上／外圈及表耳镶饰74颗钻石(约重1.33克拉)／天然珍珠贝母底盖／蓝宝石玻璃底盖／防水功能／参考价RMB 895,600

Classique Grande Complication 系列

型号：3757BA／1E／9V6／直径39mm的18K黄金表壳／手动上链机芯／镀银K金表面／陀飞轮装置， 万年历显示日期、星期、月份及闰年，小秒针置于陀飞轮轴／蓝宝石玻璃底盖／参考价RMB 1,140,000

Classique Grande Complication 系列

型号： 3755PR／1E／9V6／直径39mm的铂金表壳／粉红金手动上链机芯／陀飞轮装置，万年历显示日期、星期、月份及闰年，小秒针置于陀飞轮轴／具有防水功能／参考价RMB 1,857,900

Classique Grande Complication 系列

型号：5335BR／42／9W6／直径40mm的18K玫瑰金表壳／手动上链机芯，陀飞轮桥架／镂空表盘／防水功能／参考价RMB 1,218,000

（以上价格仅供参考，以店铺实际销售为准）

Classique Grand Complication 系列

型号：1808BR／92／9W6 DD00／直径40.5mm的18K玫瑰金表壳／手动上链机芯／小秒针置于陀飞轮轴上／黑色镀铑金表盘带手工镌刻图案，镶有706颗钻石（4.70克拉）／蓝宝石水晶底盖／参考价RMB 2,031,400

Classique Grand Complication 系列

型号：5347BR/11/9ZU／直径44mm的18K玫瑰金表壳／手动上链机芯，双旋转陀飞轮，独立运作以桥架固定于每12小时旋转一次的中央底盘／时间指示／蓝宝石水晶底盖／防水功能／参考价请电洽

Classique Grande Complication 系列

型号：5357BA／1B／9V6／直径39mm的18K黄金表壳／手动上链机芯，陀飞轮装置，B形小秒针装置于陀飞轮轴／镀银K金表面用人手以刻花机雕刻／蓝宝石玻璃底盖／ 防水功能／另备铂金型号／参考价RMB 844,500

Classique Grande Complication 系列

型号：5307PT／12／9V6／直径39mm的铂金表壳／自动上链机芯，陀飞轮装置／镀银K金表面，表盘字圈偏置，分针置中，小秒针直接装在陀飞轮轴上／蓝宝石玻璃底盖／防水功能／另备黄金型号／参考价RMB 1,047,500

Classique Grande Complication 系列

型号：5317BR／12／9V6／直径39mm的18K玫瑰金表壳／自动上链机芯，陀飞轮装置／镀银K金表面，五天动力储备显示，小秒针置于陀飞轮轴上／蓝宝石玻璃底盖／防水功能／参考价RMB 975,400

Classique Grande Complication 系列

型号：5447PT／1E／9V6／直径40mm的铂金表壳／手动上链机芯以人手刻花／万年历显示日期、星期、月份、闰年及月相盈亏／镀银K金表面用人手以刻花机雕刻／蓝宝石玻璃底盖／参考价RMB 2,483,100

Classique Grande Complication 系列

型号：7637BB／12／9ZU／直径42mm的18K白金表壳／手动上链机芯／镀银金表盘／秒针子表盘，24小时带昼夜刻度显示／蓝宝石水晶底盖／参考价RMB 1,832,400

Tradition 系列

型号：7047PT／11／9ZU／直径41mm的铂金表壳／手动上链机芯，涂覆铂系金属的无烟煤灰色合金，陀飞轮调校器，硅制宝玑游丝芝麻链宝塔轮系统／镀银18K金表盘具备独立编号／60 秒陀飞轮位、蓝钢指针／蓝宝石表底盖／防水30米／参考价RMB 1,466,900

Tradition 系列

型号：7047BA／11／9ZU／直径41mm的18K黄金表壳／手动上链机芯，塔形陀飞轮，动力储备显示位于条盒鼓／偏心镀银金表盘，手工镌刻图案／蓝宝石水晶底盖／防水30米／参考价RMB 1,380,400

Tradition 系列

型号：7027BR／R9／9V6／直径37mm的18K玫瑰金表壳／手动上链机芯／偏心镀黑色金表盘，表盘正面及背面均带有动力储备显示／蓝宝石水晶底盖／防水30米／参考价RMB 205,000

Tradition 系列

型号：7057BB／11／9W6／直径40mm的18K白金表壳／手动上链机芯／镀银18K金表盘具备独立编号，蓝钢指针／蓝宝石表底盖／防水30米／参考价RMB 218,500

Tradition 系列

型号：7037BA／11／9V6／直径38mm的18K黄金表壳／自动上链机芯,逆行小秒针／偏置镀银K金表面用人手以刻花机雕刻／蓝宝石玻璃底盖／防水功能／参考价RMB 284,200

Marine Hora Mundi 系列

型号： 3700BA／12／9V6／直径37.4mm的18K黄金表壳／自动上链机芯／镀银金表盘带手工镌刻图案／24小时时区、日期及中央秒针显示／防水功能／参考价RMB 194,900

Marine 系列

型号：5817BR／Z2／5V8／18K玫瑰金表壳／自动上链机芯／黑色镀铑金表盘带手工镌刻图案／大日历窗及中央秒针显示／蓝宝石水晶底盖／螺丝锁定式表冠／防水100米／参考价RMB 173,000

Marine 系列

型号：5827BB／12／9Z8／直径42mm的18K白金表壳／自动上链机芯／镀银金表盘，日期及小秒显示，中置计时分针及秒针／蓝宝石水晶底盖／螺丝锁定式表冠／防水100米／参考价RMB 255,000

Marine 系列

型号：5837BR／92／5ZU／直径42mm的18K玫瑰金表壳／手动上链机芯，陀飞轮装置，钛金属陀飞轮框架／黑色镀铑表盘带手工镌刻图案，小秒针置于陀飞轮轴上，30分钟及12小时累计器／蓝宝石水晶底盖／防水100米／参考价RMB 1,231,700

Marine Royale 系列

型号：5847BB／12／BZ0／直径45mm的18K白金表壳，18K 蓝金指针／自动上链机芯，动力储备间45 小时／镀银18K金制表盘纹／时间、日历显示、闹铃动力显示、闹铃开关指示器／蓝宝石水晶玻璃／防水300米／参考价RMB 516,400

Marine 系列

型号：8828BR／5D／586 DD00／直径34.6mm的18K玫瑰金表壳／自动上链机芯／天然贝母表盘镶有7颗钻石（约0.0105克拉），表圈及表耳镶有71颗钻石(约1.16克拉)／日期，小秒副表盘及30分钟及12小时累计器／具防水功能／参考价RMB 309,400

（以上价格仅供参考，以店铺实际销售为准）

Marine 系列

型号：8818BB／59／564 DD00／直径30mm的18K白金表壳，表圈、表环及表耳镶饰58颗钻石（约重1.25克拉）／自动上链机芯／天然珍珠贝母表面镶有10颗钻石（约重0.025克拉）／蓝宝石玻璃底盖／参考价RMB 235,500

Héritage 系列

型号：5480BA／12／996／18K黄金酒桶形表壳／自动上链机芯／弧形镀银K金表面，人手刻花雕刻，有小秒针及大型日历／防水功能／另备白金及粉红金型号／参考价RMB 185,900

Heritage Grand Complication 系列

型号：5497PT／12／9V6／直径42×35mm的铂金表壳／手动上链机芯，陀飞轮装置／镀银金表盘带手工镌刻图案，小秒针置于陀飞轮轴／蓝宝石水晶表镜／防水功能／参考价RMB 1,128,600

Heritage 系列

型号：3660BB／12／984／直径29.6×35mm的18K白金酒桶形表壳／自动上链机芯／弧形镀银金表盘，秒针显示／具防水功能／参考价RMB 186,800

Heritage 系列

型号：3661BR／12／984／DD00／直径29.6×35mm的18K玫瑰金酒桶形表壳／自动上链机芯／弧形镀银金表盘／秒针显示，表圈及表耳镶有56颗钻石（约1.869克拉）／具防水功能／参考价RMB 255,000

Reine de Naples系列

型号：8978BB／58／974 D00D／18K 白金蛋形表壳，表圈、表冠镶钻共约重3.26克拉／白色天然贝母表盘，偏心时间指示／自动上链机芯，动力储备65小时／白色鳄鱼皮表带、表扣镶有26颗钻石／参考价RMB 1,192,000

Reine de Naples 系列

型号：8958BB／51／974 D00D／直径40×31.95mm的18K白金表壳，表圈镶有40颗钻石（约2.42克拉）／自动上链机芯／贝壳表盘饰以贝壳浮雕／防水功能／参考价RMB 511,600

Reine de Naples 系列

型号8967ST/58/986／直径43.75×35.5mm的精钢表壳／时间指示／自动上链机芯／白色珍珠贝母表盘，阿拉伯数字浮雕，并刻有宝玑独立序号／蓝宝石水晶镜面，透明底盖／防水功能／参考价RMB 119,200

Reine de Naples 系列

型号：8928BB／8D／844 DD0D／直径33×24.95mm的18K白金表壳，表圈、表环及表耳镶有139颗长方钻(约重1.32克拉)／自动上链机芯，镀银K金表面铺镶211颗钻石（约重0.63克拉）／表盘字圈偏置，以天然珍珠贝母制造，衬饰宝玑阿拉伯数字刻度／蓝宝石玻璃底盖／防水功能／另备黄金型号／参考价RMB 316,700

Reine de Naples 系列

型号：8918BB／58／J39 D00D／直径36.5×28.45mm的18K白金表壳，表圈镶有117颗钻石（约重0.99克拉）／自动上链机芯，镀银K金表面，局部饰以天然白珍珠贝母／防水功能，另备黄金型号／参考价RMB 439,300

Reine de Naples 系列

型号8918BR/58/864 D00D／直径36.5×28.45mm的18K玫瑰金表壳／表圈镶钻117颗，总重约0.99克拉／Cal. 537/1自动上链机芯／珍珠贝母表盘／时间指示／蓝宝石水晶镜面与底盖／防水30米／参考价RMB 276,800

Reine de Naples 系列

型号：8908BB／V2／864 D00D／直径36.5×28.45mm的18K白金表壳，表圈镶钻约重0.83克拉／自动上链机芯，设有小秒针、动力储备显示器及月相盈亏显示器／表面局部饰以天然蓝珍珠贝母／蓝宝石玻璃底盖／防水功能／另备黄金型号／参考价RMB 284,200

Type XX Aéronavale 系列

型号：3800ST／92／9W6／直径39mm的精钢表壳／自动上链机芯／置有小秒表盘，30分钟及12小时累计器，可旋动刻度表圈，夜光指针及数字刻度，螺丝锁定式表冠／防水100米／参考价RMB 61,700

Type XX Aéronavale 系列

型号： 3803ST／92／3W6／直径39mm的精钢表壳，双向旋转表圈／自动上链机芯，配备飞返功能，48 小时动力储存／黑色哑光表盘，夜光指针和刻度／防水100 米／参考价RMB 77,900

Type XXI 系列

型号：3810BR／92／9ZU／直径42mm的18K玫瑰金表壳，可旋式外圈／ 自动上链机芯／日历及秒针小表面、昼／夜显示器、12小时累积计时器及置中指针记录流逝分钟／夜光指针及刻度，螺旋锁定式表冠／防水100米／参考价RMB 164,800

Type XX Transatlantique 系列

型号：3820ST／H2／SW9／直径39mm的精钢表壳／自动上链机芯／日历及秒针小表面，夜光时分秒针及数字刻度／30分钟及12小时累积计时器，刻度外圈可扭动／螺旋锁定式表冠／防水100米／参考价RMB 82,000

Type XXII 系列

型号：3880ST／H2／3XV／自动上链机芯，45 小时动力储备，飞返计时、第二时区显示／直径44mm的精钢圆形表壳，双向旋转表圈，旋入锁定表冠／氧化黑色表盘，夜光指针与小时刻度／防水100 米／参考价RMB 155,000

Type XX Transatlantique 系列

型号：4820ST／59／S76／直径32.5mm的精钢表壳，可旋动刻度表圈／自动上链机芯／天然贝母表盘，夜光指针／日期显示及小秒表盘，30分钟及12小时累计器／防水100米／参考价RMB 105,600

（以上价格仅供参考，以店铺实际销售为准）

CARL F. BUCHERER 宝齐莱

创办人：Carl F.Bucherer
创始年份：1919年
发源地：Lucerne, Switzerland
官　网：www.carl-f-bucherer.com

宝齐莱表厂孕育出许多创意的结晶。

最新的A1004机芯
A1000系列最新的A1004机芯，除了加装了周历功能，小秒钟也由指针式的改成了碟式的，表款以一个扇形的视窗搭配箭头来显示。

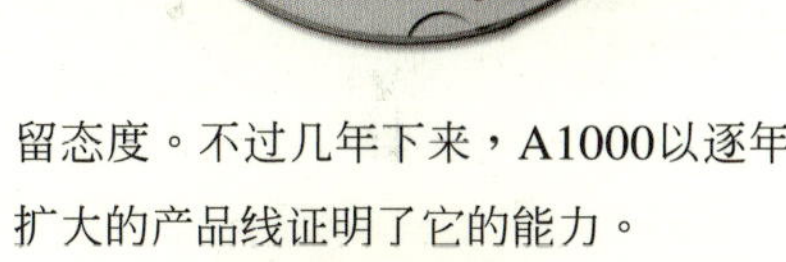

这两年环状自动盘在市场上形成了一种趋势；虽然以目前的产品数量而言还称不上是“趋势”，只是环状自动盘实在太特别，即使只有两三款，但是在短短几年间陆续推出仍然会成为一个令人无法忽视的现象。以环状自动盘加上各种功能的腕表自然很有话题，只是在赏玩各家推出的新款腕表之时，还是会忍不住频频回头看向这波环状自动盘潮流的滥觞，CARL F. BUCHERER宝齐莱的A1000系列。

回首宝齐莱A1000系列推出的经纬，2008年发表原型机芯的时候，表界以为这款只会以少量特殊款的形式发行，想不到隔年A1000正式推出，宝齐莱不但将它定位成基础机芯，而且连后续发展复杂功能的进度都计划好了。环状自动盘是一项被搁置了近半个世纪的概念，尽管今天的技术已经能为当年所遇到的瓶颈提出解决方案，但是它实际上是否真的稳定到足以胜任基础机芯、加装各种复杂功能模组，不少人应该都是持保留态度。不过几年下来，A1000以逐年扩大的产品线证明了它的能力。

2009年初推出的时候，搭载A1001的Patravi柏拉维具备了大日期和星期显示，当时宝齐莱总裁就曾经表示，未来的进度是2010年推出动力储存显示、2011年计时码表、2012年结合所有功能推出综合复杂功能款式。这份进度表到去年为止都还走得有板有眼，到了今年却稍微有了些修正，计时码表没有按照预定计划推出，取而代之的则是具备

主流的圆形表壳
Patravi柏拉维推出圆形的版本算是向主流市场靠拢，不过以2011年度的产品来看，圆形的版本并不会取代椅垫型的版本 。圆形款还推出了表径38.5mm的小尺寸款式，以争取中国市场的青睐。

周历显示的A1004；之所以会有这样的修正，也许是因为计时码表的研发难度本来就比较高，也许是考虑到目前市场经济的变数还很多，因此选择了比较保守的步调，不过整体来说A1000家族的规模仍然在稳定扩大中。

所谓的稳定扩大指的不只是机芯功能而已，机芯搭载的款式也愈来愈丰富，除了去年推出的女表款之外，今年还推出了圆形表壳的款式。搭载A1000系机芯的Patravi柏拉维原本是椅垫形的表壳，今年Patravi柏拉维推出圆形的版本算是向主流市场靠拢，不过圆形的版本并不会取代椅垫型的版本（因为今年仍然有椅垫型的新款），而是会以不同款式的形式并存。

圆形款率先搭载了最新的A1004机芯，除了加装了周历功能，小秒钟也由指针式的改成了碟式的，另外还取消了一些原本椅垫款比较运动风的细节，橡胶表圈、黑色表冠等等，整体看起来更古典。除此之外圆形款还推出了小尺寸的款式，表径只有38.5mm，功能也只剩下小三针加大日期，而且小秒钟恢复成指针式的；由于中国市场偏好圆型表壳，Patravi柏拉维改推圆形表壳、如今再加上小表径的款式，原本就有针对中国市场的意味。几年前宝齐莱对中国市场还处于试水温的阶段，如今连年度主打产品都据有中国概念，看得出来他们对中国市场的依赖逐年加深。

柏拉维Calendar周历腕表

型号：00.10629.08.33.01／直径42.6mm不锈钢表壳／时间指示、大日期窗、星期窗、指针式周数显示／CFB A1004自动上链机芯，储能55小时／蓝宝石水晶镜面／小牛皮表带／防水50米／参考价RMB 124,000

柏拉维EvoTec PowerReserve动力储存腕表

型号：00.10627.15.93.01／直径43.75×44.5mm的18K玫瑰金表壳、橡胶表圈／时间指示、大日期窗、星期窗与动力储存显示／CFB A1002自动机芯，储能55小时／蓝宝石水晶镜面／小牛皮表带／防水50米／参考价RMB 308,000

柏拉维EvoTec DayDate星期腕表

型号：00.10625.13.33.01／直径44×44.5mm不锈钢表壳、橡胶表圈／时间指示、大日期窗与星期窗／CFB A1001自动机芯，储能55小时／蓝宝石水晶镜面／小牛皮表带／防水50米／参考价RMB 120,000

柏拉维EvoTec BigDate日历腕表

型号：00.10628.08.23.11／直径38.45X39.25mm不锈钢表壳，表圈镶钻56颗，共1.1克拉／时间指示、大日期窗／CFB A1003自动上链机芯，储能55小时／蓝宝石水晶镜面／水蛇皮表带／防水50米／参考价RMB 158,000

柏拉维TravelTec三地时区4X计时码表

型号：00.10620.08.33.01／直径46.6mm的950钯金属表壳，陶瓷表圈，钛金属单一按把／时间指示、日期窗、三地时区与计时功能／CFB 1901.1自动上链机芯，C.O.S.C.天文台认证，储能42小时／／防水50米／参考价RMB 438,000

柏拉维TravelTec三地时间计时码表

型号：00.10620.08.33.01／直径46.6mm不锈钢表壳／时间指示、日期窗、三地时间显示与计时功能／CFB 1901.1自动上链机芯，C.O.S.C.天文台认证，储能42小时／蓝宝石水晶镜面／小牛皮表带／防水50米／参考价 RMB 90,000

柏拉维ChronoDate Annual年历计时码表

型号：00.10619.03.93.01／直径42mm的18K玫瑰金表壳／时间指示、大日期窗、年历显示与计时功能／CFB 1957自动上链机芯，C.O.S.C.天文台认证，储能42小时／蓝宝石水晶镜面／鳄鱼皮表带／防水50米／参考价RMB 253,000

柏拉维ChronoGrade逆跳计时码表

型号：00.10623.08.33.01／直径44mm不锈钢表壳／时间指示、大日期窗、年历、飞返计时功能、小时计时盘逆跳显示、动力储存显示／CFB1902自动上链机芯，储能42小时／蓝宝石水晶镜面／小牛皮表带／防水50米／参考价RMB 99,000

柏拉维T-Graph酒桶形计时码表

型号：00.10615.03.93.01／直径52×39mm的18K玫瑰金表壳／时间指示、双向动力储存显示、大日期窗与计时功能／CFB1960.1自动上链机芯，C.O.S.C.天文台认证，储能42小时／蓝宝石水晶镜面／小牛皮表带／防水50米／参考价RMB 259,000

柏拉维T-24酒桶形两地时间腕表

型号：00.10612.08.74.11／直径48×36mm不锈钢表壳，表圈镶钻48颗，共0.6克拉／时间指示、日期窗、动力储存显示与第二地时间显示／CFB 1953自动上链机芯，储能42小时／蓝宝石水晶镜面／小牛皮表带／防水50米

柏拉维ChronoDate大视窗计时码表

型号：00.10611.08.23.12／直径40mm不锈钢表壳，表圈镶钻48颗，共0.8克拉／时间指示、大日期窗与计时功能／CFB 1956自动上链机芯，储能42小时／蓝宝石水晶镜面／鳄鱼皮表带／防水50米／参考价RMB 105,000

马利龙Perpetual万年历计时码表

型号：00.10906.03.13.01／直径42.5mm的18K玫瑰金表壳／时间指示、日期、星期、月份、闰年、月相、万年历显示、飞返计时功能／CFB 1904自动上链机芯，储能50小时／蓝宝石水晶镜面／鳄鱼皮表带／防水30米／参考价RMB 398,000

马利龙Full Calendar全日历腕表

型号：00.10909.03.13.01／直径38mm的18K玫瑰金表壳／时间指示、日期、星期、月份、月相显示／CFB 1966自动上链机芯，储能42小时／蓝宝石水晶镜面与透明底盖／鳄鱼皮表带／防水30米／参考价RMB 118,000

马利龙大视窗动力储存腕表

型号：00.10905.08.13.01／直径40mm不锈钢表壳／时间指示、大日期窗、动力储存显示／CFB 1964自动上链机芯／蓝宝石水晶镜面与透明底盖／鳄鱼皮表带／防水30米／参考价RMB 56,000

马利龙AutoDate自动腕表

型号：00.10908.03.13.01／直径38mm的18K玫瑰金表壳／时间指示、日期窗／CFB 1965自动上链机芯，储能42小时／蓝宝石水晶镜面／鳄鱼皮表带／防水30米／参考价RMB 72,500

雅丽嘉Royal Limited Edition腕表

型号：00.10702.02.90.14／18K白金表壳，镶钻38颗、镶蓝宝石34颗，共4.4克拉／时间指示／石英机芯／表盘镶钻92颗、镶蓝宝石94颗，共1.2克拉／蓝宝石水晶镜面／18K白金链带镶钻136颗、镶蓝宝石210颗，共7.9克拉／防水30米／参考价RMB 1,480,000

雅丽嘉Diva腕表

型号：00.10705.01.21.11／18K黄金表壳，表圈镶钻46颗，共 1.1克拉／时间指示／石英机芯／蓝宝石水晶镜面／水蛇皮拼接蜥蜴皮表带／防水30米／参考价RMB 213,800

雅丽嘉腕表

型号：00.10701.08.36.11／不锈钢表壳，表圈镶钻38颗，共0.6克拉／时间指示／石英机芯／蓝宝石水晶镜面／珍珠鱼皮表带／防水30米／参考价RMB 60,800

（以上价格仅供参考，以店铺实际销售为准）

CARTIER 卡地亚

创 办 人 ：Louis-Francois Cartier

创始年份：1847年

发 源 地 ：Paris，France

官 网：www.cartier.com

卡地亚自制的Cal.9907主要机构等比例放大模型，罕见的中央同轴显示计时机芯。

2011年，卡地亚发表了多款全新高级制表机芯以及Astrotourbillon天体运转式陀飞轮Calibre de Cartier腕表，让卡地亚制表工坊成为世上少数能自行设计、生产和保养腕表与机芯的作坊之一。于去年问世的Astrotourbillon天体运转式陀飞轮机芯，由卡地亚制表工坊历时五年研发而成，偌大直径却以质地轻盈的钛金制作，因此重量并不骇人。表壳与机芯的表面皆经细心修饰，堪称卡地亚高级制表的极品，它使用9451MC 型机芯，带有内置擒纵轮与游丝的陀飞轮框架。陀飞轮由第三车驱动。擒纵系统则依靠擒纵小齿轮围绕固定的秒针车（第四车）转动来推动。

它的框架位于机芯中央，需要特殊转轴。为此从双发条盒到时、分针及齿车轮系全数重新设计。Astrotourbillon天体运转式陀飞轮的摆轮与擒纵轮不在框架旋转轴上，而在框架一侧，与其旋转轴心连成一线。正是这种特别的设计，造就了腕表独特的视觉效果。这种中置设计前所未有，同时具有美学与科技的双重效果。细长框架每分钟会绕表盘旋转一周；偏心平衡桥板设计成箭头形状，可以指示秒数。为确保框架平衡，框架另一边添加铂金平衡锤，为有效控制旋转惯性，采用质地轻盈的钛金属制作，总重只有0.39 克。直径47毫米的全新表壳，四个表耳延伸向下包覆手腕，腕表的双层肩部经过磨砂与抛光处理，令腕表轮廓更突出，同时也能保护多角形表冠免受外力撞击，表盘醒目的超大罗马数字XII，更将卡地亚风格中的阳刚气概表现得淋漓尽致。

此外，卡地亚也推出获颁日内瓦印记的Pasha de Cartier浮动式陀飞轮镂空腕表，它采用镂空与实心交错的精妙设计，打造神奇穿透视觉效果。所用的9457 MC型机芯表桥首次镂刻成阿拉伯数字形状，表壳直径达42毫米，表桥倒角、棱边打磨及齿轮加框，做工十分精美。Calibre de Cartier多时区腕表则采用自制的9909 MC型机芯，具有多时区功能，读时清晰，操作方便，是名副其实的旅行者腕表。它的表壳直径达45毫米，下沉式表圈紧贴表盘，偌大的12个罗马数字刻度以及轨道式刻度表盘，蓝

1 Calibre de Cartier Astrotourbillon天体运转式陀飞轮腕表。

2 Pasha de Cartier浮动式陀飞轮镂空腕表。

3 Calibre de Cartier多时区腕表。

4 Rotonde de Cartier Astrorégulateur天体恒定重心腕表。

钢指针以及凸圆形蓝宝石表冠，赋予此腕表强烈个性，并经 9点钟位置的侧面放大显示视窗进一步强化。

另一款Rotonde de Cartier Astrorégulateur天体恒定重心装置腕表则是前所未有的杰作，能够避免在垂直状态下地心引力对计时的干扰。由卡地亚制表工坊设计、开发、生产并组装，已提交4项专利申请。它提出全新的地心引力解决方案，

鉴于振动等时性取决于摆轮的规律性，而此规律性会受到地心引力的干扰，因此最理想的状况是无论处于何种垂直状态下确保摆轮始终只有一个重心。新结构是一组创新反重力系统，即采用“转盘”这一构件，使其每次都回至同一垂直位置。

擒纵装置、摆轮与秒针摆动牵引装置都安装在转盘上，从而将地心引力的影响始终稳定于一个固定位置。通过差速齿轮，天体恒定重心机芯的运作平台无论在何种方位下，都能避免地心引力对计时产生干扰。转盘承载和支撑的零件数量是传统陀飞轮框架的5倍，这是钟表设计一大创举。微转盘中添加了铂金重锤增加重量，让它自动回归同一位置，更确保机械机芯自动上链功能，无论重锤向哪个方向旋转，都可使机芯上链。50毫米的表壳以铌钛合金打造，仅重55克，为手腕带来无比舒适的佩戴感；铌钛合金还具有优化并吸收外部撞击力的物理特性，到目前为止，铌钛合金仅用于ID One de Cartier概念表。

Calibre de Cartier Grand Complication

直径45mm的950铂金表壳／时间指示、万年历显示、单按键计时码表、八日动力储存显示／9436 MC手上链机芯，陀飞轮装置／蓝宝石水晶镜面与透明底盖／鳄鱼皮表带／防水30米／限量25只

Rotonde de Cartier Astrorégulateur

直径50mm铌钛合金表壳／时间指示／9800 MC自动上链机芯，天体恒定重心装置／蓝宝石水晶镜面与透明底盖／鳄鱼皮表带搭配18K白金折叠扣／防水30米／限量50只

Pasha de Cartier八日链陀飞轮计时码表

直径46mm的18K白金表壳／时间指示、计时功能、八日动力储存显示／9438 MC手动上链机芯，陀飞轮装置／蓝宝石水晶镜面与透明底盖／鳄鱼皮表带搭配18K白金折叠扣

Calibre de Cartier Astrotourbillon

直径47mm钛金属表壳／时间指示／9451 MC手动上链机芯，天体运转式陀飞轮装置／蓝宝石水晶镜面与透明底盖／鳄鱼皮表带搭配18K白金折叠扣／防水30米

Rotonde de Cartier飞行陀飞轮镂空腕表

直径45mm的18K玫瑰金表壳／时间指示／9453 MC手动上链机芯，陀飞轮装置，日内瓦印记／蓝宝石水晶镜面与透明底盖／鳄鱼皮表带搭配18K玫瑰金折叠扣／防水30米／限量100只

Pasha de Cartier浮动式陀飞轮镂空腕表

直径42mm的18K白金表壳／时间指示／9457 MC手动上链机芯，陀飞轮装置，日内瓦印记／蓝宝石水晶镜面与透明底盖／鳄鱼皮表带搭配18K白金折叠扣／防水30米／限量100只

Santos-Dumont Carbon镂空腕表

直径38.7×47.4mmADLC处理钛金属表壳／时间指示／9612 MC手上链机芯／蓝宝石水晶镜面与透明底盖／鳄鱼皮表带搭配ADLC处理钛金属折叠扣／防水30米

Calibre de Cartier万年历腕表

直径42mm的18K玫瑰金表壳／时间指示、万年历显示／9422 MC自动上链机芯／蓝宝石水晶镜面与透明底盖／鳄鱼皮表带搭配18K玫瑰金折叠扣／防水30米

Calibre de Cartier多时区腕表

直径45mm的18K白金表壳／时间指示、世界时区显示、昼夜显示、两地时差显示／9909 MC手动上链机芯／蓝宝石水晶镜面与透明底盖／鳄鱼皮表带搭配18K白金折叠扣／防水30米

Délices de Cartier珠宝腕表超大型腕表

直径49.18×50.47mm的18K玫瑰金表壳，表圈镶钻共0.87克拉／时间指示／石英机芯／蓝宝石水晶镜面／绢质表带搭配一般扣／防水30米

Délices de Cartier珠宝腕表大型腕表

直径38.39×43.81mm的18K白金表壳，表圈、表盘镶钻共2.14克拉／时间指示／石英机芯／蓝宝石水晶镜面／绢质表带搭配一般扣／防水30米

Délices de Cartier珠宝腕表大型腕表

直径38.39×43.81mm的18K白金表壳，表圈镶钻／时间指示／石英机芯／蓝宝石水晶镜面／18K白金链带搭配折叠扣／防水30米

Ballon Bleu de Cartier 超薄款腕表

直径46mm的18K白金表壳／时间指示／430 MC手动上链机芯／蓝宝石水晶镜面／鳄鱼皮带搭配18K玫瑰金折叠扣／防水30米

Ballon Bleu de Cartier 超薄款腕表

直径46mm的18K玫瑰金表壳／时间指示／430 MC手动上链机芯／蓝宝石水晶镜面／鳄鱼皮带搭配铂金折叠扣／防水30米／限量99只

Ballon Bleu de Cartier 超薄款腕表

直径46mm的铂金表壳／时间指示／430 MC手动上链机芯／蓝宝石水晶镜面／鳄鱼皮带搭配铂金折叠扣／防水30米／限量99只

Rotonde de Cartier海龟款腕表

直径42mm的18K玫瑰金表壳，表圈镶钻／时间指示／石英机芯／表盘饰以一千多颗颜色各异的宝石镶嵌马赛克图案／蓝宝石水晶镜面／鳄鱼皮表带／专卖店款，限量10只

Rotonde de Cartier北极熊款腕表

直径42mm的18K白金表壳／时间指示／石英机芯／表盘采用半透明珐琅彩绘／蓝宝石水晶镜面／鳄鱼皮表带／专门店款，限量10只

Le Cirque Animalier de Cartier蝾螈款腕表

直径46mm的18K白金表壳，表壳镶钻781颗共重约6.18克拉、镶祖母绿2颗共0.02克拉、表圈镶钻132颗，共约0.32克拉／时间指示／石英机芯／大溪地珍珠贝母表盘／蓝宝石水晶镜面／银色绢带搭配18K白金镶钻一般扣／限量50只

（以上价格仅供参考，以店铺实际销售为准）

CERTINA 雪铁纳

创 办 人：Adolf、Alfred Kurth

创始年份：1888年

发 源 地：Grenchen, Switzerland

官　　网：www.certina.com

2011年瑞士雪铁纳在上海场发布全新DS 冠军 GMT系列计时码表。

雪铁纳CERTINA的滥觞于1888年，当时Adolf Kurth及Alfred Kurth昆仲于瑞士Grenchen创业，主要从事高级机芯制作及零件供应；公司业务迅速增长成全面性的制表厂。由1906年起即开始采用Grana品牌名称(Grana取自拉丁文Granacus一词，即Grenchen的意思)。创业之初即确立优秀质素及可靠耐用原则，更先后于1906米兰博览会、1910年布鲁塞尔博览会及1914年伯恩博览会赢得大奖殊荣。其后更以创新及原创设计为本，开始自制机芯，渐次纳入崭新技术及专利发明，尤以1936年的机械跳字表为代表作。1938年，公司成立五十周年，当年的家族式经营小厂已发展成有250名员工的企业，并正式易名雪铁纳CERTINA，至今已成为蜚声国际的名字。

瑞士雪铁纳取自拉丁文Certus一词，意即“肯定”(certain)，显示公司当时决心开拓国际市场的雄心；至1948年，公司于德国开设首家海外子公司，展开品牌踏上世界舞台的第一步。公司工程师和技师们的卓越技术，于1959年发展出双重保险“DS”概念，成为了瑞士雪铁纳的里程碑。防震机芯悬挂系统、强化表壳、蓝宝石玻璃表镜、转柄上的特制O形圈、表冠及表底盖，即使在极端严酷的条件下，这些元件也都提供瑞士雪铁纳宛若神话般的耐用性。DS系统使得瑞士雪铁纳在竞争中领先了一大步，在迈向与科学研究和技术团体联合的时代，触及人类锺爱的三大探险领域：水下、空中及陆地。

2000年通过大力投身于国际赛车运动，瑞士雪铁纳贯彻豪迈路线。全新系列腕表灵感十足、广受赞誉，表现出其才华横溢的创造激情。它采用尖端零件及材料，包括钛合金、316L不锈钢、蓝宝石水晶玻璃以及世界著名的瑞士ETA机芯。作为价位在300至2,000瑞士法郎之间的运动腕表的领头羊，瑞士雪铁纳始终以公道的价格提供最佳品质。现今的瑞士雪铁纳隶属于世界上最大的国际钟表制造机构斯沃琪集团旗下，门店覆盖超过60个国家。

几十年来，瑞士雪铁纳始终与富有传奇色彩的运动竞赛冠军联系在一起，

（上）国际巨星林志颖莅临全新DS 冠军 GMT系列计时码表发布现场。
（下）雪铁纳长久以来始终对运动赛事抱有浓厚兴趣，并将表款的设计与赛车活动联系在一起。

DS 冠军 GMT系列计时码表以经典运动外形设计，集合双时区和12小时计时功能于一身。

如默罕默德·阿里、迈克·杜汉等人。2001年，瑞士雪铁纳赞助瑞士摩托车赛车手Thomas Lüthi参加了125cc级别的GP摩托车巡回赛（这位瑞士车手不负众望，在2005年的赛季中勇拔头筹）。接下来瑞士雪铁纳成为Sauber Petronas F1车队的全球官方合作伙伴。后来也签约成为宝马·索伯F1车队官方合作伙伴，更由波兰籍的赛车手罗伯特·库比卡担任新的形象大使。2008年，库比卡和海菲尔德在世界一级方程式赛车蒙特利尔站获得激动人心的冠亚军 — 这是该车队在F1赛事中的首次大获全胜。

瑞士雪铁纳与Sauber F1车队汽车续约到2011年。另外，凭借一份激动人心的新赞助合同，瑞士雪铁纳自豪地将另一位冠军人士一冬季两项运动史上最成功而又平易近人的挪威运动员Ole Einar Bjørndalen一揽入了怀抱。

2011年瑞士雪铁纳在上海时尚地标港汇恒隆广场发布全新DS 冠军 GMT系列计时码表，将奢华、运动、性能与其非凡的冒险精神完美融合，莅临现场的国际巨星林志颖亦充分感受到雪铁纳悠久的品牌历史及丰富的品牌内涵。由于瑞士雪铁纳是宝马·索伯F1车队的官方合作伙伴，更令身为赛车手的小志对瑞士雪铁纳赞誉有加。DS冠军GMT系列计时码表鲜明的经典运动型设计集合双时区和12小时计时功能于一身，成为奢华、运动、性能的代名词，能满足旅行生活和极致品味的双重需求。

DS 冠军系列 GMT系列计时码表

型号：C001.639.16.057.00／直径42mm不锈钢表壳／时间指示，日期窗，24小时双时区，速度计与计时码表功能／ETA G10.961石英计时码表机芯／蓝宝石水晶镜面／皮革表带搭配蝴蝶形表扣／防水100米／参考价RMB 4,150

DS 冠军系列 GMT系列计时码表

型号：C001.639.21.057.10／直径42mm不锈钢表壳／时间指示，日期窗，24小时双时区，速度计与计时码表功能／ETA G10.961石英计时码表机芯／蓝宝石水晶镜面／布纹表带／防水100米／参考价RMB 5,800

DS 冠军系列 GMT系列计时码表

型号：C001.639.16.037.00／直径42mm不锈钢表壳／时间指示，日期窗，24小时双时区，速度计与计时码表功能／ETA G10.961石英计时码表机芯／蓝宝石水晶镜面／皮革表带搭配蝴蝶形表扣／防水100米／参考价RMB 4,150

DS 冠军系列 GMT系列计时码表

型号：C001.639.16.037.01／直径42mm不锈钢表壳／时间指示，日期窗，24小时双时区，速度计与计时码表功能／ETA G10.961石英计时码表机芯／蓝宝石水晶镜面／皮革表带搭配蝴蝶形表扣／防水100米／参考价RMB 4,200

DS 冠军系列 GMT系列计时码表

型号：C001.639.11.057.00／直径42mm不锈钢表壳／时间指示，日期窗，24小时双时区，速度计与计时码表功能／ETA G10.961石英计时码表机芯／蓝宝石水晶镜面／不锈钢链带搭配折叠式表扣／防水100米／参考价RMB 4,400

DS 冠军系列 GMT系列计时码表

型号：C001.639.16.057.01／直径42mm不锈钢表壳／时间指示，日期窗，24小时双时区，速度计与计时码表功能／ETA G10.961石英计时码表机芯／蓝宝石水晶镜面／布纹表带／防水100米／参考价RMB 4,950

荣耀系列陶瓷女表

型号：C014.235.17.051.00／直径34.8mm／不锈钢表壳，表圈镶嵌陶瓷／时间指示，日期窗／石英机芯／蓝宝石水晶镜面／橡胶表带表带／防水100米／参考价RMB 3,800

荣耀系列女表

型号：C538.7084.42.61／直径34.8mm／不锈钢表壳／时间指示，日期窗／石英机芯／蓝宝石水晶镜面／皮革表带／防水100米／参考价RMB 3,950

荣耀系列女表

型号：C538.7184.42.91／直径34.8mm／不锈钢表壳／时间指示，日期窗与计时码表功能／石英机芯／蓝宝石水晶镜面／不锈钢链带／防水100米／参考价RMB 4,150

荣耀系列陶瓷女表

型号：C014.217.11.011.01／直径34.8mm／不锈钢表壳，表圈镶嵌陶瓷／时间指示，日期窗，带有累计计时/同时分段计时功能／ETA 251.471石英机芯／蓝宝石水晶镜面／不锈钢搭配陶瓷链带／防水100米／参考价RMB 5,800

荣耀系列陶瓷女表

型号：C014.217.36.051.00／直径34.8mm／PVD玫瑰色镀层不锈钢表壳，表圈镶嵌陶瓷／时间指示，日期窗，带有累计计时/同时分段计时功能／ETA 251.471石英机芯／蓝宝石水晶镜面／皮革表带／防水100米／参考价RMB 5,350

荣耀系列陶瓷女表

型号：C014.217.37.011.00／直径34.8mm／PVD玫瑰色镀层不锈钢表壳，表圈镶嵌陶瓷／时间指示，日期窗，带有累计计时/同时分段计时功能／ETA 251.471石英机芯／蓝宝石水晶镜面／橡胶表带表带搭配蝴蝶形表扣／防水100米／参考价RMB 5,350

（以上价格仅供参考，以店铺实际销售为准）

DS MULTI-8智能系列腕表

型号：C020.419.11.057.00／直径42mm不锈钢表壳／模拟时分针双时区时间切换，数字显示双时区、年历、响闹、倒数计时和读秒计时／ETA E49.351模拟-数字多功能石英机芯／双面防眩光蓝宝石水晶镜面／不锈钢链带搭配折叠式安全表扣／防水100米／参考价RMB 5,800

DS MULTI-8智能系列腕表

型号：C020.419.16.057.00／直径42mm不锈钢表壳／模拟时分针双时区时间切换，数字显示双时区、年历、响闹、倒数计时和读秒计时／ETA E49.351模拟-数字多功能石英机芯／双面防眩光蓝宝石水晶镜面／皮革表带搭配双按钮蝴蝶表扣／防水100米／参考价RMB 5,550

DS MULTI-8智能系列腕表

型号：C020.419.16.037.00／直径42mm不锈钢表壳／模拟时分针双时区时间切换，数字显示双时区、年历、响闹、倒数计时和读秒计时／ETA E49.351模拟-数字多功能石英机芯／双面防眩光蓝宝石水晶镜面／皮革表带搭配双按钮蝴蝶表扣／防水100米／参考价RMB 5,550

DS MULTI-8智能系列腕表

型号：C020.419.44.087.00／直径42mm钛金属表壳／模拟时分针双时区时间切换，数字显示双时区、年历、响闹、倒数计时和读秒计时／ETA E49.351模拟-数字多功能石英机芯／双面防眩光蓝宝石水晶镜面／钛金属链带搭配折叠式安全表扣／防水100米／参考价RMB 7,100

DS1喜马拉雅系列自动上弦腕表

型号：C006.407.11.031.00／直径39mm不锈钢表壳／时间指示，日期窗／ETA 2824-2自动上链机芯／夜光涂料镀镍指针和时间刻度／防眩光蓝宝石水晶镜面，透明表背／不锈钢链带／防水100米／参考价RMB 5,450

DS1喜马拉雅系列自动上弦腕表

型号：C006.407.22.031.00／直径39mm不锈钢表壳／时间指示，日期窗／ETA 2824-2自动上链机芯／夜光涂料镀镍指针和时间刻度／防眩光蓝宝石水晶镜面，透明表背／不锈钢链带／防水100米／参考价RMB 5,950

DS1喜马拉雅系列自动上弦腕表

型号：C006.407.36.081.00／直径39mm玫瑰色PVD镀层不锈钢表壳／时间指示，日期窗／ETA 2824-2自动上链机芯／夜光涂料镀镍指针和时间刻度／防眩光蓝宝石水晶镜面，透明表背／皮革表带／防水100米／参考价RMB 5,950

DS1喜马拉雅系列自动上弦腕表

型号：C006.407.16.031.00／直径39mm不锈钢表壳／时间指示，日期窗／ETA 2824-2自动上链机芯／夜光涂料镀镍指针和刻度／防眩光蓝宝石水晶镜面，透明表背／皮革表带，搭配双按钮折叠表扣／防水100米／参考价RMB 5,100

DS1喜马拉雅系列自动上弦腕表

型号：C006.407.16.081.00／直径39mm不锈钢表壳／时间指示，日期窗／ETA 2824-2自动上链机芯／夜光涂料镀镍指针和时间刻度／防眩光蓝宝石水晶镜面，透明表背／皮革表带，搭配双按钮折叠表扣／防水100米／参考价RMB 5,800

DS1喜马拉雅系列自动上弦腕表

型号：C006.407.36.031.00／直径39mm玫瑰色PVD镀层不锈钢表壳／时间指示，日期窗／ETA 2824-2自动上链机芯／夜光涂料镀镍指针和时间刻度／防眩光蓝宝石水晶镜面，透明表背／皮革表带／防水100米／参考价RMB 5,950

（以上价格仅供参考，以店铺实际销售为准）

ERNEST BOREL 依波路

创 办 人：Jules Borel
创始年份：1856年
发 源 地：Neuchatel，Switzerland
官　　网：www.ernestborel.ch

高级名表最重要的是品牌价值，而无形的品牌价值里，主成份是悠久且辉煌之历史。如此说来，创立于1856年的依波路，以其在业界创下多项闻名事迹与成就，加上长达155年渊远流长的历史，瑞士依波路成为具备全球知名度的高阶钟表品牌当之无愧！

从创办人Jules Borel在瑞士纳沙泰尔（Neuchatel）于1856年开始制表生涯，依波路这个品牌名称，便注定要在钟表业界发光发热。因为Jules Borel一开始就非常注重产品品质，所以作品一上市就获得极高评价，于是短短三年期间他跟妻弟成立公司，专门制造高品质钟表以及相关产品。经过这一百五十多年来兢兢业业努力不懈，依波路所成就的已经不只是高级钟表产品而已，我们可从其作品的设计、功能、品质与创意当中发现，品牌最大成就在于提供赏玩乐趣跟浪漫情怀。对于男性表迷来说，依波路的工艺技术与制作水准，足以满足收藏机械表之目的；而就女性表迷而言，依波路的设计与装饰功能，则能充分展现优雅美感与华丽气息。凭借着如此双重优势，难怪依波路在全球业务蒸蒸日上，这当然也包含钟表业正快速起飞的中国市场在内，因此在今年下半年时间里，依波路在中国便举办了多项重要且盛大的活动，包括专卖店开幕、参与第二届北京王府井国际品牌节，以及最重要的依波路表155周年“浪漫号”启航庆典。

今年适逢依波路创立155周年的重要日子，再加上品牌在中国市场的业务飞跃成长，因此可谓喜事连连在许多重要城市的黄金路段开设专卖店，专卖店装修雅致，散发着依波路一直尊崇的“历史传承，浪漫优雅”的品牌内涵。接着在9月3日，依波路借着参与本次北京国际品牌节的契机，在北京希尔顿酒店举办了盛大的“百年传承，因爱永恒”第二届北京王府井国际品牌节一瑞士依波路表155周年巡礼活动，品牌代言人陈慧琳小姐也千里迢迢亲临现场，带领众多模特们一起展现瑞士依波路表

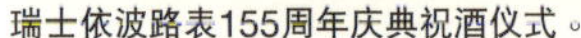
瑞士依波路表155周年庆典祝酒仪式。

瑞士依波路表总经理Ms. Nathalie Boillat。

2011年最新表款。

为庆祝瑞士依波路表155周年诞辰，依波路表“浪漫号”启航庆典于10月20日在创意时尚地标上海红坊浪漫启航，优雅天使赵雅芝女士、浪漫女神陈慧琳小姐、帅气小生林峰先生齐聚上海，与瑞士依波路表总裁Mr. Raphael Boillat、瑞士依波路表总经理Ms. Nathalie Boillat及瑞士依波路表亚太区行政总裁苏大先生，一同转动陀盘为现场的依波路嘉宾开启一趟浪漫航程。

伴随着出发的鸣笛声，依波路“浪漫号”扬帆起航，仿佛瑞士美丽的风光尽收眼底，旗帜飘扬在美轮美奂的天空之中，船只波荡起伏在绵长悠然的阿尔卑斯山脉之际。优雅天使赵雅芝身着高贵的宫廷舞裙，与舞伴轻慢而庄重地舞蹈在船头。随后由帅气小生林峰、浪漫女神陈慧琳带领着众舞者一一演绎出依波路表制表工艺的精湛以及多款腕表的设计精髓。三位代言人在描述他们心中的依波路表时畅言：“依波路表悠久的历史和浪漫的故事格外吸引着我们，她不仅传承了经典，也与时俱进地演变得更加多元和精准，而永恒浪漫的主题，也正是她令人无法抗拒的魅力所在！”

拥有着世代相传的浪漫魅力，瑞士依波路表以卓越的品质为经典传承平添了一份额外的惊喜。近两个世纪以来，瑞士依波路表凭借其浪漫、优雅的品牌价值在世界各地广受拥戴，更因为其与时俱进的创新、充满生命力的特质而成为现代浪漫情侣们的必选之作，成为一生的炫耀经典！

皇室系列腕表

型号：GGR9155-3299BR／电镀18K玫瑰金不锈钢表壳／时间指示／表盘镶嵌11颗钻石／瑞士制造2892A2镂通自动机芯／蓝宝石水晶镜面与透明表背／鳄鱼皮表带／全球限量1000只／参考价RMB 29,300

皇室系列腕表

型号：GS9155-2290／不锈钢表壳／时间指示／表盘镶嵌11颗钻石／瑞士制造2892A2镂通自动机芯／蓝宝石水晶镜面与透明表背／不锈钢链带／防水30米／全球限量550只／参考价RMB26,800

皇室系列腕表

型号：GBR6155-2599／电镀18K玫瑰金不锈钢双色表壳／时间指示，日期窗／表盘镶嵌10颗钻石／瑞士制造2892A2镂通自动机芯／蓝宝石水晶镜面与透明表背／电镀18K玫瑰金不锈钢双色链带／防水30米／参考价RMB 12,500

皇室系列腕表

型号：GS6155-2590／不锈钢表壳／时间指示，日期窗／表盘镶嵌10颗钻石／瑞士制造2892A2镂通自动机芯／蓝宝石水晶镜面与透明表背／不锈钢链带／防水30米／全球限量只／参考价RMB 11,300

波莱尔系列腕表

型号：GS8600D-4622BK／不锈钢表壳，表圈镶嵌60颗钻石／时间指示，日期窗，计时码表与测速计功能／瑞士制造2021自动计时码表机芯／蓝宝石水晶镜面与透明表背／鳄鱼皮表带／防水50米／参考价RMB28,500

波莱尔系列腕表

型号：GS8610D-8522BR／不锈钢表壳，表圈镶嵌60颗钻石／时间指示，日期窗／瑞士制造14500自动机芯／蓝宝石水晶镜面与透明表背／鳄鱼皮表带／防水50米／参考价RMB24,500

波莱尔系列腕表

型号：GBR8600D-4629／玫瑰金与不锈钢双色表壳，表圈镶嵌60颗钻石／时间指示，日期窗，计时码表与测速计功能／瑞士制造2021自动计时码表机芯／蓝宝石水晶镜面与透明表背／玫瑰金与不锈钢双色链带／防水50米／新品未定价

传奇系列II腕表

型号：GS1856UW-4522／不锈钢表壳镶嵌51颗钻石／时间指示，日期窗／瑞士制造自动机芯／蓝宝石水晶镜面与透明表背／不锈钢链带／50米防水／参考价RMB 17,600

传奇系列II腕表

型号：GB1856-0531／不锈钢表壳／时间指示，日期窗／瑞士制造自动机芯／蓝宝石水晶镜面与透明表背／电镀18K玫瑰金不锈钢双色链带／50米防水／参考价RMB 8,450

传奇系列III腕表

型号：GG1856S-4531BK／玫瑰金表壳／时间指示，日期窗／瑞士制造自动机芯／蓝宝石水晶镜面与透明表背／鳄鱼皮表带／50米防水／参考价RMB 9,800

传奇系列III腕表

型号：GBR1856SD-4599／不锈钢表壳，表圈镶嵌34颗钻石／时间指示，日期窗／瑞士制造自动机芯／表盘镶嵌10颗钻石／蓝宝石水晶镜面与透明表背／不锈钢链带／50米防水／参考价RMB 18,300

传奇系列III腕表

型号：GS1856S-4590／不锈钢表壳／时间指示，日期窗／瑞士制造自动机芯／表盘镶嵌10颗钻石／蓝宝石水晶镜面与透明表背／不锈钢表带／50米防水／参考价RMB 10,100

传奇系列III腕表

型号：GB1856S-4599／不锈钢表壳／时间指示，日期窗／瑞士制造自动机芯／表盘镶嵌10颗钻石／蓝宝石水晶镜面与透明表背／不锈钢链带／50米防水／参考价RMB 11,000

传奇系列III腕表

型号：GS1856SD-4532／不锈钢表壳，表圈镶嵌26颗钻石／时间指示，日期窗／瑞士制造自动机芯／蓝宝石水晶镜面与透明表背／不锈钢表带／50米防水／参考价RMB 15,500

传奇系列III腕表

型号：GS1856S-5322／不锈钢表壳／时间指示，日期窗／瑞士制造自动机芯／蓝宝石水晶镜面与透明表背／不锈钢链带／50米防水／参考价RMB 8,900

祖尔斯系列腕表

型号：GK9238-4929BR／18K玫瑰金表壳／时间指示，指针式周历，回拨指标式日历与动能显示／瑞士制造9094自动机芯／蓝宝石水晶镜面与透明表背／鳄鱼皮表带搭配18K玫瑰金表扣／50米防水／全球限量288只／参考价RMB82,000

祖尔斯系列腕表

型号：GS9238-0922／不锈钢表壳／时间指示，指针式周历，回拨指标式日历与动能显示／瑞士制造9094自动机芯／蓝宝石水晶镜面与透明表背／鳄鱼皮表带搭配不锈钢表扣／50米防水／全球限量688只／参考价RMB23,800

艺术家系列腕表

型号：GG9129-0013BR／18K玫瑰金包金不锈钢表壳／时间指示／瑞士制造2892镂通自动机芯／蓝宝石水晶镜面与透明表背／鳄鱼皮表带／防水50米／全球限量1500只／参考价RMB28,800

（以上价格仅供参考，以店铺实际销售为准）

传奇系列III腕表

型号：GK1856SR1-4531BK／不锈钢表壳，18K玫瑰金表圈／时间指示，日期窗／瑞士制造10470标准计时器式自动机芯／蓝宝石水晶镜面与透明表背／鳄鱼皮表带／50米防水／参考价RMB31,500

传奇系列III腕表

型号：GS1856SDR1-4532／不锈钢表壳，表圈镶嵌34颗钻石／时间指示，日期窗／瑞士制造10470标准计时器式自动机芯／蓝宝石水晶镜面与透明表背／不锈钢链带／50米防水／参考价RMB23,900

瑞士官方COSC认证天文台表腕表

型号：GK1856C1-2521BK／不锈钢表壳，18K玫瑰金表圈／时间指示，日期指示，月份、星期与月相显示／瑞士制造9000三历自动天文台机芯／蓝宝石水晶镜面与透明表背／鳄鱼皮表带／防水50米／参考价RMB 33,900

瑞士官方COSC认证天文台表腕表

型号：GS1856C1-2522／不锈钢表壳／时间指示，日期指示，月份、星期与月相显示／瑞士制造9000三历自动天文台机芯／蓝宝石水晶镜面与透明表背／不锈钢链带／防水50米／参考价RMB 23,500

瑞士官方COSC认证天文台表腕表

型号：GK1856C2-2521BK／不锈钢表壳，18K玫瑰金表圈／时间指示，日期窗／瑞士制造2892A2天文台自动机芯／蓝宝石水晶镜面与透明表背／鳄鱼皮表带／防水50米／参考价RMB 23,000

瑞士官方COSC认证天文台表腕表

型号：GS1856C2-2522／不锈钢表壳／时间指示，日期窗／瑞士制造2892A2天文台自动机芯／蓝宝石水晶镜面与透明表背／不锈钢链带／防水50米／参考价RMB 12,900

公爵系列 Duke Collection腕表

型号：GG7351-2056BR／电镀玫瑰金不锈钢表壳／时间指示，日期指示，月份、周历和月相显示／瑞士制造9000三历自动上链机芯／蓝宝石水晶镜面与透明表背／鳄鱼皮表带／防水50米／参考价RMB 27,600

骑士系列腕表

型号：GG6150-4666BR／不锈钢表壳／时间指示，日期窗／瑞士制造14070标准计时器式自动机芯／蓝宝石水晶镜面与透明表背／鳄鱼皮表带／50米防水／参考价RMB25,000

骑士系列腕表

型号：GS6150-4546／不锈钢表壳／时间指示，日期窗／瑞士制造14070标准计时器式自动机芯／蓝宝石水晶镜面与透明表背／不锈钢链带／50米防水／参考价RMB18,700

布拉克系列腕表

型号：GS7350-2522／不锈钢表壳／时间指示，日期窗／瑞士制造自动机芯／蓝宝石水晶镜面与透明表背／不锈钢链带／防水50米／参考价RMB 8,000

布拉克天文台系列腕表

型号：GS7350WC3-2590／不锈钢表壳／时间指示，星期与日期窗／瑞士制造自动天文台机芯／表盘镶嵌15颗钻石／蓝宝石水晶镜面与透明表背／不锈钢链带／防水50米／参考价RMB 13,500

布拉克系列腕表

型号：LB7350-2599／不锈钢表壳／时间指示，日期窗／瑞士制造自动机芯／表盘镶嵌8颗钻石／蓝宝石水晶镜面与透明表背／不锈钢链带／防水50米／参考价RMB 10,900

布拉克系列腕表

型号：GG7350-9521A／不锈钢表壳／时间指示，日期窗／瑞士制造自动机芯／蓝宝石水晶镜面与透明表背／不锈钢链带／防水50米／参考价RMB 9,800

布拉克系列腕表

型号：GS7350-5522A／不锈钢表壳／时间指示，日期窗／瑞士制造自动机芯／蓝宝石水晶镜面与透明表背／不锈钢链带／防水50米／参考价RMB 8,000

音韵系列腕表

型号：GS608-2556／不锈钢表壳／时间指示，日期窗／瑞士制造石英机芯／蓝宝石水晶镜面／不锈钢链带／防水50米／参考价RMB 3,900

音韵系列腕表

型号：GBR608-2599／不锈钢表壳／时间指示，日期窗／瑞士制造石英机芯／蓝宝石水晶镜面／不锈钢链／防水50米／参考价RMB 5,450

运动家系列腕表

型号：GS8203-2522／不锈钢表壳／时间指示，月份、日期窗，计时码表功能与测速计功能／瑞士制造7750机械自动计时机芯／蓝宝石水晶镜面与透明表背／不锈钢链带／防水100米／参考价RMB 15,500

运动家系列腕表

型号：GS8203-5522／不锈钢表壳／时间指示，月份、日期窗，计时码表功能与测速计功能／瑞士制造7750机械自动计时机芯／蓝宝石水晶镜面与透明表背／不锈钢链带／防水100米／参考价RMB 15,500

（以上价格仅供参考，以店铺实际销售为准）

FRANCK MULLER 法兰穆勒

创 办 人：Franck Muller & Vartan Sirmakes
创始年份：1991年
发 源 地：Geneve, Switzerland
官　　网：www.franckmuller.com.hk

复杂功能大师Franck Muller。

在2009年之后，业界对法兰穆勒FRANCK MULLER开始多了一种注目；当然，从八十年代创办人法兰穆勒发迹以来，表界对他的关注就没有少过。八十年代法兰穆勒以天才制表师之姿在表界崭露头角，从早期修复了多款传奇的古董表（其中包括了宝玑的No.160玛丽安东尼），到创立品牌之后推出的多款高阶复杂功能表款，法兰穆勒带给这个业界的不只是对精密功能、高超技术的感动，还为正要从石英风暴中重新爬起来的瑞士制表业带来了希望。

从九十年代到千禧年之后，法兰穆勒凭着Crazy Hour等等几款讨喜的款式获得了巨大的商业成功，并在名人加持等等效应之下，品牌在市场上成为一方之霸。身为一个独立制表起家的品牌，加上从千禧年以后整个市场就弥漫着一股专业制表本位的气氛，法兰穆勒之后在表款设计上再度展现专业实力。

2009年法兰穆勒推出了三枚自制机芯，包括了计时码表和大、小三针，这三枚机芯经历四年研发，其中大小三针两个型号还是在计时码表完成了之后再由计时码表改制而成的，从此看来法兰穆勒的自制机芯是有计划的。2009年之后法兰穆勒的发展基本上是跟着推出自制机芯之前的步调前进，每年仍然是一至两款高阶复杂功能搭配数款在外形设计上寻求话题的新款，以2011年为例，今年的高阶复杂功能款式比较多，最引人注目的是全新的Giga Tourbillon十日链陀飞轮腕表，正如腕表的名称Giga，这款陀飞轮腕表搭载了目前装载配于腕表里尺寸最大的陀飞轮装置，直径长达2公分，占满整个腕表一半的面积，机芯另一个特殊之处，就是法兰穆勒打破惯有的定律，将整枚机芯反

Franck Muller Watchland，犹如童话般令人向往的制表工坊。

转使用，并将轮系重新调整排列，因此细看可发现，一般腕表的时针与分针的位置是时针在上分针在下，但Giga Tourbillon的时、分针位置却是分针在上时针在下。为确保提供腕表长达十天的动力，Giga Tourbillon十日链陀飞轮腕表装配了四个发条盒，并以上下两两串联的方式相互连接，形成两对发条盒一起运作的方式，这样的设计使得在上链过程中能更快速有效的储存动能，同时更能在释放能量时提供稳定的动能驱动腕表。

此外，另款注目腕表是由法兰穆勒跟独立制表师Christophe Claret合作的三问陀飞轮；Christophe Claret原本就以问表见长，这款是以他的问表机芯再施以法兰穆勒的抛光打磨，外装整体的完成度非常惊艳。另一款Black Croco，顾名思义，表款是以黑色鳄鱼皮纹为主题，特别的是它的鳄鱼皮纹不只用在表带，连表壳、表盘上都压了鳄鱼皮的纹路，是非常炫丽的设计。

1986年推出的跳时陀飞轮表，是全世界第一款拥有跳时功能、规范式指针安排以及陀飞轮装置的手表。

Giga 镂空陀飞轮腕表

直径59.20mm×43.70mm的18K白金表壳镶钻／时间指示／FM 2100手动上链机芯，陀飞轮装置，10天动力储存显示／蓝宝石水晶镜面／防水30米／鳄鱼皮表带

Giga 镂空陀飞轮腕表

直径59.20mm×43.70mm的18K白金表壳镶钻／时间指示／FM 2100手动上链机芯，陀飞轮装置，10天动力储存显示／蓝宝石水晶镜面／防水30米／鳄鱼皮表带

Aeternitas Skeleton 1 陀飞轮腕表

直径41.4mm×34.4mm的18K白金表壳／自动上链机芯／时、分显示／陀飞轮装置／8天动力储存显示／蓝宝石水晶镜面

Aeternitas Skeleton 2 陀飞轮腕表

直径41.4mm×34.4mm的18K白金表壳／自动上链机芯／时、分显示／陀飞轮装置／8天动力储存显示／蓝宝石水晶镜面

Double Mystery陀飞轮钻表

直径55.4mm×39.6mm的18K白金表壳／FM 2006手动上链机芯，陀飞轮装置／时间指示／蓝宝石水晶镜面／60小时动力储存／鳄鱼皮表带

Double Mystery玫瑰金陀飞轮钻表

直径42mm的18K玫瑰金表壳／FM 2006手动上链机芯，陀飞轮装置／时间指示／蓝宝石水晶镜面／60小时动力储存／鳄鱼皮表带

Cintree Curvex Skeletons 镂空陀飞轮钻表

直径50.3mm×35.9mm的18K白金表壳／FM 2001R11手动上链机芯，陀飞轮装置／时间指示／蓝宝石水晶镜面／防水30米／鳄鱼皮表带

Tourbillon Skeletons 玫瑰金钻表

直径55.3mm×35.9mm的18K玫瑰金表壳／手动上炼机芯／时、分显示／陀飞轮装置／动力储存60小时／表圈镶钻／蓝宝石水晶镜面／防水30米

隐密式镶嵌方钻陀飞轮腕表

18K白金表壳／表壳镶58颗方钻，总重8.33克拉／手动上链机芯，陀飞轮装置／时间指示／蓝宝石水晶镜面／60小时动力储存／鳄鱼皮表带

Conquistador Grand prix系列腕表

钛金属材质／自动上链机芯／时间指示，日期显示／动力储存42小时／蓝宝石水晶镜面／鳄鱼皮表带

Conquistador Grand prix系列腕表

钛金属材质／FM 7000自动上链计时机芯／时间指示，日期显示，30分计时显示／动力储存48小时／蓝宝石水晶镜面／鳄鱼皮表带

Conquistador Grand prix系列腕表

钛金属材质／FM 2001 手动上链机械机芯／时间指示／陀飞轮装置／动力储存60小时／蓝宝石水晶镜面／鳄鱼皮表带

Double Mystery 四季系列18K 白金腕表

18K白金表壳／FM 2800自动上链机芯／时间指示／表款镶钻／蓝宝石水晶镜面及底盖／鳄鱼皮表带

Double Mystery 四季系列18K白金腕表

18K白金表壳／FM 2892自动上链机芯／时间指示／表盘镶钻218颗（重1.37 克拉）与14颗彩色宝石（重1.18 克拉）／蓝宝石水晶镜面与底盖／42小时动力储存／鳄鱼皮表带

Double Mystery 四季系列18K 白金腕表

18K白金表壳／FM 2892自动上链机芯／时间指示／表盘镶钻218颗（重1.37克拉）／蓝宝石水晶镜面与底盖／42小时动力储存／鳄鱼皮表带

（以上价格仅供参考，以店铺实际销售为准）

FREDERIQUE CONSTANT 康斯登

创 办 人：Peter C.Stas 和 Aletta F.Bax
创始年份：1988年
发 源 地：Geneve, Switzerland
官　　网：www.frederique-constant.com.cn

康斯登积极经营全球成长力道最强的大中华区市场。

近年来以自制机芯技术加上平实价格，在全球缔造销售佳绩的康斯登FREDERIQUE CONSTANT，在宣传行销方面也不遗余力，尤其在被视为全球成长力道最强的华人市场，为此品牌特地邀请知名影视红星舒淇担任大中华区代言人。而且品牌为强化宣传效果，2011年康斯登主打舒淇所设计表款“Amour by ShuQi”Heart Beat系列女表，该款表捐出一定比例收益给国际儿童心脏基金会，以达到慈善与行销双赢目的。

由舒淇设计的“Amour by ShuQi”腕表，康斯登将舒淇之名字缩写“S”及“Q”正式编入表款型号中，象征这款表的设计构想出处，以及表达对这位出身台湾女星的尊敬；表款表盘上迷人的法文变形书写体“Amour”与环绕康斯登知名的“爱心”形状之心跳视窗美钻，表现出法文原文“爱”的意思，且不仅象征亲情、恋情、友情，更象征关怀社会、大爱无私的爱心。“Amour by ShuQi”不仅经典、优雅且复杂、精致，充分反映现代女性的价值观与抱负。不锈钢与镀金表款都有着34mm尺寸舒适而圆润的造型，圆形表盘上分为内、外两层，表盘中心刻有爱心形状花纹，外环则是贝母材质，并有乳白色以及巧克力色两种选择，装饰高级的机芯也更能吸引自信的女性消费者选购。

不但在宣传方面积极努力，对于产品康斯登同样精益求精，继2009年发表第二款自制机芯FC-700后，2011年更将该款机芯再升级推出限量版FC-700 Maxime 矽擒纵腕表，将以往用于高价位表款的矽擒纵零件装配于中价位表款上，女表则推出FC-700 Maxime双色女用钻表，以平实价位提供女性消费者毫不打折的奢华时尚品味。“矽擒纵”是制表界目前的热门话题之一，但其高技术、高成本也让中价位品牌闻之

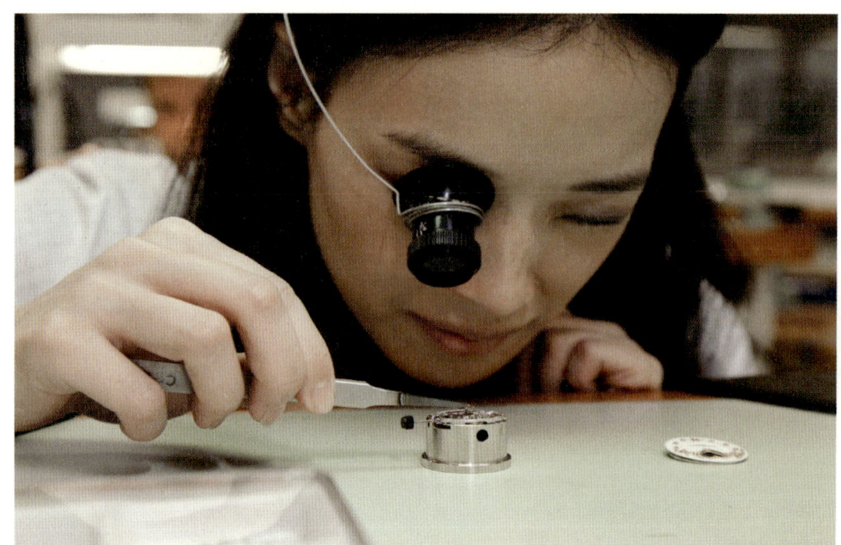

康斯登大中华区代言人舒淇，亲赴瑞士总厂参与“Amour by ShuQi” Heart Beat系列女表的设计与制作。

“Amour by ShuQi” Heart Beat表款，面盘上可见迷人的法文变形书写体“Amour”。

却步，康斯登以其独到眼光与专业制表技术，快速跟上使用高科技矽制零件的风潮，并获得代理商与消费者的正面肯定，2011年更破天荒将矽擒纵结构装配在FC-700 Maxime系列，以入门表价格推出FC-700 Maxime矽擒纵腕表，将提供喜爱专业制表的玩家一款与众不同、兼具日常佩戴与闲暇玩赏功能的腕表，但仅限量发售888只。

“经典不灭”向来是康斯登奉为圭臬的设计准则，因此于2009年推出了Runabout系列，以缅怀Runabout小船，轻荡于日内瓦湖面所摇曳出旧日经典画面。2011年，康斯登更进一步将明月当空美景融入Runabout系列，推出全新Runabout Moonphase月相腕表，透过物超所值的月相装置，传神地铺陈出时间之美。这款月相表除了配备高品质FC-360自动机芯外，直径43mm的表壳采用古典的双层设计，表盘中央的巴黎钉纹(Pave de Paris)与日期、星期、月相三个功能视窗的放射线打磨，重温了传统制表工艺；简洁的阿拉伯数字与立体刻度、涂抹夜光涂料的剑形指针，提高了判读时间的便利性；透视后底盖更优美的展现康斯登重视细节的制表精神。为了纪念延续百年海上游艇悠游自在的独立精神，康斯登每款Runabout腕表都仅限量生产1,888只，且每一只皆以手工制精美木盒盛装，并附有一艘限量生产的Runabout仿真模型船。此外，为纪念钢琴大师萧邦两个百周年冥诞，康斯登推出Chopin 200周年珐琅纪念限量表，其主要特色在于仿效白色琴键的珐琅表盘，以传统珐琅技艺将乐器之王—钢琴转化为动人的时间工艺，充分表达对大师的尊崇敬意。

两地时间大日期腕表

型号FC-325V6B6／直径43mm不锈钢表壳／时间指示，大日期窗，两地时间功能／FC-325自动上链机芯，动力储存42小时／蓝宝石水晶镜面／防水100米

Slimline Automatic腕表

型号FC-306G4STZ9／直径40mm钛金属表壳，18K玫瑰金表圈／时间指示，日期窗／FC-306自动上链机芯，动力储存42小时／蓝宝石水晶镜面／防水30米

Persuasion系列自动腕表

型号FC-303NM4P6／直径40.0mm不锈钢表壳／时间指示，日期窗／FC-303自动上链机芯，动力储存约42小时／蓝宝石水晶镜面／防水60米

Amour Heart Beat by ShuQi系列腕表

型号FC 310-CSQ2P4／直径34mm不锈钢表壳电镀玫瑰金，表盘镶嵌37颗碎钻，共重0.15克拉／时间指示／FC-310自动上链机芯， 42小时动力储存／蓝宝石水晶镜面，透明底盖／防水60米／限量888只

Amour Heart Beat by ShuQi系列腕表

型号FC 310-SQ2PD4／直径34mm不锈钢表壳电镀玫瑰金，表圈镶钻48颗，表盘镶嵌37颗碎钻／时间指示／FC-310自动上链机芯， 42小时动力储存／蓝宝石水晶镜面，透明底盖／防水60米／限量888只

Persuasion系列心跳视窗自动腕表

型号FC-310NM4P5／直径40.0mm不锈钢电镀玫瑰金表壳／时间指示／FC-310自动机芯，动力储存42小时／蓝宝石水晶镜面／防水60米

Large Carree Automatic系列腕表

型号FC-303MC4C24／直径47mm×30.7mm不锈钢电镀玫瑰金表壳／时间指示，日期窗／FC-303自动上链机芯，动力储存约42小时／蓝宝石水晶镜面／防水30米

奥斯丁Healey自动计时腕表

型号FC-392CH6B4／直径43mm光面电镀玫瑰金表壳/时间指示、日期窗／FC-392 计时功能机芯，动力储存48小时／蓝宝石水晶镜面／防水100米／限量1888只

奥斯丁Healey自动计时腕表

型号FC-392HSDG6B6／直径43mm不锈钢表壳／时间指示、日期窗／ FC-392 计时功能机芯，动力储存48小时／蓝宝石水晶镜面／防水100米／限量1888只

Runabout Power Reserve自制机芯腕表

型号FC-720RM6B6／直径43mm不锈钢表壳／时间指示，日期指示，动力储存指示／FC-720自动上链机芯，42小时动力储存／蓝宝石水晶镜面／防水100米／全球限量1888只

Maxime 自制机芯腕表

型号FC-700MPCD3MDZ9／直径39mm不锈钢表壳，18K玫瑰金表圈，表圈镶有52颗钻石，小时刻度镶钻／时间指示，日期指示／FC-700自动上链机芯，动力储存42小时／蓝宝石水晶镜面，透明底盖／防水30米

Maxime 矽制擒纵轮自制机芯腕表

型号FC-700SMG5M6／直径42mm不锈钢表壳／时间指示，日期指示／FC-700自动上链机芯，动力储存42小时／蓝宝石水晶镜面，透明底盖／防水30米／限量888只

Runabout Moonphase月相腕表

型号FC-360RM6B4／直径43mm不锈钢电镀玫瑰金表壳／时间指示，日期、星期指示，月相盈亏显示／蓝宝石水晶镜面／防水100米

Peking To Paris计时腕表

型号FC-396V6B6／直径43mm不锈钢表壳／时间指示，计时码表功能／FC-396自动上链机芯，动力储存42小时／蓝宝石水晶镜面／防水100米／限量1888只

两地时间自制机芯腕表

型号FC-938CDG4H6／直径42mm不锈钢表壳／时间指示，两地时间功能，日夜显示／FC-938自制自动上链机芯，动力储存约42小时／蓝宝石水晶镜面，透明底盖／防水50米／限量1,888只

两地时间自制机芯腕表

型号FC-938MC4H6／直径42mm不锈钢表壳／时间指示，两地时间功能，日夜显示／FC-938自制自动上链机芯，动力储存约42小时／蓝宝石水晶镜面，透明底盖／防水50米／限量1,888只

HBM矽制擒纵轮自制陀飞轮腕表

型号FC-980EGF4H9／直径42mm的18K玫瑰金表壳／时间指示，日夜指示，陀飞轮装置／自制自动上链机芯，42小时动力储存／蓝宝石水晶镜面，透明底盖／防水30米／限量188只

GMT日期月相陀飞轮自制机芯腕表

型号FC-985MC4H9／直径44mm的18K玫瑰金表壳／时间指示，日期窗，月相盈亏显示，两地时间功能，陀飞轮装置／FC-985自动上链机芯，48小时动力储存／蓝宝石水晶镜面，透明底盖／防水30米／限量188只

（以上价格仅供参考，以店铺实际销售为准）

GLASHÜTTE ORIGINAL
格拉苏蒂

创 办 人：Julius Assmann、Ferdinand A. Lange、Johannes Drrstein

创始年份：1845年

发 源 地：Glashütte, Germany

官　　网：www.glashuette-original.com

（左起）柏林电影节主席Dieter Kosslick先生及格拉苏蒂全球副总裁Dieter Pachner先生。

德国顶级机械腕表品牌格拉苏蒂GLASHÜTTE ORIGINAL已有超过160年的历史，它完整保留德国制表工艺传统，2011年推出的表款如最新的七零年代大日历腕表就是德系表款最佳代言人，虽说设计自1970年代造型，但有着简单的外观零件造型设计与厚重的质感。除制表外，它也关心音乐及艺术发展，像是设立了格拉苏蒂音乐奖，以及赞助柏林影展等。

格拉苏蒂音乐奖在2004年由德累斯顿音乐节与德国顶级腕表品牌格拉苏蒂共同设立，表扬对艺术创作有重大贡献的艺术家。2011格拉苏蒂音乐奖授予柏林爱乐乐团及其首席指挥家西蒙·瑞特（Simon Rattle）先生，西蒙·瑞特先生自2002年起开始担任柏林爱乐乐团的艺术总监和首席指挥家，他不仅带领柏林爱乐乐团屡获大奖，而且积极推动音乐走近各种社会和文化背景的年轻人，最值得一提的就是Zukunft@BPhil教育项目的推广，让越来越多各种不同教育背景与社会背景的人们带入全新的声乐世界。

自2011年2月第61届柏林影展开始，格拉苏蒂与柏林影展（Berlinale）签下三年的合作协议，使格拉苏蒂成为柏林影展的“共同合作伙伴”。身为柏林影展的共同合作伙伴，格拉苏蒂腕表使自己成为国际观众眼中的焦点，影展期间从开幕之夜到颁奖典礼，格拉苏蒂的贵宾厅与展示厅每天都迎来超过500位尊贵的访客。贵宾厅与展示厅的设计以20世纪70年代的冒险电影为创意，窗户上贴着柏林电影节40年历史的回顾，前往参观的贵宾中包括德国总统 Christian Wulff先生，柏林电影节主席 Dieter Kosslick先生及众多著名的导演，明星及电影摄制组。整个贵宾厅与展示厅的布置，与格拉苏蒂为纪念第61届柏林电影节特别制作的腕表一七十年代大日历腕表相呼应，此款腕表是格拉苏蒂为纪念复古的七十年代的献礼。更有许多新表都是第一次在2011年柏林电影节期间展示，格拉苏蒂以德国高端制表艺术向德国文化盛事致敬！

2011年格拉苏蒂推出的表款也是令表迷大开眼界，如Senator Diary腕表能

设定长达30天内的闹铃新款白金版。它设计精美对称，表壳两侧设置相对的两个表冠，各搭配一颗按把。右侧的表冠与按钮负责操作大日期窗，9点钟位置的日历式闹铃是它的精髓，可设定一个月内的任何时刻；它采用100-13机芯，结合100-03机芯与全新杰出日记特制模组，共有600个零件，光日记特制模组就有340个零件。具备格拉苏蒂棱纹的四分之三夹板、抛光精钢零件、倒角与蓝钢螺丝都可以透过蓝宝石水晶玻璃底盖一览无遗。

PanoMatic Luna腕表采用珍珠贝母表盘，散发着无与伦比的美丽光泽，它有两种版本，闪耀白色珍珠贝母或神秘黑色的偏心表盘，表圈镶嵌64颗澄净美钻，顶级美钻刻度。优雅月相显示与大日期窗，表冠上镶嵌3.0mm钻石，表壳直径39.4mm，搭载Cal. 90-12自动上链机芯，呈现出格拉苏蒂制表的传统元素，例如四分之三夹板、蓝钢螺丝，以及格拉苏蒂特色装饰。搭配鳄鱼皮表带及橡胶带二种表带，同时表现休闲与优雅二种不同风情。

Senator Perpetual Calendar万年历表有着高度复杂的功能且清晰易读，能指示时间、日期、星期、月份、月相以及闰年，低调的闰年指示装置，简单地以红点指示，非闰年则依序以黄色、黑色以及白色圆点代表。它的心脏是Caliber 100-02，振频每小时28,800次，自动上链结构，采用附加18颗K金补重螺丝的摆轮，储能时间长达55小时。拥有秒针自动归零功能，调校时间既精确又容易，有别于其他平庸的归零结构，它的秒针不与表冠或龙芯耦合，因此表冠拉出后，摆轮不会停止，更不会伤害结构，只要按下表壳8时位方向的按把，秒针就会归零。

Sixties Tourbillon则是无可比拟的杰出作品。飞行陀飞轮装置是格拉苏蒂腕表结合艺术与制表工艺的完美展演；这项装置在1920年代由德国知名制表大师暨萨克森市德国制表学校教授Alfred Helwig所发明。类似“悬臂”的机板结构，让陀飞轮看来犹如飞行一般而得名。它采用Caliber 94-12自动上链机芯，是格拉苏底的极致艺术瑰宝。

格拉苏蒂音乐奖奖杯。

柏林爱乐乐团首席指挥家西蒙·瑞特（Simon Rattle）先生和柏林爱乐乐团。

自2011年第61届柏林影展开始，格拉苏蒂正式成为柏林影展的“共同合作伙伴”。

Senator Sixties Square Tourbillon

型号94-12-01-01-04／直径41.35mm的18K玫瑰金表壳／Cal.94-12自动上链机芯／时间指示与大日期窗，陀飞轮装置／蓝宝石水晶镜面与底盖／防水30米／鳄鱼皮表带／参考价RMB 946,000

Senator Meissen Tourbillon

型号94-11-01-01-04／直径40mm的18K玫瑰金表壳／Cal. 94自动上链机芯，陀飞轮装置／时间指示／手绘Meissen迈森瓷表面／蓝宝石水晶镜面与底盖／防水50米／鳄鱼皮表带／参考价RMB 1,155,500

Senator Diary

型号100-13-01-01-04／直径42mm的18K玫瑰金表壳／Cal. 100自动上链机芯／时间指示，大日期窗与30天设定响铃功能／蓝宝石水晶镜面／防水50米／鳄鱼皮表带／参考价RMB 293,500

Senator Diary

型号100-13-02-02-04／直径42mm的不锈钢表壳／Cal. 100自动上链机芯／时间指示，大日期窗与30天设定响铃功能／蓝宝石水晶镜面／防水50米／鳄鱼皮表带／参考价请电洽

Senator Chronometer

型号58-01-01-01-04／直径42mm的18K玫瑰金表壳／Cal. 58手动上链机芯，分秒双归零调校装置／时间指示／蓝宝石水晶镜面与底盖／防水50米／鳄鱼皮表带／参考价RMB 252,000

Senator Chronometer

型号58-01-01-04-04／直径42mm的18K白金表壳／Cal. 58手动上链机芯，分秒双归零调校装置／时间指示／蓝宝石水晶镜面与底盖／防水50米／鳄鱼皮表带／参考价RMB 265,500

Sixties Panorama Date

型号39-47-02-01-04／直径42mm的18K玫瑰金表壳／Cal. 39自动上链机芯／时间与大日期窗指示／蓝宝石水晶镜面与底盖／防水50米／鳄鱼皮表带／参考价RMB 150,000

Sixties Panorama Date

型号39-47-01-01-04／直径42mm的18K玫瑰金表壳／Cal. 39自动上链机芯／时间与大日期窗指示／蓝宝石水晶镜面与底盖／防水30米／鳄鱼皮表带／参考价RMB 150,000

Sixties Panorama Date

型号39-47-03-02-04／直径42mm的不锈钢表壳／Cal. 39自动上链机芯／时间与大日期窗指示／蓝宝石水晶镜面与底盖／防水30米／鳄鱼皮表带／参考价RMB 81,000

Sixties Panorama Date

型号39-47-01-02-04／直径42mm的不锈钢表壳／Cal. 39自动上链机芯／时间，大日期窗与计时功能／蓝宝石水晶镜面与底盖／防水30米／鳄鱼皮表带／参考价RMB 81,000

Senator Meissen

型号100-10-01-01-04／直径40mm的18K玫瑰金表壳／Cal. 100自动上链机芯／时间指示／手绘 Meissen迈森瓷表面／蓝宝石水晶镜面与底盖／防水50米／鳄鱼皮表带／参考价RMB 188,000

Senator Perpetual Calendar

型号100-02-25-05-05／直径40mm的18K玫瑰金表壳／Cal. 100自动上链机芯／时间、大日期窗、月相与万年历指示／蓝宝石水晶镜面与底盖／防水50米／鳄鱼皮表带／参考价RMB 293,500

（以上价格仅供参考，以店铺实际销售为准）

PanoMaticCounter XL

型号96-01-02-02-04／直径44mm的不锈钢表壳／Cal. 96自动上链机芯／时间、大日期窗、飞返计时与计数器功能／蓝宝石水晶镜面与底盖／防水30米／鳄鱼皮表带／参考价RMB 230,500

PanoInverse XL

型号66-01-01-01-05／直径42mm的18K玫瑰金表壳／Cal. 66手动上链机芯／时间与储能指示／蓝宝石水晶镜面与底盖／防水30米／鳄鱼皮表带／参考价RMB 218,500

PanoInverse XL

型号66-04-04-02-05／直径42mm的不锈钢表壳／Cal. 66手动上链机芯／时间与储能指示／蓝宝石水晶镜面与底盖／防水30米／鳄鱼皮表带／参考价RMB 115,500

Senator Automatic

型号39-59-01-05-04／直径40mm的18K玫瑰金表壳／Cal. 39自动上链机芯／时间指示／蓝宝石水晶镜面与底盖／防水50米／鳄鱼皮表带／参考价RMB 123,000

Senator Automatic

型号39-59-01-02-04／直径40mm的不锈钢表壳／Cal. 39自动上链机芯／时间指示／蓝宝石水晶镜面与底盖／防水50米／鳄鱼皮表带／参考价RMB 56,500

PanoMaticLunar XL

型号90-02-34-11-05／直径42mm的18K玫瑰金表壳／Cal. 90自动上链机芯／时间、大日期窗与月相指示／蓝宝石水晶镜面与底盖／防水30米／鳄鱼皮表带／参考价RMB 207,000

PanoMaticLunar XL

型号90-02-36-12-05／直径42mm的不锈钢表壳／Cal. 90自动上链机芯／时间、大日期窗与月相指示／蓝宝石水晶镜面与底盖／防水30米／鳄鱼皮表带／参考价RMB 106,000

Senator Hand Date

型号39-58-02-02-04／直径40mm的不锈钢表壳／Cal. 39自动上链机芯／时间与日期指示／蓝宝石水晶镜面与底盖／防水50米／鳄鱼皮表带／参考价RMB 51,500

Senator Hand Date

型号39-58-01-02-04／直径40mm的不锈钢表壳／Cal. 39自动上链机芯／时间与日期指示／蓝宝石水晶镜面与底盖／防水50米／鳄鱼皮表带／参考价RMB 51,500

Seventies Panorama Date

型号39-47-12-12-14／直径40×40mm的不锈钢表壳／Cal. 39自动上链机芯／时间与大日期窗指示／蓝宝石水晶镜面与底盖／防水100米／鳄鱼皮表带／参考价RMB 92,500

Seventies Panorama Date

型号39-47-11-12-14／直径40×40mm的不锈钢表壳／Cal. 39自动上链机芯／时间与大日期窗指示／蓝宝石水晶镜面与底盖／防水100米／鳄鱼皮表带／参考价RMB 92,500

Seventies Panorama Date

型号39-47-13-12-14／直径40×40mm的不锈钢表壳／Cal. 39自动上链机芯／时间与大日期窗指示／蓝宝石水晶镜面与底盖／防水100米／鳄鱼皮表带／参考价RMB 92,500

（以上价格仅供参考，以店铺实际销售为准）

Navigator Worldview

型号39-47-07-07-04／直径44mm的不锈钢表壳／Cal. 39自动上链机芯／时间、大日期窗与世界时区指示／蓝宝石水晶镜面与底盖／防水50米／鳄鱼皮表带／参考价RMB 81,000

Senator Navigator Automatic

型号100-03-07-05-04／直径44mm的不锈钢表壳／Cal. 100自动上链机芯／时间与日期指示／蓝宝石水晶镜面与底盖／防水50米／小牛皮表带／参考价RMB 88,500

Senator Sixties Square Chronograph

型号39-34-03-32-04／直径41.35×41.35mm的不锈钢表壳／Cal. 39自动上链机芯／时间与计时功能／蓝宝石水晶镜面／防水30米／鳄鱼皮表带／参考价RMB 80,500

Senator Chronograph XL

型号39-34-20-42-04／直径44mm的不锈钢表壳／Cal. 39自动上链机芯／时间与计时功能／蓝宝石水晶镜面与底盖／防水50米／鳄鱼皮表带／参考价RMB 75,500

Senator Chronograph XL

型号39-34-21-42-04／直径44mm的不锈钢表壳／Cal. 39自动上链机芯／时间与计时功能／蓝宝石水晶镜面与底盖／防水50米／鳄鱼皮表带／参考价RMB 75,500

Senator Sixties Square Chronograph

型号39-34-02-32-04／直径41.35×41.35mm的不锈钢表壳／Cal. 39自动上链机芯／时间与计时功能／蓝宝石水晶镜面／防水30米／鳄鱼皮表带／参考价RMB 80,500

Star, Spring Blossom

型号90-00-04-04-04／直径39.4mm的18K白金表壳／Cal. 90自动上链机芯／时间指示／蓝宝石水晶镜面与底盖／防水50米／鳄鱼皮表带／参考价RMB 393,000

Star, Summer Sun

型号90-00-01-01-04／直径39.4mm的18K黄金表壳／Cal. 90自动上链机芯／时间指示／蓝宝石水晶镜面与底盖／防水50米／鳄鱼皮表带／参考价RMB 393,000

Star, Autumn Leaf

型号90-00-11-11-04／直径39.4mm的18K玫瑰金表壳／Cal. 90自动上链机芯／时间指示／蓝宝石水晶镜面与底盖／防水50米／鳄鱼皮表带／参考价RMB 393,000

Star, Winter Dream

型号90-00-14-14-04／直径39.4mm的18K白金表壳／Cal. 90自动上链机芯／时间指示／蓝宝石水晶镜面与底盖／防水50米／鳄鱼皮表带／参考价RMB 393,000

PanoMaticLuna

型号90-12-02-12-04／直径39.4mm的不锈钢表壳／Cal. 90自动上链机芯／时间、大日期窗与月相指示／蓝宝石水晶镜面与底盖／防水30米／鳄鱼皮表带／参考价RMB 154,000

PanoMaticLuna

型号90-12-01-12-04／直径39.4mm的不锈钢表壳／Cal. 90自动上链机芯／时间、大日期窗与月相指示／蓝宝石水晶镜面与底盖／防水30米／鳄鱼皮表带／参考价RMB 154,000

（以上价格仅供参考，以店铺实际销售为准）

HAMILTON 汉米尔顿

创 办 人：H. J. Cain

创始年份：1892年

发 源 地：Lancaster, USA

官　　网：www.hamilton.com.cn

汉米尔顿全新制作的H21、H31，品牌专属的自动上链计时机芯。

源自美国宾夕法尼亚州再由瑞士Swatch Group发扬光大，提到汉米尔顿HAMILTON这个品牌，首先联想到的就是美国表物美价廉之优势，加上瑞士表精确优质的特色。除此之外，由于历史因素使然，让汉米尔顿腕表个性鲜明风格独具。首先，品牌在1890年代为美国铁路公司制造的列车时计，因为精确可靠成为值得信赖的标志；其次，1920年代开始更成为美军供应商，汉米尔顿腕表随着美军征战欧洲大陆，其品质、信赖度跟耐用度在此时达到高峰；接着在二次大战期间，汉米尔顿更完全摈除商业利益，停止制造消费性产品，转而专心为美军部队提供计时器，此举不但为品牌赢得至高荣耀，更为自己获得生产物美价廉产品之良方。今年汉米尔顿凭借着长久以来所累积的各种优势，将经典风格、平实价格、军用规格、可靠品质与优异性能等诸多优势，加诸在2011新表款上一次爆发，理所当然品牌年度新款精彩可期。

首先，在巴塞尔表展会场备受各界瞩目的Pan Europ计时码表，创作灵感来自1971年问世的同名表款，在设计上保留原款之经典元素，但在性能上则完全发挥现代制表技术，Pan Europ计时码表融合古今的做法，让表迷得以轻松享受经典表的价值。略带方正的表壳、优雅蓝色表盘与表圈背景，加上色彩鲜艳的指针，让Pan Europ外形卓然出众，见过便留下深刻印象。45毫米不锈钢坚固表壳显露纯正当代气息，隆起表冠与两颗按钮展现招牌工艺特色，3点钟与9点钟位置的双辅助盘设计彰显浓郁古典气息。更吸引人是驱动全新Pan Europ表款的机芯H31，H31自动上链计时机芯是品牌以先进技术制作的专属机种，不但精确可靠并极具工艺价值。

创作灵感同样来自品牌本身悠久辉煌之历史纪录，汉米尔顿 Khaki UTC双时区腕表，源自1940年代品牌制作的航海天文钟。在工艺方面，Khaki UTC的表盘完全复刻自40年代时具有恒星时间（Sidereal Time）功能的航海天

文钟，借此表达对天文台钟的崇敬，恒星时为测量地球相对于周围星球的运转时间，而非地球相对于太阳的运转时间。在现代设计方面，Khaki UTC搭载具备两地时间功能的瑞士防磁机芯，并辅以现代设计与机场缩写。Khaki UTC完美融合过去与未来，纪念航海天文钟为现代世界所作出的伟大贡献。Khaki UTC其坚强韧性展现于42毫米坚固不锈钢表壳，精准性展现于瑞士两地时间防磁机芯，以及高达300米防水深度。由9点钟位置旋钮手动设定的24个不同时区，采用国际空中运输协会（IATA）的机场3字母代号作为参考标志，包含JFK与LAX等我们较为熟悉的机场，以及那些远在天边的地点，如檀香山与亚速尔群岛的蓬加达（Ponta Delgada），优雅结合古今特色的 Khaki UTC在未来钟表历史中必定占有一席之地。

“Without liberty, life is a misery（没有自由，生活是苦难）”。这是汉米尔顿表厂创办人Andrew Hamilton也是当时美国宾州众议院发言人的名言。拥有百年历史轨迹的汉米尔顿，今年推出缅怀过去辉煌时光的“摩登时代”（Modern Times） 系列表款，为当代钟表的极品之作。其中自由宣言（Spirit of Liberty）限量计时码表，以纪念追求自由的品牌创办人为宗旨，并搭载汉米尔顿最新独家专属H21自动机芯，以体现对制表工艺的极致追求，搭建起从历史到现代的桥梁。2011年的全新系列以“摩登时代”自信地展现其独特非凡的能力，使传统精神与现代工艺完美衔接，全新系列以多种款式设计来强调出品牌对于自由的热爱，并展现精准计时的无限创意与灵活行动力。其中Spirit of Liberty系列共有三款，每款限量1892只，以纪念1892年汉米尔顿腕表的诞生。

纪念1971年问世的同名表款，Pan Europ自动计时码表展现浓郁古典美感。

汉米尔顿近年来积极着重在展店与市场行销，让品牌深植消费者心中。

自由气概腕表

直径42mm不锈钢表壳／时间指示、计时码表功能／H21机芯／蓝宝石水晶镜面／牛皮表带／防水100米／参考价RMB 13,150

自由气概腕表

直径42mm不锈钢表壳／时间指示、计时码表功能／H21机芯／蓝宝石水晶镜面／牛皮表带／防水100米／参考价RMB 13,150

爵士大师腕表

直径45mm不锈钢表壳／时间指示、日期星期窗与计时码表功能／H21机芯／蓝宝石水晶镜面／牛皮表带／防水100米／参考价RMB 13,900

爵士大师腕表

直径41mm不锈钢表壳／时间指示、日期星期窗与计时码表功能／H21机芯／蓝宝石水晶镜面／不锈钢链带／防水100米／参考价RMB 13,750

爵士大师腕表

直径41mm不锈钢表壳／时间指示、日期星期窗与计时码表功能／H21机芯／蓝宝石水晶镜面／不锈钢链带／防水100米／参考价RMB 13,750

爵士大师腕表

直径45mm不锈钢表壳／时间指示、日期星期窗与计时码表功能／H21机芯／蓝宝石水晶镜面／牛皮表带／防水100米／参考价RMB 13,900

卡其野战自动上链腕表

直径42mm不锈钢表壳／时间指示、日期窗／Cal. 2824-2机芯／蓝宝石水晶镜面／牛皮表带／防水100米／参考价RMB 5,000

卡其野战自动上链腕表

直径38mm不锈钢表壳／时间指示、日期窗／Cal. 2824-2机芯／蓝宝石水晶镜面／牛皮表带／防水100米／参考价RMB 4,850

卡其野战自动计时腕表

直径38mm不锈钢表壳／时间指示、日期星期窗与计时码表功能／H21机芯／蓝宝石水晶镜面／牛皮表带／防水100米／参考价RMB 11,750

卡其野战自动计时腕表

直径42mm不锈钢表壳／时间指示、日期星期窗与计时码表功能／H21机芯／蓝宝石水晶镜面／不锈钢链带／防水100米／参考价RMB 11,750

卡其保护国际自动计时腕表

直径42mm不锈钢表壳／时间指示、日期窗与计时码表功能／H31机芯／蓝宝石水晶镜面／牛皮表带／防水100米／参考价RMB 13,680

卡其先锋自动计时腕表

直径42mm不锈钢表壳／时间指示、日期窗与计时码表功能／H31机芯／蓝宝石水晶镜面／牛皮表带／防水100米／参考价RMB 13,680

（以上价格仅供参考，以店铺实际销售为准）

卡其天行者腕表

直径42mm不锈钢表壳／时间指示、日期窗与两地时间功能／Cal.2893-2机芯／蓝宝石水晶镜面／牛皮表带／防水300米／参考价RMB 9,700

卡其天行者腕表

直径42mm不锈钢表壳／时间指示、日期窗与两地时间功能／Cal.2893-2机芯／蓝宝石水晶镜面／不锈钢链带／防水300米／参考价RMB 10,250

卡其飞行员腕表

直径46mm不锈钢表壳／时间指示、日期星期窗／Cal.2836-2机芯／蓝宝石水晶镜面／牛皮表带／防水200米／参考价RMB 7,220

卡其飞行员腕表

直径38mm不锈钢表壳／时间指示、日期星期窗／Cal.2836-2机芯／蓝宝石水晶镜面／不锈钢链带／防水200米／参考价RMB 7,370

卡其飞行员腕表

直径38mm不锈钢表壳／时间指示、日期星期窗／Cal.2836-2机芯／蓝宝石水晶镜面／牛皮表带／防水200米／参考价RMB 6,800

卡其飞行员腕表

直径38mm红金PVD不锈钢表壳／时间指示、日期星期窗／Cal.2836-2机芯／蓝宝石水晶镜面／牛皮表带／防水200米／参考价RMB 7,530

卡其野战指挥官腕表

直径34mm不锈钢表壳／时间指示、日期窗／Cal.2671机芯／蓝宝石水晶镜面／牛皮表带／防水100米／参考价RMB 5,280

卡其野战指挥官腕表

直径34mm不锈钢表壳／时间指示、日期窗／Cal.2671机芯／蓝宝石水晶镜面／不锈钢链带／防水100米／参考价RMB 5,850

爵士淑女腕表

直径27mm不锈钢表壳／时间指示／Cal.901.001石英机芯／蓝宝石水晶镜面／不锈钢链带／防水50米／参考价RMB 3,390

爵士淑女腕表

直径27mm不锈钢表壳／时间指示／Cal.901.001石英机芯／蓝宝石水晶镜面／不锈钢链带／防水50米／参考价RMB 3,390

爵士纤薄小秒针腕表

直径43mm不锈钢表壳／时间指示、日期窗／Cal.2895-2机芯／蓝宝石水晶镜面／不锈钢链带／防水50米／参考价RMB 7,750

爵士纤薄小秒针腕表

直径43mm不锈钢表壳／时间指示、日期窗／Cal.2895-2机芯／蓝宝石水晶镜面／牛皮表带／防水50米／参考价RMB 7,150

爵士开心腕表

直径40mm不锈钢表壳／时间指示／Cal.2836-2机芯／蓝宝石水晶镜面／牛皮表带／防水50米／参考价RMB 6,800

爵士开心腕表

直径40mm不锈钢表壳／时间指示／Cal.2836-2机芯／蓝宝石水晶镜面／牛皮表带／防水50米／参考价RMB 6,800

爵士开心腕表

直径40mm红金PVD不锈钢表壳／时间指示／Cal.2836-2机芯／蓝宝石水晶镜面／牛皮表带／防水50米／参考价RMB 8,320

（以上价格仅供参考，以店铺实际销售为准）

爵士Viewmatic 情侣对表

直径34以及40 mm红金PVD不锈钢表壳／时间指示、日期窗／Cal.2824-2机芯／蓝宝石水晶镜面／牛皮表带／防水50米／参考价RMB 6,800

爵士Viewmatic 情侣对表

直径34以及40 mm黄金PVD不锈钢表壳／时间指示、日期窗／Cal.2824-2机芯／蓝宝石水晶镜面／不锈钢链带／防水50米／参考价RMB 7,030

爵士Viewmatic 情侣对表

直径34以及40 mm红金PVD不锈钢表壳／时间指示、日期窗／Cal.2824-2机芯／蓝宝石水晶镜面／不锈钢链带／防水50米／参考价RMB 7,030

纤薄自动上链腕表

直径42 mm不锈钢表壳／时间指示、日期窗／Cal.2824-2机芯／蓝宝石水晶镜面／不锈钢链带／防水50米／参考价RMB 7,220

纤薄自动上链腕表

直径38 mm不锈钢表壳／时间指示、日期窗／Cal.2824-2机芯／蓝宝石水晶镜面／牛皮表带／防水50米／参考价RMB 6,040

纤薄自动上链腕表

直径38 mm黄金PVD不锈钢表壳／时间指示、日期窗／Cal.2824-2机芯／蓝宝石水晶镜面／牛皮表带／防水50米／参考价RMB 7,410

卡其地球共同体腕表

直径42 mm不锈钢表壳/时间指示、日期窗/Cal.2824-2机芯/蓝宝石水晶镜面/不锈钢链带/防水100米/参考价RMB 7,180

卡其先锋自动上链腕表

直径42 mm不锈钢表壳/时间指示、日期窗/Cal.2824-2机芯/蓝宝石水晶镜面/牛皮表带/防水100米/参考价RMB 6,650

探险猫王纪念版

不锈钢表壳/时间指示/Cal.2824-2机芯/蓝宝石水晶镜面/橡胶表带/防水50米/参考价RMB 9,650

探险猫王纪念版

不锈钢表壳/时间指示/Cal.2824-2机芯/蓝宝石水晶镜面/橡胶表带/防水50米/参考价RMB 10,220

卡其超越风速腕表

直径44 mm红金PVD不锈钢表壳/时间指示、日期星期窗与计时码表功能/Cal.7750机芯/蓝宝石水晶镜面/牛皮表带/防水100米/参考价RMB 15,960

卡其超越风速腕表

直径44 mm不锈钢表壳/时间指示、日期星期窗与计时码表功能/Cal.7750机芯/蓝宝石水晶镜面/牛皮表带/防水100米/参考价RMB 11,890

(以上价格仅供参考，以店铺实际销售为准)

IWC 万国表

创办人：Florentine Ariosto Jones
创始年份：1868年
发源地：Schaffhausen, Switzerland
官网：www.iwc.com

IWC万国表以持续精进的稳健态度与步调，每年推出款款经典的腕表，创造出无限的精彩。

IWC万国表是目前业界少数产品更新进度极端稳定的品牌，2005年以来他们家几乎维持着一年更新一个系列的步调，从2005年的工程师、2006年的飞行员、2007年的达文西、2009年的海洋时计、2010年的葡萄牙、直到2011年的柏涛菲诺，有的系列只是小改（像是葡萄牙系列，虽然同年另有改款幅度较大的Yacht Club），有的系列却是翻天覆地的大改款（像是达文西系列），不论大改小改，整体方向都是要将表款的规格、机能修得更符合现代的标准，设计上也要更能满足时下消费者的口味，五、六年下来，万国表旗下的全系列表款就算不能说是完美，不过也算是业界阵容最整齐的一家了。

2011年是万国表的柏涛菲诺年；系列整体只调整了一些细节的部份，不过今年万国表启用了新设计师，因此还是感觉得到风格上微妙的差异。相较于设计的变化，新一代的柏涛菲诺在款式上还给了我们更多惊喜。这次柏涛菲诺有几个比较重要的新款，其一是手上链八日链款，这款小三针动力储存显示搭载的是万国表最新的手上链机芯59210；除了高阶复杂功能，万国表的手上链款式搭载的一直都是90000系的琼斯机芯，之前它只有用在葡萄牙琼斯等等限定款上，在品牌中是像逸品般的存在，直到这几年才逐渐搭载在一般款式上。这里我们可以看到几件事，其一是万国表手上链的款式愈来愈多了，然而琼斯机芯是由怀表机芯改制的，许多规格对现代的标准来说已经有些不足了（像是18,000vph的振频），万国表如果有心发展手上链的产品线势必需要一枚泛用性更高的基础机芯，而新一代的手上链机芯59210就是在这种背景下诞生的。59210跟万国表著名的七日链机芯50000系和新一代的计时机芯89360系出同门，具备八日动力储存和其他现代化的规格，未来可以期待它的活跃。

另一款柏涛菲诺的新款是两地时间款，这款搭载的机芯64710是由Richemont Group的中央机芯厂为万国表独家打造的，拥有以独立的子表盘显示的第二地时间。除此之外万国表在这批新的柏涛菲诺上使用Sellita的通用机芯了；Sellita是近年兴起的机芯厂，专门生产跟ETA机芯规格相近的通用机芯，提供给在寻求“ETA替代方案”的表厂使用。由于品质的关系，过去使用Sellita机芯的多半是二线品牌，万国表开始采用他们家的产品至少意味着两件事，一是Sellita机芯的品质已经有一定程度的提升，一是他们也开始考虑自制机芯以外的ETA替代方案了。

截至2011年为止，万国表旗下的全系列已经全部更新过一轮了，接下来他们家的发展有几种可能性，一种是从最早改款的工程师开始再改一轮，不过从目前的情况应该没这个必要；另一种可能是继续研发自制机芯，不过目前他们的自制机芯应该已经能满足他们的产品线了，接下来也许可以往小尺寸的基本机芯发展，只是也没有迫切性就是了；还有一种可能就是使用更多的Sellita机芯，也许是将它推广到其他系列，也许是继续采用Sellita的其他型号（如ETA 7750的替代机SW 500），总之就是让产品进一步地摆脱Swatch Group的威胁。2011年底万国表发表了他们睽违已久的全新超复杂功能款葡萄牙Siderale Scafusia；严格来说万国表从大小战马之后就没有出过新的超复杂功能款了，葡萄牙Siderale Scafusia的推出自然令人兴奋，同时也令人期待未来万国表高阶复杂功能的发展。

新柏涛菲诺系列
2011年是万国表的柏涛菲诺年；系列整体的改款幅度算是小改，只调整了一些细节的部份，不过今年万国表启用了新设计师，因此还是感觉得到风格上微妙的差异。

葡萄牙超卓复杂型腕表

型号IW377402／直径45mm的18K玫瑰金表壳／时间指示、万年历、月相、计时与三问报时／Cal.79091自动上链机芯，储能44小时，由657枚零件构成／蓝宝石水晶镜面／鳄鱼皮表带／防水30米／每年限量50只

葡萄牙镂空陀飞轮腕表

型号IW504302／直径44.2mm的18K玫瑰金表壳／时间指示、动力储存显示／Cal.50910自动上链机芯，储能168小时／蓝宝石水晶镜面与透明底盖／鳄鱼皮表带／防水30米／专卖店限定

葡萄牙万年历腕表

型号IW503203／直径44.2mm的18K白金表壳／时间指示、万年历、动力储存显示与南北半球月相指示／Cal.51614自动机芯，储能168小时／蓝宝石水晶镜面与透明底盖／鳄鱼皮表带／防水30米

葡萄牙万年历腕表

型号IW502305／直径44.2mm的PT950铂金表壳／时间指示、万年历、月相、动力储存显示／Cal.51613自动机芯，储能168小时／蓝宝石水晶镜面与透明底盖／防水30米／限量250只

葡萄牙自动腕表

型号IW500121／直径42.3mm的18K玫瑰金表壳／时间指示、日期窗与动力储存显示／Cal.51011自动上链机芯，储能168小时／蓝宝石水晶镜面与透明底盖／鳄鱼皮表带／防水30米

葡萄牙手动上链腕表

型号IW545407／直径44mm不锈钢表壳／时间指示／Cal.98295手动上链机芯，储能46小时／蓝宝石水晶镜面与透明底盖／鳄鱼皮表带／防水30米

葡萄牙手动上链腕表

型号IW545408／直径44mm不锈钢表壳／时间指示／Cal.98295手动上链机芯，储能46小时／蓝宝石水晶镜面与透明底盖／鳄鱼皮表带／防水30米

柏涛菲诺手动上链八日动力储存腕表

型号IW510104／直径45mm的18K玫瑰金表壳／时间指示、日期窗与动力储存显示／Cal.59210手动上链机芯，储能192小时／蓝宝石水晶镜面与透明底盖／Santoni鳄鱼皮表带／防水30米

柏涛菲诺手动上链八日动力储存腕表

型号IW510103／直径45mm不锈钢表壳／时间指示、日期窗与动力储存显示／Cal.59210手动上链机芯，储能192小时／蓝宝石水晶镜面与透明底盖／Santoni鳄鱼皮表带／防水30米

柏涛菲诺计时腕表

型号IW391006／直径42mm不锈钢表壳／时间指示、日期、星期与计时功能／Cal.79320自动上链机芯，储能44小时／蓝宝石水晶镜面／米兰式编织不锈钢链带／防水30米

柏涛菲诺计时腕表

型号IW391001／直径42mm不锈钢表壳／时间指示、日期、星期与计时功能／Cal.79320自动上链机芯，储能44小时／蓝宝石水晶镜面／鳄鱼皮表带／防水30米

柏涛菲诺自动腕表

型号IW356504／直径40mm的18K玫瑰金表壳／时间指示与日期窗／Cal.35110自动上链机芯，储能42小时／蓝宝石水晶镜面／鳄鱼皮表带／防水30米

柏涛菲诺自动腕表

型号IW356502／直径40mm不锈钢表壳／时间指示与日期窗／Cal.35110自动上链机芯，储能42小时／蓝宝石水晶镜面／鳄鱼皮表带／防水30米

大型飞行员万年历腕表特别版

型号IW502618／直径46mm不锈钢表壳／时间指示、万年历、动力储存显示与南北半球月相指示／Cal.51614自动上链机芯，储能168小时／蓝宝石水晶镜面与透明底盖／小牛皮表带／防水60米

大A型飞行员腕表限量版

型号IW500430／直径46mm的18K白金表壳／时间指示、日期窗与动力储存显示／Cal.51111自动上链机芯，储能168小时／蓝宝石水晶镜面／鳄鱼皮表带／防水60米

工程师“普拉斯提基号”特别版腕表

型号IW323608／直径46mm不锈钢表壳／时间指示与日期窗／Cal.80110自动上链机芯，储能44小时／蓝宝石水晶镜面／蓝色橡胶表带／防水120米／限量1000只

工程师“劳伦斯体育公益基金会”腕表

型号IW323310／直径42.5mm不锈钢表壳／时间指示与日期窗／Cal.80110自动上链机芯，储能44小时／蓝宝石水晶镜面，底盖镌刻“Time for Unity”绘画比赛优胜作品／鳄鱼皮表带／防水120米／限量1000只

海洋时计计时腕表

型号IW376711／直径44mm不锈钢表壳，单向旋转式表圈／时间指示、日期、星期与计时功能／Cal.79320自动上链机芯，储能44小时／蓝宝石水晶镜面／蓝色橡胶表带／防水120米

（以上价格仅供参考，以店铺实际销售为准）

JAQUET DROZ 雅克德罗

创办人：Pierre Jaquet-Droz

创始年份：1738年

发源地：La Chaux-de-fonds, Switzerland

官网：www. Jaquet-droz.com

雅克德罗总裁马克·海耶克（Marc A. Hayek）。

大约从十七世纪后半期开始，为因应顾客需求并提升钟表价值，制表师于是在作品当中融入金工雕刻、珐琅彩绘以及珠宝镶嵌等三项传统工艺。这些工艺因为皆以纯手工制作，而且只有极少数技艺高超经验丰富的工匠，才能制作出高水准作品，因此能为钟表作品大幅提升价值。其次，相对于制表工艺隐含于机件内部，不易了解体会；金雕、彩绘与镶嵌技艺，其价值肉眼直接可见，无论从构图美感、细致程度或制作手泽观之，即使钟表门外汉也能渗透其部份艺术内涵。因此这类作品，往往更容易获得普罗大众认同，成为各大表厂极为重视之不传秘技，甚至是品牌建立声名并赖以成长茁壮之根基，具有两百多年悠久历史的雅克德罗（Jaquet Droz）便是一例。

身为最早进入中国市场的高级品牌之一，雅克德罗能够得到紫禁城里达官贵族之青睐，微机械装置、珐琅彩绘跟金工雕刻，可说是品牌三大法宝。其实它不只在东方国度声名显赫，在欧洲各国宫廷同样是稀世珍宝，这当中最脍炙人口的是一款音乐报时鸟（Singing Bird），它以栩栩如生之动作搭配自动演奏之乐音，奠定雅克德罗崇高地位跟声名。但纵使最辉煌历史，若不加以妥善保存甚至发扬光大，也可能转眼便成过往云烟。因此雅克德罗在2000年被斯沃琪集团（Swatch Group）收购以后，集团便矢志要恢复品牌过去光荣历史，并继续传承发扬其精湛技艺。于是2010年，雅克德罗回归品牌故乡拉夏德芳（La Chaux-de-Fonds），建立全新高级制表工坊。这十年间，在斯沃琪集团大力支持之下，加上总裁马克·海耶克（Marc A. Hayek）与指导委员会共同致力于追求卓越与不断创新的精神，雅克德罗俨然是继宝玑与宝珀之后，再度擦亮招牌的高阶制表品牌。

为了展现精心保存的金雕技术，

雅克德罗全新制表工厂 ，于2010年建造完成，座落于品牌故乡的拉夏德芳。

复刻自过去经典的大秒针腕表与怀表。

今年品牌推出两款报时鸟金雕（Petite Heure Minute Relief）腕表。该表盘面布置采取品牌惯用手法，将时、分针盘面缩小并移到上方，以空出表盘下半部作为金雕主题表演之空间。两款金雕表，其一是用黑色缟玛瑙材质制作的盘面为背景，以古老传统象形图案为蓝本，使用简单几何线条之雕刻技法在黄金材质上，浮雕出一只母鸟正在哺育幼鸟的温馨图案，金黄与黑色之鲜明对比色彩，将雕工刻画得更加生动活泼，画面顿时鲜活了起来，正是传统技艺莫测高深之处！其二，多加了颜色丰富层次分明的绘制工作，于是同为母鸟哺育幼鸟的图案，但是拟真度却高达99%，再搭配同样在颜色表现变化多端之珍珠贝母表盘，其光彩动人之程度，足以吸引任何人目光驻足、心神荡漾。

雅克德罗另一项看家本领，技术成就绝不下于金工雕刻，珐琅微缩彩绘技法甚至可说等同于雅克德罗之代名词。这款同样以鸟类为主题的珐琅微缩彩绘（ Petite Heure Minute miniature painting）腕表，使用温度高达850度以上，所谓的“Grand Feu”大明火方式烧制。它之所以备受表迷喜爱且具备高工艺价值，主因在于反反覆覆至少二十道的绘制、上釉跟烧制过程，完全倚赖纯熟手工进行，而且失败率极高。最终成果良窳，取决于那些极其细小釉料粉末之间微妙的相互作用和火焰强度。这款表的图案，是彩绘大师在显微镜底下，以耐心加上天赋一笔一毫绘制而成，再透过特别技术制成的大明火象牙色背景，散发出宛如中国工笔画之古典、细腻、纯净的鸟类微绘图案，珍贵稀有不言可喻！

Jaquet Droz Tourbillon自动陀飞轮腕表

型号J013033200／直径43mm的18K玫瑰金表壳／偏心式时间指示／25JD自动上链机芯，储能7日，陀飞轮装置／象牙白大明火珐琅表盘／蓝宝石水晶镜面与透明底盖／鳄鱼皮表带配玫瑰金表扣／防水30米

Jaquet Droz Tourbillon自动陀飞轮腕表

型号J013034240／直径43mm的18K白金表壳／偏心式时间指示／25JD自动上链机芯，储能7日，陀飞轮装置／日内瓦波纹表盘／蓝宝石水晶镜面与透明底盖／鳄鱼皮表带／防水30米

Grande Seconde Minute Repeater大秒针三问表

型号J011033202／直径43mm的18K玫瑰金表壳／偏心式时间指示与三问功能／JD2635自动机芯，储能48小时／象牙白大明火珐琅表盘／蓝宝石水晶镜面，表背独立编号／鳄鱼皮表带／限量28只

Jaquet Droz Tourbillon Meteorite陀飞轮陨石表盘腕表

型号J023033214／直径44mm的18K玫瑰金表壳／偏心式时间指示／手上链机芯，储能88小时，陀飞轮装置／陨石表盘／蓝宝石水晶镜面，表背独立编号／鳄鱼皮表带配玫瑰金表扣／限量8只

Quantieme Perpetuel Email

型号J008333201／直径43mm的18K玫瑰金表壳／时间指示、逆跳日期、逆跳星期与万年历功能／Cal.5863自动机芯，储能68小时／象牙白大明火烧制珐琅表盘／蓝宝石水晶镜面与透明底盖／鳄鱼皮表带／防水30米／限量88只

The Eclipse月相腕表

型号J012633202／直径43mm的18K玫瑰金表壳／时间指示、月份、星期、日期与月相显示／JD6553L自动机芯，储能68小时／深黑色大明火珐琅表盘，18K玫瑰金月亮，日期针／蓝宝石水晶镜面，表背独立编号／鳄鱼皮表带／防水30米

Grande Seconde Quantième

型号J007030240／直径43mm的精钢表壳／偏心式时间指示与日期指示／Jaquet Droz 2660Q2自动机芯，储能68小时／黑色高科技涂层立体浮雕表盘，黑金材质指针／蓝宝石水晶镜面／鳄鱼皮表带／防水30米

Grande Seconde Quantième

型号J007030241／直径43mm的精钢表壳／偏心式时间指示与日期指示／Jaquet Droz 2660Q2自动机芯，储能68小时／黑色高科技涂层立体浮雕表盘，镀铑材质指针／蓝宝石水晶镜面／鳄鱼皮表带／防水30米

Grande Seconde Quantième

型号J007030242／直径43mm的精钢表壳／偏心式时间指示与日期指示／Jaquet Droz 2660Q2自动机芯，储能68小时／白色蛋白石表盘，蓝钢材质指针／蓝宝石水晶镜面／鳄鱼皮表带／防水30米

Grande Seconde Sw Steel – Ceramic

型号J029030440／直径45mm的精钢表壳，黑色陶瓷表圈／偏心式时间指示／Jaquet Droz 2663A-S自动机芯，储能68小时，18K白金自动盘／铑金材质8字环与指针／蓝宝石水晶镜面，表背独立编号／防水50米

Grande Seconde Sw Titanium - Red Gold

型号J029037440／直径45mm的钛金属与18K红金表壳，钛金属表圈／偏心式时间指示／Jaquet Droz 2663A-S自动机芯，储能68小时，18K白金自动盘／碳纤维表盘／表背独立编号／防水50米

Grande Seconde SWTITANIUM大秒针钛金属腕表

型号J029038408／直径45mm的钛金属表壳，复橡胶表圈／偏心式时间指示／JD2663A-S自动机芯，储能68小时／蓝灰色碳纤维表盘，铑金材质8字环与指针／表背独立编号／橡胶表带／防水50米

Grande Seconde Sports Watch

型号J029030409／直径45mm的精钢表壳／偏心式时间指示／Cal.2663自动机芯，储能68小时／蓝宝石水晶镜面与透明底盖／橡胶表带／防水88米

Grande Seconde大秒针玫瑰金运动腕表

型号J029033409／直径45mm的18K玫瑰金表壳／偏心式时间指示／JD 2663A自动机芯，30石，振频28,800摆，储能68小时／黑色表盘／蓝宝石水晶镜面／黑色橡胶表带／防水88米／限量88只

SW CHRONO运动计时腕表

型号J029530409／直径45mm的不锈钢表壳／时间指示、大日历与计时功能／JD6885-S自动机芯，导柱轮，储能40小时／黑色橡胶涂层表盘，铑金计时圈与夜光指针／蓝宝石水晶镜面，表背独立编号／橡胶表带配不锈钢折叠扣／防水50米

（以上价格仅供参考，以店铺实际销售为准）

Jaquet Droz复刻大秒针怀表

型号J080033003／直径50mm的18K玫瑰金表壳／偏心式时间指示／JD2615手上链机芯，振频21,600摆，储能40小时／黑色大明火烧制珐琅表盘／蓝宝石水晶镜面与透明底盖／限量88只

Petite Heure Minute Relief

型号J005023571／直径41mm的18K玫瑰金表壳／偏心式时间指示／JD2653 自动上链机芯，储能68小时／珍珠贝母表盘，18K黄金材质金雕小鸟，表层施以珐琅彩绘／棕色缎面表带／防水30米／限量8只

Petite Heure Minute Relief

型号J005023570／直径41mm的18K玫瑰金表壳／偏心式时间指示／JD2653 自动上链机芯，储能68小时／黑色玛瑙表盘，18K黄金材质金雕小鸟／黑色缎面表带配玫瑰金针扣／防水30米／限量8只

Petite Heure Minute Bird

型号J005033207／直径43mm的18K玫瑰金表壳／偏心式时间指示／JD2653 自动上链机芯，储能68小时／象牙白大明火微绘珐琅表盘／鳄鱼皮表带配玫瑰金针扣／防水30米／限量8只

Les Douze Villes 12 City城市腕表

型号J010133202／直径43mm的18K玫瑰金表壳／小时窗、分钟指示与世界12城市时区／JD5153自动机芯，振频28,800摆，储能68小时／黑色大明火烧制珐琅表盘／蓝宝石水晶镜面／鳄鱼皮表带／防水30米／限量88只

Les Deux Fuseaux

型号J015134202／直径43mm的18K白金表壳／时间指示、日期窗、24小时显示与第二时区／JD 5L60自动机芯，储能68小时／象牙色大明火烧制珐琅表盘与立体针盘／蓝宝石水晶镜面／鳄鱼皮表带

Petite Heure Minute Art Deco

型号J005013570／直径39mm的18K玫瑰金表壳／偏心式时间指示／JD2653 自动上链机芯，储能68小时／珍珠贝母"Ramolayée"工艺雕花表盘／蓝宝石水晶镜面，表背限量编号／防水30米／限量88只

Petite Heure Minute Art Deco

型号J005014570／直径39mm的18K白金表壳／偏心式时间指示／JD2653 自动上链机芯，储能68小时／珍珠贝母"Ramolayée"工艺雕花表盘／蓝宝石水晶镜面，表背限量编号／防水30米／限量88只

Petite Heure Minute Art Deco

型号J005014571／直径39mm的18K白金表壳，精镶248颗钻石／偏心式时间指示／JD2653 自动上链机芯，储能68小时／珍珠贝母"Ramolayée"工艺雕花表盘／表背限量编号／白金针扣镶钻／防水30米／限量88只

L'Heure Sélénite月亮女神腕表

型号J005014205／直径39mm的18K白金表壳／偏心式时间指示／JD 2653自动机芯，储能68小时／黑色缟玛瑙、钻石与象牙色珍珠贝母表盘／蓝宝石水晶镜面／鳄鱼皮表带／防水30米／限量8只

Réserve de Marche Céramique储能腕表

型号J027035401／直径44mm的黑色高科技陶瓷表壳／偏心式时间指示与储能指示／JD 4063D自动机芯，储能68小时／黑色蛋白石表盘搭配红色秒针与储能指示／蓝宝石水晶镜面／橡胶表带／防水30米／限量8只

Grande Seconde Ceramique Blanche

型号J003036202／直径44mm的白陶瓷表壳／偏心式时间指示／Cal.2663自动机芯，储能68小时／手工绘制大明火白色珐琅表盘／蓝宝石水晶镜面与透明底盖／橡胶表带／限量88只

Grande Seconde Hommage 1784 St. Valentine

型号J014014252／直径39mm的18K白金表壳／偏心式时间指示／JD2663自动机芯，储能68小时／象牙色大明火烧制珐琅表盘／红色指针／蓝宝石水晶镜面／鳄鱼皮表带／防水30米

Grande Seconde Reserve de Marche Email Ivoire

型号J027034202／直径43mm的18K白金表壳／偏心式时间指示与储能指示／自动机芯，储能72小时／手工绘制大明火白色珐琅表盘／蓝宝石水晶镜面与透明底盖／鳄鱼皮表带／限量88只

L'Origine Email大三针珐琅腕表

型号J022030202／直径43mm的不锈钢表壳／时间指示／JD1153自动机芯，振频28,800摆，储能68小时／象牙色大明火烧制珐琅表盘／蓝宝石水晶镜面／鳄鱼皮表带／防水30米／限量88只

（以上价格仅供参考，以店铺实际销售为准）

LONGINES 浪琴

创 办 人 ：Auguste Agassiz

创始年份：1832年

发 源 地 ：St.Lmier, Switzerland

官　　网：www.longines.com

1911年索伊米亚村落中的浪琴表工厂

位在侏罗山脉深处的索伊米亚（Saint Imier），似乎冥冥之中早已注定要成为制表重镇，因其南部是Neuchatel，西部紧邻La Chaux-de-Fonds，东边则靠近Bienne，而且这三个繁荣大城市的距离都不很远。最重要的是1832年时，有位满怀抱负的年轻人路易·阿加西（Louis Agassiz），在索伊米亚成立了阿加西钟表公司（Agassiz & Compagnie），这也是后来的浪琴（Longines）表厂。不久，阿加西的侄子欧内斯特·弗兰西昂（Ernest Francillon）接管公司，1860年代公司的年产量已迅速超过20,000只，于是他借助水力令众多机器实现经济运作，并且取经美国的工业化经验，令浪琴表的产量和质量均迅速增长。

为了遏止日益严重的假冒产品，自从1867年起，浪琴开始在机芯上镌刻飞翼沙漏商标加以保护，之后也依法正式注册了“浪琴”标志，并开始在全世界对这名称、品牌和标志进行保护。浪琴表是世界知识产权组织纪录中历史最悠久，且自注册后未变更过的品牌。从此以后浪琴表便驰名海外，在经历了二十世纪制表业的结构性和营销领域的起伏之后，浪琴表也从家族企业成功转型，成为瑞士最大的钟表巨头斯沃琪集团中举足轻重一员。生于1941年的霍凯诺（Von Känel）是领导浪琴成功迈入二十一世纪的重要人物，他持有商务管理文凭，于1969年加入公司任销售助理，然后被提升到销售部总监，后来成为销售和市场总监。 Von Känel还于1991年成为集团的董事会成员。从此他的事业跟浪琴的销售业绩一样平步青云，1988年Von Känel登上了职业的巅峰，成为索伊米亚的典范企业——浪琴表的领导者。

今日，浪琴表为追溯其近180年制表技艺的辉煌原点，推出以索伊米亚命名的全新系列腕表。为了将此跨越浪琴表百年制表传统的表款，首次呈献给世人，品牌特地在摩登的国际都会上海举办隆重盛大的新品发布会。浪琴表全球

第一只浪琴表。

（上）浪琴表优雅大使凯特·温斯莱特小姐被“索伊米亚：浪琴表发源地制表文化展”深深吸引。
（下）浪琴表首度荣耀担任2011中国马球公开赛官方合作伙伴与指定时计。

优雅大使、奥斯卡影后凯特·温斯莱特首次来到上海，参与这全球首发盛会，并亲自开启“索伊米亚：浪琴表发源地制表文化展”的发现之旅。当晚，一场盛大的发布晚宴在上海城市地标黄浦江畔举行，影视明星刘亦菲、秦海璐、李晨、江一燕，知名编剧宁财神，时尚摄影师陈漫，名模主持人李艾等亲临浪琴表优雅盛会，群星璀璨，共同见证了浪琴表和索伊米亚的时空传奇。

索伊米亚系列腕表精彩盛会接二连三，接着在今年10月，浪琴表首度荣耀担任2011中国马球公开赛官方合作伙伴与指定计时。品牌同样以最新杰作索伊米亚系列腕表，见证中国首届马球公开赛的精彩与辉煌。秉承“优雅态度，真我个性”的品牌口号，浪琴表还为马球盛事上的优雅女士颁发了浪琴优雅大奖。中国马球公开赛是中国首届马球公开赛，第一次在中国土地上，举办以国家名义为参赛代表队的国际赛事。期间，中国队与英格兰队、美国队和爱尔兰队等世界一流强队进行最终的冠军奖杯——王者杯的激烈争夺。马球最早起源于中国汉代，兴于盛唐，发扬海外。近年，这项贵族运动之风从欧美尽吹至中国，浪琴表亦想借2011中国马球公开赛将这项高贵运动的精神与风尚与中国优雅人士分享，因此特别邀请宋佳、聂远、严宽、袁姗姗等演艺明星到场观赛助阵，并拍摄马球主题大片，诠释演绎马球的独特魅力风彩。

索伊米亚系列计时码表

型号：L2.733.4.72.2／直径39mm的不锈钢表壳／时间指示，日期窗，计时码表功能／L688.2 (ETA A08.231)自动上链机芯，54小时动力储存／蓝宝石水晶镜面，透明底盖／防水30米

导柱轮计时码表

型号：L2.733.8.72.2／直径39mm的18K玫瑰金表壳／时间指示，日期窗，计时码表功能／L688.2 (ETA A08.231)自动上链机芯，54小时动力储存／蓝宝石水晶镜面，透明底盖／防水30米

导柱轮计时码表

型号：L2.750.4.56.0／直径39mm的不锈钢表壳／时间指示，日期窗，计时码表功能／L688.2 (ETA A08.231)自动上链机芯，54小时动力储存／蓝宝石水晶镜面，透明底盖／防水30米

导柱轮计时码表

型号：L2.742.8.76.2／直径39mm的18k玫瑰金表壳／时间指示，日期窗，计时码表功能／L688.2 (ETA A08.231)自动上链机芯，54小时动力储存／蓝宝石水晶镜面，透明底盖／防水30米

导柱轮计时码表

型号：L2.744.4.56.7.／直径41mm的不锈钢与陶瓷表壳／时间指示，日期窗，计时码表功能／L688.2 (ETA A08.231)自动上链机芯，54小时动力储存／蓝宝石水晶镜面，透明底盖／防水30米

导柱轮计时码表

型号：L2.744.4.56.2／直径41mm的不锈钢与陶瓷表壳／时间指示，日期窗，计时码表功能／L688.2 (ETA A08.231)自动上链机芯，54小时动力储存／蓝宝石水晶镜面，透明底盖／防水30米

导柱轮计时码表

型号：L4.754.4.52.3／直径41mm的不锈钢表壳／时间指示，日期窗，计时码表功能／L688.2 (ETA A08.231)自动上链机芯，54小时动力储存／蓝宝石水晶镜面，透明底盖／防水30米

导柱轮计时码表

型号：L4.754.4.72.3／直径41mm的不锈钢表壳／时间指示，日期窗，计时码表功能／L688.2 (ETA A08.231)自动上链机芯，54小时动力储存／蓝宝石水晶镜面，透明底盖／防水30米

导柱轮计时码表

型号：L2.744.4.06.7／直径41mm的不锈钢与陶瓷表壳／时间指示，日期窗，计时码表功能／L688.2 (ETA A08.231)自动上链机芯，54小时动力储存／蓝宝石水晶镜面，透明底盖／防水30米

导柱轮计时码表

型号：L2.743.4.76.6／直径41mm的不锈钢与陶瓷表壳／时间指示，日期窗，计时码表功能／L688.2 (ETA A08.231)自动上链机芯，54小时动力储存／蓝宝石水晶镜面，透明底盖／防水30米

名匠系列逆跳腕表

型号：L2.314.4.71.6／直径41mm的不锈钢表壳／时间指示，逆跳日期、星期与24小时制第二时区指示，动力储存显示／L697.2 (ETA A07.L11)自动上链机芯，46小时动力储存／蓝宝石水晶镜面，透明底盖／防水30米

名匠系列逆跳月相腕表

型号：L2.738.4.51.7／直径41mm的不锈钢表壳／时间指示，逆跳日期、星期、秒与24小时制第二时区指示，月相盈亏显示／L707.2.2 (ETA A07.131)自动上链机芯，48小时动力储存／蓝宝石水晶镜面，透明底盖／防水30米

（以上价格仅供参考，以店铺实际销售为准）

索伊米亚系列计时码表

型号：L2.753.4.73.0／直径39mm的精钢表壳／时间指示，日期窗，计时码表功能／L688.2 自动上链机械机芯 (ETA A08.231) ，导柱轮计时装置，储能54小时／镀铑指针，夜光处理指针与小时刻度／蓝宝石水晶镜面，透明底盖／短吻鳄鱼皮带配以三重折叠安全表扣／防水30米

索伊米亚系列计时码表

型号：L2.753.4.53.3／直径39mm的精钢表壳／时间指示，日期窗，计时码表功能／L688.2 自动上链机械机芯 (ETA A08.231) ，导柱轮计时装置，储能54小时／夜光处理指标与小时刻度／透明底盖／防水30米

索伊米亚系列计时码表

型号：L2.753.5.72.7／直径39mm的精钢玫瑰金表壳／时间指示，日期窗，计时码表功能／L688.2 自动上链机械机芯 (ETA A08.231) ，导柱轮计时装置，储能54小时／夜光处理指标与小时刻度／透明底盖／防水30 米

索伊米亚系列计时码表

型号：L2.753.8.72.3／直径39mm的玫瑰金表壳／时间指示，日期窗，计时码表功能／L688.2 自动上链机械机芯 (ETA A08.231) ，导柱轮计时装置，储能54小时／玫瑰金色指针，夜光处理指标与小时刻度／蓝宝石水晶镜面，透明底盖／防水30米

24小时腕表

型号：L2.751.4.53.3／直径47.5mm的不锈钢表壳／时间指示，日期窗，24小时表圈／L704.3 (ETA A07.171)自动上链机芯，48小时动力储存／蓝宝石水晶镜面，透明底盖／防水30米

嘉岚系列腕表

型号：L4.241.0.11.2／直径24mm的不锈钢表壳，镶嵌48颗顶级美钻（0.403克拉）／时间指示／L209型石英机芯／蓝宝石水晶镜面／短吻鳄鱼皮表带搭配针扣／防水30米

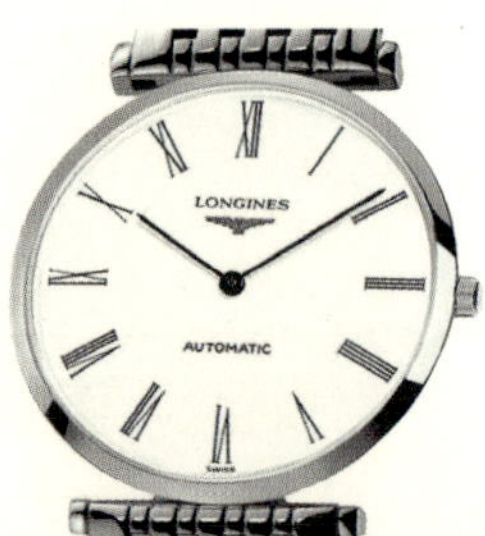

嘉岚系列腕表

型号：L4.708.4.11.6／直径34mm的不锈钢表壳／时间指示／L593型自动上链机械机芯，储能40小时／蓝宝石水晶镜面，透明底盖／精钢链带，三重折叠式表扣／防水30米

嘉岚系列腕表

型号：L4.741.0.58.2／直径33mm的不锈钢表壳镶钻／时间指示／Cal. L420石英机芯，储能40小时／蓝宝石水晶镜面，透明底盖／短吻鳄鱼皮表带搭配针扣／防水30米

嘉岚系列腕表

型号：L4.709.4.11.2／直径33mm的不锈钢表壳／时间指示／石英机芯，储能40小时／蓝宝石水晶镜面，透明底盖／短吻鳄鱼皮表带／防水30米

康卡斯女装钻石腕表

型号：L3.280.0.57.6／直径35mm的不锈钢表壳镶钻／时间指示，日期窗／L263.2（ETA 955.412）石英机芯／蓝宝石水晶镜面／防水50米

康卡斯女装钻石腕表

型号：L3.281.0.57.7／直径35mm的不锈钢表壳镶钻／时间指示，日期窗／L263.2（ETA 955.412）石英机芯／蓝宝石水晶镜面／防水50米

康卡斯女装钻石腕表

型号：L3.280.0.87.6／直径35mm的不锈钢表壳镶钻／时间指示，日期窗／L263.2（ETA 955.412）石英机芯／蓝宝石水晶镜面／防水50米

（以上价格仅供参考，以店铺实际销售为准）

索伊米亚系列腕表

型号：L2.263.4.52.6／直径26mm的精钢表壳／时间指示，日期窗／L 595 机芯(ETA 2000/1) 自动上链机械机芯，储能40小时／镀铑指针，夜光处理指针与小时刻度／蓝宝石水晶镜面，透明底盖／精钢链带配以折叠安全表扣／防水30米

索伊米亚系列腕表

型号：L2.263.4.72.6／直径26mm的精钢表壳／时间指示，日期窗／L 595 机芯(ETA 2000/1) 自动上链机械机芯，储能40小时／镀铑指针，夜光处理指针与小时刻度／蓝宝石水晶镜面，透明底盖／防水30米

索伊米亚系列腕表

型号：L2.263.4.72.0／直径26mm的精钢表壳／时间指示，日期窗／L 595 机芯(ETA 2000/1) 自动上链机械机芯，储能40小时／镀铑指针，夜光处理指针与小时刻度／蓝宝石水晶镜面，透明底盖／防水30米

索伊米亚系列腕表

型号：L2.263.4.72.0／直径38.5mm的精钢表壳／时间指示，日期窗／L619机芯(ETA 2892/A2)自动上链机械机芯，导柱轮计时装置，储能42小时／镀铑指针，夜光处理指针与小时刻度／蓝宝石水晶镜面，透明底盖／短吻鳄鱼皮带／防水30米

索伊米亚系列腕表

型号：L2.763.4.52.6／直径38.5mm的精钢表壳／时间指示，日期窗／L619机芯(ETA 2892/A2)自动上链机械机芯，导柱轮计时装置，储能42小时／镀铑指针，夜光处理指针与小时刻度／蓝宝石水晶镜面，透明底盖／精钢链带／防水30米

索伊米亚系列腕表

型号：L2.263.4.72.6／直径38.5mm的精钢表壳／时间指示，日期窗／L619机芯(ETA 2892/A2)自动上链机械机芯，导柱轮计时装置，储能42小时／镀铑指针，夜光处理指针与小时刻度／蓝宝石水晶镜面，透明底盖／精钢链带／防水30米

索伊米亚系列腕表

型号：L2.263.5.72.7／直径26mm的精钢玫瑰金表壳／时间指示，日期窗／L 595 机芯(ETA 2000/1) 自动上链机械机芯，储能40小时／夜光处理指针与小时刻度／蓝宝石水晶镜面，透明底盖／精钢玫瑰金链带／防水30米

索伊米亚系列腕表

型号：L2.263.5.52.7／直径26mm的精钢玫瑰金表壳／时间指示，日期窗／L 595 机芯(ETA 2000/1) 自动上链机械机芯，储能40小时／夜光处理指针与小时刻度／蓝宝石水晶镜面，透明底盖／精钢玫瑰金链带／防水30米

索伊米亚系列腕表

型号：L2.263.8.72.3／直径26mm的精钢玫瑰金表壳／时间指示，日期窗／L 595 机芯(ETA 2000/1) 自动上链机械机芯，储能40小时／夜光处理指针与小时刻度／蓝宝石水晶镜面，透明底盖／吻鳄鱼皮带／防水30米

黛绰维纳系列精钢玫瑰金女表

型号：L5.502.5.99.7／直径19.8mm×24.5mm的不锈钢与18K玫瑰金表壳，表壳镶钻／时间指示／L178.2（ETA 980.153）石英机芯／蓝宝石水晶镜面／防水30米

黛绰维纳系列精钢玫瑰金女表

型号：L5.655.5.88.7／直径19.8mm×24.5mm的不锈钢与18K玫瑰金表壳，表壳镶钻／时间指示／L178.2（ETA 980.153）石英机芯／蓝宝石水晶镜面／防水30米

黛绰维纳系列精钢玫瑰金女表

型号：L5.155.5.00.7／直径19.8mm×24.5mm的不锈钢与18K玫瑰金表壳／时间指示／L178.3（ETA 980.153）石英机芯／蓝宝石水晶镜面／防水30米

（以上价格仅供参考，以店铺实际销售为准）

MAURICE LACROIX 艾美

创 办 人： Desco von Schulthess AG
创始年份： 1975年
发 源 地： Saignelégier, Switzerland
官　　网： www.mauricelacroix.com

揉合传统与现代、展现品牌制表精神的艾美表厂。

自1975年发行第一款腕表以来，艾美表已成为全球备受推崇的独立制表品牌，拥有自身工厂、并自主生产机械机芯所需复杂零配件。于2006年，推出了首枚自制机芯-ML106计时码表机芯，逐步演变成一个独立制表品牌，迅速跻身于瑞士顶尖制表公司行列。持续创新是艾美的目标，不论在机械附加功能研发或是卓越的美感上，都展现出非凡精湛技艺，尤其是在镂空、计时、回拨及月相等复杂功能上，早已得到国内外钟表专家的一致肯定。 2011年，专注于亚洲地区的领先市场拓展服务提供商“大昌华嘉”控股了瑞士钟表生产商“Maurice Lacroix艾美”，艾美成为了大昌华嘉的自主品牌，相信在大昌华嘉庞大的业务链支持下，未来艾美将带来更多更优质的表款。

尽管时代潮流瞬息万变，艾美表对于设计心思、完美价值和优质素材的热切追求有增无减，旗下的“御宝之作”——如“Masterpiece匠心系列”、“Ponto奔涛系列”、“Les Classiques典雅系列”等始终佳评如潮。近年来艾美表更陆续推出引领技术风潮、开创全新时代的Regulator Roue Carree等展现绝高制表技艺的尖端表款，同时将现代风格与制表技艺冶于一炉， 这在Pontos奔涛系列和Masterpiece匠心系列上一览无遗，具备未来感的设计及鬼斧神工的自制机芯打造出令人惊艳赞叹的作品。

Masterpiece匠心系列的Regulator Roue Carree是令人惊喜的一款，以方轮和外形特殊的三叶草齿轮互相结合设计，前所未有，赢得所有人的注目。更让人了解到以艾美表这样拥有自制机芯、能做到垂直生产的表厂才值得万众期待。今年艾美表更上层楼，将方轮带动的表，Masterpiece Regulator Roue Carree升华成Roue Carree Seconde，方轮由时针转变为小秒针，将集结了精心数学演算与独特微机构设计的精华转移到每分钟里会绕行一圈的秒针上，当然更有吸睛作用。

大昌华嘉商业管理有限公司时尚精品部副总裁Alfred Banz先生（左）、张卫健先生（中）、大昌华嘉香港有限公司精品手表部东南亚及大中华区总经理潘正棋先生（右）。

Masterpiece Roue Carree Seconde是Regulator Roue Carree的续作，这次由三针一线改成了小三针款，方轮也由时针变成了小秒针， 使用上比较不碍事，而且小秒针一分钟就转一圈，自然比较有看头。

具备开创性大格局的方轮表之外，Pontos奔涛系列的偏心两地时区腕表更将两地时间性能以极富创意的偏心显示呈现。它的出色设计不仅是两地时区采用偏心表盘设计，而且将本地时间里的时、分、秒皆偏心方式排列，取得高度的判读性；介于2点钟及5点钟方向的第二时区面板，更令人惊喜地附有日月转盘，可清楚显示第二地时区的日夜。日月转盘上，同时设计有太阳与月亮；特殊的日夜显示方式，更是以匠心独具地靠雾面与亮面的蓝宝石水晶镜面予以区隔。

2010年初，艾美表推出“坚定你的信念”的品牌宣言，体现艾美表对制表艺术的坚持及追求完美又不断创新的品牌精神，2011年更隆重地宣布邀请到著名演艺界巨星张卫健先生担任瑞士艾美表首位“亚洲形象大使”，艾美表首席执行官马丁贝克曼先生（Mr. Martin Bachmann）热烈地宣示：“艾美表选择‘坚定你的信念’为品牌宣言，是因为它彰显艾美表一贯风格；像我们的顾客一样，坚持走自己的路。张卫健先生在出道这二十多年间，一直忠于自己，我们见证着他为坚持演艺事业的目标而不断努力，他永不言败的精神完全能阐释到艾美表‘坚定你的信念’这句品牌宣言，肯定是艾美表首位亚洲形象大使的最佳人选。”

拥有新颖第二时区及日夜显示的奔涛系列偏心两地时间腕表。

匠心系列双回拨金表

型号MP6519-PG101-430／直径46mm的18K玫瑰金表壳／时间指示、日期回拨、两地时间回拨指针与动力储存显示／ML191自动上链机芯，储能52小时／蓝宝石水晶镜面与透明底盖／防水50米／限量50只／参考价RMB 190,000

匠心系列日历回拨金表

型号MP6509-PG101-430／直径46mm的18K玫瑰金表壳／时间指示、日期回拨指针与动力储存显示／ML190自动上链机芯，储能52小时／蓝宝石水晶镜面与透明底盖／鳄鱼皮表带／防水50米／限量50只／参考价RMB 180,000

匠心系列双回拨腕表

型号MP6518-SS001-330／直径46mm的不锈钢表壳／时间指示、日期回拨、两地时间回拨指针与动力储存显示／ML191自动上链机芯，储能52小时／蓝宝石水晶镜面与透明底盖／鳄鱼皮表带／防水50米／参考价RMB 60,000

匠心系列日历回拨腕表

型号MP6508-SS001-130／直径46mm的不锈钢表壳／时间指示、日期回拨指针与动力储存显示／ML190自动上链机芯，储能52小时／蓝宝石水晶镜面与透明底盖／鳄鱼皮表带／防水50米／参考价RMB 49,500

奔涛系列偏心月相腕表

型号PT6318-SS001-330／直径43mm的不锈钢表壳／时间指示、日期窗、日夜与月相指示／ML122-10自动机芯，储能38小时／蓝宝石水晶镜面与透明底盖／鳄鱼皮表带／防水50米／参考价RMB 45,000

奔涛系列偏心月相腕表限量版

型号PT6218-TT031-330／直径43mm的不锈钢表壳／时间指示、日期窗、日夜与月相指示／ML122自动机芯，储能38小时／蓝宝石水晶镜面与透明底盖／鳄鱼皮表带／防水50米／限量500只／参考价RMB63,800

匠心系列秒针方轮腕表

型号MP7158-SS001-901／直径43mm的不锈钢表壳／时间指示与特殊方轮设计／ML156手动上链机芯，储能45小时／蓝宝石水晶镜面与透明底盖／鳄鱼皮表带／防水50米／参考价RMB 92,500

匠心系列秒针方轮腕表

型号MP7158-SS001-900／直径43mm的不锈钢表壳／时间指示与特殊方轮设计／ML156手动上链机芯，储能45小时／蓝宝石水晶镜面与透明底盖／鳄鱼皮表带／防水50米／参考价RMB 92,500

匠心系列自制镂空腕表

型号MP7138-SS001-030／直径43mm的黑色PVD不锈钢表壳／时间指示／ML134手上链机芯，储能45小时／镂空表盘／蓝宝石水晶镜面与透明底盖／鳄鱼皮表带／防水50米／参考价RMB 74,800

奔涛系列Valjoux计时腕表

型号PT6188-SS001-331／直径43mm的黑色PVD不锈钢表壳／时间指示、日期窗与计时功能／ML112自动机芯，储能46小时／蓝宝石水晶镜面与透明底盖／黑色皮带／防水50米／参考价RMB 26,000

典雅系列动力储存腕表

型号LC7008-SS001-330／直径42mm的不锈钢表壳／时间指示与动力储存显示功能／ML109手动上链机芯，储能42小时／蓝宝石水晶镜面／皮革表带／防水30米／参考价RMB 20,000

典雅系列月相计时腕表

型号LC6078-SS001-33E／直径41mm的不锈钢表壳／时间指示、日期窗、星期、月份、月相盈亏与计时功能／ML154自动上链机芯，储能46小时／蓝宝石水晶镜面／鳄鱼皮表带／防水30米／参考价RMB 33,000

典雅系列大日期两地时间腕表

型号LC6088-SS001-130／直径40mm的不锈钢表壳／时间指示、大日期窗与两地时间功能／ML129自动机芯，储能42小时／蓝宝石水晶镜面／皮革表带／防水30米／参考价RMB 26,000

典雅系列计时腕表

型号LC6058-SS001-430／直径41mm的不锈钢表壳／时间指示、日期窗与计时功能／ML112自动上链机芯，储能48小时／蓝宝石水晶镜面／牛皮表带／防水30米／参考价RMB 18,000

典雅系列星期回拨自动腕表

型号LC6358-SS001-33E／直径40mm的不锈钢表壳／时间指示、大日期窗与逆跳星期功能／ML102自动机芯，储能42小时／蓝宝石水晶镜面／皮革表带／防水30米／参考价RMB 21,500

典雅系列日历女用腕表

型号LC1113-SD501-170／直径28mm的不锈钢表壳／时间指示与日期窗／石英机芯／白色珍珠贝母表盘，镶嵌11颗Wesselton VVS-VS级钻石，共0.055克拉／蓝宝石水晶镜面／牛皮表带／防水30米／参考价RMB 22,000

奔涛系列Valjoux计时腕表

型号PT6188-SS001-430／直径43mm的不锈钢表壳／时间指示、日期窗、计时码表功能／ML112自动机芯，储能46小时／蓝宝石水晶镜面与透明底盖／鳄鱼皮表带／防水50米／参考价RMB 23,000

奔涛系列长方形全黑计时码表

型号PT6197-SS001-331／38.21x42.85mm的不锈钢覆有黑色陶瓷涂层表壳／时间指示、日期窗、计时码表功能／ML112自动机芯，储能48小时／蓝宝石水晶镜面与透明底盖／黑色橡胶表带／防水50米／参考价RMB 35,000

（以上价格仅供参考，以店铺实际销售为准）

MIDO 美度

创办人：George Schaeren

创始年份：1918年

发源地：Zurich, Switzerland

官　网：www.mido.cn

2000年MIDO在SWATCH集团下以“美度”之名再次进入中国。创立于1918年的瑞士美度表，由经验丰富的天才制表大师乔治·沙龙先生创设于瑞士苏黎世；美度旨在制造一款完美结合使用功能和无限价值的手表；1938年MIDO首次进入中国，时称“米度”。现有四大系列表款包括设计灵感源于米兰伊曼纽尔二世拱廊的贝伦赛丽系列；悉尼海港大桥的舵手系列；纽约地标建筑克莱斯勒大厦的布鲁纳系列；古罗马竞技场的完美系列。瑞士美度表的四大系列无不精准诠释了“灵感印证永恒”的品牌格言。为了把这项理念发扬光大，2011年美度在中国各地举办了“感受灵感印证永恒”的系列活动。

活动首站在上海盛大揭幕，著名影星林保怡、龚蓓芯和倪虹洁作为明星嘉宾闪亮登场。在随后的宁波活动中，现场星光熠熠，美度腕表携手艺人伊能静见证美度创新精神与成长历程。步入美度腕表的灵感世界，现场犹如火车车厢，让所有来宾仿佛步入了美度“舵手号”列车中，体验上世纪30年代火车汽笛声；美度表中国区副总裁王颖拉下启动杆，汽笛鸣响，烟囱冒出白烟，车身与铁轨碰撞发出声响，象征舵手系列秉承经典不断前进，用灵感之光印证永恒。自诞生至今的70多年来，舵手系列始终尽善尽美，延续经典永存的标志，它是第一款结合了自动上弦、防水、防磁和防震四大优点的表款。而美度为舵手家族增加的全新表款，整体外观仿制了20世纪30年代轰动一时的流线形设计。造型刚硬，将悉尼海港大桥气势磅礴的雄姿延伸至腕间的表达。时代变迁不息，经典传承和灵感印证却是永恒不变。

7月济南银座商城继续灵感之旅。美度表为吴尊送上了精美舵手系列PVD多功能玫瑰金腕表；9月“感受灵感，印证永恒”之“灵感在音乐中”系列公关活动在“蓉城”成都盛情开启优雅激情的音乐盛典。著名音乐人吴建豪也共襄盛举，美度则送上精美的贝伦赛丽腕

表，寓意明星的非凡魅力与美度手表的灵感源泉一样，在时间的考验中历久弥新。现场犹如跨越古今的音乐圣殿，完美融入春熙路步行街。当王颖女士挥动指挥棒，舞台上金色帷幔缓缓拉开，经典澎湃的古典弦乐四重奏流淌低吟与时尚动感的DJ现场表演完美融合，拉开专属于美度表的序幕。

“贝伦赛丽III”系列腕表在延续古典音乐精灵——小提琴蜿蜒优美曲线的同时，将意大利米兰伊曼纽尔二世拱廊简约弧线和无限对称的圆弧设计线条展现腕间，用复古隽永的气息再现腕表传奇。参与活动的还包括民间慈善机构“一点一滴”的工作人员。通过他们，美度表捐赠了音乐教室、爱心书库以及体育教室给四川省红原县龙日乡中心小学以及阿坝州壤塘县宗科乡中心小学，希望能够通过建造音乐教室、爱心书库以及体育教室的方式，帮助孩子们铺就心灵成长之路。

10月在风景如画的西子湖畔，美度携手影视巨星吴奇隆先生，在杭州开启优雅激情的音乐盛典，共同见证瑞士美度表的创新与成长。活动现场吴奇隆佩戴精美的贝伦赛丽III系列全新机械腕表出席，此款腕表装配用COSC天文台认证机芯，确保机械表尖端的精准性；外观线条简约，浑然天成，展现出独特的尊贵气质。而COSC天文台认证机芯，也被运用于其后同时推出的五款女表中，用精准的时间表达为女士腕表带来一场前所未有的革命，用优雅外观以及原汁原味的瑞士机械品质成为知性女性的不二之选。

时间给予了瑞士美度表足够的嘉奖，它每一款经典设计都为人们所铭记。瑞士美度表对品质和设计持之以恒的不懈追求，努力打造手表的永恒价值。创造出技艺精湛，带来震撼人们视线趋近完美的经典表款，记录岁月点滴，镌刻人生中的每一份美丽与感动。

2011年美度在中国各地举办了“感受灵感 印证永恒”之活动，由伊能静、吴尊、吴建豪与吴奇隆等艺人分别见证了“灵感印证永恒”的品牌格言。

Baroncelli Ⅲ贝伦赛丽Ⅲ系列18K玫瑰金纪念金表

型号M901.408.76.037.10／直径39mm的18K玫瑰金表壳／时间指示，日期窗／ETA 2836-2自动上链机芯，40小时动力储存，C.O.S.C.天文台认证／蓝宝石水晶镜面，透明底盖／真牛皮轧鳄鱼皮纹表带／防水50米／参考价RMB 43,800

Baroncelli Ⅲ贝伦赛丽Ⅲ系列机械男士腕表

型号M010.408.16.053.20／直径39mm的不锈钢表壳／时间指示，日期窗／ETA 2836-2自动上链机芯，40小时动力储存，C.O.S.C.天文台认证／蓝宝石水晶镜面，透明底盖／真牛皮轧鳄鱼皮纹表带／防水50米／参考价RMB 8,700

Baroncelli Ⅲ贝伦赛丽Ⅲ系列机械男士腕表

型号M010.408.11.033.00／直径39mm的不锈钢表壳／时间指示，日期窗／ETA 2836-2自动上链机芯，40小时动力储存，C.O.S.C.天文台认证／蓝宝石水晶镜面，透明底盖／不锈钢链带／防水50米／参考价RMB 9,200

Baroncelli Ⅲ贝伦赛丽Ⅲ系列18K玫瑰金纪念金表

型号M901.408.76.033.20／直径39mm的18K玫瑰金表壳／时间指示，日期窗／ETA 2836-2自动上链机芯，40小时动力储存，C.O.S.C.天文台认证／蓝宝石水晶镜面，透明底盖／防水50米／参考价RMB 43,800

Baroncelli Ⅲ贝伦赛丽Ⅲ系列间金男士腕表

型号M010.408.46.037.10／直径39mm的18K玫瑰金表壳／时间指示，日期窗／ETA 2836-2自动上链机芯，40小时动力储存，C.O.S.C.天文台认证／蓝宝石水晶镜面，透明底盖／真牛皮轧鳄鱼皮纹表带／防水50米／参考价RMB 15,800

Baroncelli Ⅲ贝伦赛丽Ⅲ系列间金男士腕表

型号M010.408.46.033.20／直径39mm的18K玫瑰表壳，18K金表圈／时间指示，日期窗／ETA2836-2自动上链机芯，40小时动力储存，C.O.S.C.天文台认证／蓝宝石水晶镜面，透明底盖／防水50米／参考价RMB 15,800

Baroncelli Ⅲ贝伦赛丽Ⅲ系列男士腕表

型号M010.408.11.057.00／直径39mm的不锈钢表壳／时间指示，日期窗／ETA 2836-2自动上链机芯，40小时动力储存，C.O.S.C.天文台认证／蓝宝石水晶镜面，透明底盖／不锈钢链带／防水50米／参考价RMB 9,200

Baroncelli Ⅲ贝伦赛丽Ⅲ系列男士腕表

型号M010.408.16.033.20／直径39mm的不锈钢表壳／时间指示，日期窗／ETA 2836-2自动上链机芯，40小时动力储存，C.O.S.C.天文台认证／蓝宝石水晶镜面，透明底盖／真牛皮轧鳄鱼皮纹表带／防水50米／参考价RMB 8,700

Baroncelli Ⅲ贝伦赛丽Ⅲ系列男士腕表

型号M010.408.11.053.00／直径39mm的不锈钢表壳／时间指示，日期窗／ETA 2836-2自动上链机芯，40小时动力储存，C.O.S.C.天文台认证／蓝宝石水晶镜面，透明底盖／不锈钢链带／防水50米／参考价RMB 9,200

Baroncelli Ⅲ贝伦赛丽Ⅲ系列男士腕表

型号M010.408.16.057.10／直径39mm的不锈钢表壳／时间指示，日期窗／ETA 2836-2自动上链机芯，40小时动力储存，C.O.S.C.天文台认证／蓝宝石水晶镜面，透明底盖／真牛皮轧鳄鱼皮纹表带／防水50米／参考价RMB 8,700

Baroncelli Ⅲ贝伦赛丽Ⅲ系列全新机械男士腕表

型号M010.408.16.031.20／直径39mm的不锈钢表壳／时间指示，日期窗／ETA2836-2自动上链机芯，40小时动力储存，C.O.S.C.天文台认证／蓝宝石水晶镜面，透明底盖／真牛皮轧鳄鱼皮文表带／防水50米／参考价RMB 8,700

Baroncelli Ⅲ贝伦赛丽Ⅲ系列全新机械男士腕表

型号M010.408.11.051.00／直径39mm的不锈钢表壳／时间指示，日期窗／ETA2836-2自动上链机芯，40小时动力储存，C.O.S.C.天文台认证／蓝宝石水晶镜面，透明底盖／不锈钢链带／防水50米／参考价RMB 9,200

Baroncelli Ⅲ贝伦赛丽Ⅲ系列天文台女士腕表

型号M010.208.46.033.20／直径33mm的不锈钢表壳，18K玫瑰金表圈／时间指示，日期窗／ETA 2836-2自动上链机芯，38小时动力储存，C.O.S.C.天文台认证／蓝宝石水晶镜面，透明底盖／真牛皮轧鳄鱼皮纹表带／防水50米／参考价RMB 13,400

Baroncelli Ⅲ贝伦赛丽Ⅲ系列天文台女士腕表

型号M010.208.11.053.00／直径33mm的不锈钢表壳／时间指示，日期窗／ETA 2836-2自动上链机芯，38小时动力储存，C.O.S.C.天文台认证／蓝宝石水晶镜面，透明底盖／不锈钢链带／防水50米／参考价RMB 9,200

Baroncelli Ⅲ贝伦赛丽Ⅲ系列天文台女士腕表

型号M010.208.16.033.20／直径33mm的不锈钢表壳／时间指示，日期窗／ETA 2836-2自动上链机芯，38小时动力储存，C.O.S.C.天文台认证／蓝宝石水晶镜面，透明底盖／真牛皮轧鳄鱼皮文表带／防水50米／参考价RMB 8,700

（以上价格仅供参考，以店铺实际销售为准）

Baroncelli Ⅲ贝伦赛丽Ⅲ系列全新钻石女士腕表

型号M010.007.11.033.00／直径25mm的不锈钢表壳镶钻／时间指示，日期窗／ETA2671自动上链机芯，38小时动力储存／蓝宝石水晶镜面，透明底盖／不锈钢链带／防水50米／参考价RMB 17,800

Baroncelli Ⅲ贝伦赛丽Ⅲ系列全新钻石女士腕表

型号M010.007.16.053.20／直径25mm的不锈钢表壳镶钻／时间指示，日期窗／ETA2671自动上链机芯，38小时动力储存／蓝宝石水晶镜面，透明底盖／真牛皮轧鳄鱼皮纹表带／防水50米／参考价RMB 17,300

Baroncelli Ⅲ贝伦赛丽Ⅲ系列全新钻石女士腕表

型号M010.007.16.033.20／直径25mm的不锈钢表壳镶钻／时间指示，日期窗／ETA 2671自动上链机芯，38小时动力储存／蓝宝石水晶镜面，透明底盖／真牛皮轧鳄鱼皮纹表带／防水50米／参考价RMB 17,300

Belluna布鲁纳系列新款男士腕表

型号M001.431.22.031.92／直径40mm的不锈钢表壳／时间指示，日期、星期显示／ETA 2836-2自动上链机芯，40小时动力储存，C.O.S.C.天文台认证／蓝宝石水晶镜面，透明底盖／不锈钢间金链带／防水100米／参考价RMB 9,600

Belluna布鲁纳系列新款男士腕表

型号M001.431.11.031.92／直径40mm的不锈钢表壳／时间指示，日期、星期显示／ETA 2836-2自动上链机芯，40小时动力储存，C.O.S.C.天文台认证／蓝宝石水晶镜面，透明底盖／不锈钢链带／防水100米／参考价RMB 8,900

Belluna布鲁纳系列新款女士腕表

型号M001.230.22.031.91／直径33mm的不锈钢与不锈钢包玫瑰金表壳／时间指示，日期、星期显示／ETA 2836-2自动上链机芯，40小时动力储存，C.O.S.C.天文台认证／蓝宝石水晶镜面，透明底盖／不锈钢间金链带／防水100米／参考价RMB 7,500

Belluna布鲁纳系列新款女士腕表

型号M001.230.11.061.91／直径33mm的不锈钢表壳／时间指示，日期、星期显示／ETA 2836-2自动上链机芯，40小时动力储存，C.O.S.C.天文台认证／蓝宝石水晶镜面，透明底盖／不锈钢链带／防水100米／参考价RMB 6,700

Multifort舵手系列多功能特殊款腕表

型号M005.614.36.051.22／直径44mm的不锈钢表壳／时间指示，日期、星期显示，计时码表功能／ETA 7750自动上链机芯，48小时动力储存／蓝宝石水晶镜面，透明底盖／真牛皮轧鳄鱼皮纹表带／防水100米／参考价RMB 15,500

Multifort舵手系列特殊款腕表

型号M005.430.36.051.22／直径42mm的不锈钢表壳／时间指示，日期、星期显示／ETA 2836-2自动上链机芯，40小时动力储存／蓝宝石水晶镜面，透明底盖／配有橙色与黑色真皮表带／防水100米／参考价RMB 8,000

Multifort舵手系列间金男士腕表

型号M005.430.22.031.02／直径42mm的不锈钢与不锈钢包玫瑰金表壳／时间指示，日期、星期显示／ETA 2836-2自动上链机芯，40小时动力储存／蓝宝石水晶镜面，透明底盖／不锈钢间金链带／防水100米／参考价RMB 7,300

Multifort舵手系列间金男士腕表

型号M005.430.26.031.22／直径42mm的不锈钢与不锈钢包金表壳／时间指示，日期、星期显示／ETA 2836-2自动上链机芯，40小时动力储存／蓝宝石水晶镜面，透明底盖／真牛皮轧鳄鱼皮纹表带／防水100米／参考价RMB 6,500

Multifort舵手系列间金钻石女士腕表

型号M005.007.22.036.00／直径31mm的不锈钢与不锈钢包玫瑰金表壳／时间指示，日期窗／ETA 2671自动上链机芯，38小时动力储存／蓝宝石水晶镜面，透明底盖／不锈钢间金链带／防水50米／参考价RMB 7,900

Multifort舵手系列钻石女士腕表

型号M005.007.11.066.00／直径31mm的不锈钢表壳／时间指示，日期窗／ETA 2671自动上链机芯，38小时动力储存／蓝宝石水晶镜面，透明底盖／不锈钢链带／防水50米／参考价RMB 6,900

Multifort舵手系列钻石女士腕表

型号M005.007.16.036.10／直径31mm的不锈钢表壳／时间指示，日期窗／ETA 2671自动上链机芯，38小时动力储存／蓝宝石水晶镜面，透明底盖／真牛皮轧鳄鱼皮纹表带／防水50米／参考价RMB 6,400

Multifort舵手系列多功能计时腕表

型号M005.614.11.057.01／直径44mm的不锈钢表壳／时间指示，日期、星期显示，计时码表功能／ETA 7750自动上链机芯，48小时动力储存／蓝宝石水晶镜面，透明底盖／不锈钢链带／防水100米／参考价RMB 13,800

Multifort舵手系列多功能计时腕表

型号M005.614.16.037.21／直径44mm的不锈钢表壳／时间指示，日期、星期显示，计时码表功能／ETA 7750自动上链机芯，48小时动力储存／蓝宝石水晶镜面，透明底盖／真牛皮轧鳄鱼皮纹表带／防水100米／参考价RMB 13,300

Multifort舵手系列男士腕表

型号M005.430.11.052.00／直径42mm的不锈钢表壳／时间指示，日期、星期显示／ETA 2836-2自动上链机芯，38小时动力储存／蓝宝石水晶镜面，透明底盖／不锈钢链带／防水100米／参考价RMB 6,600

Multifort舵手系列男士腕表

型号M005.430.16.032.00／直径42mm的不锈钢表壳／时间指示，日期、星期显示／ETA 2836-2自动上链机芯，38小时动力储存／蓝宝石水晶镜面，透明底盖／真牛皮轧鳄鱼皮纹表带／防水100米／参考价RMB 6,100

（以上价格仅供参考，以店铺实际销售为准）

NIVADA 尼维达

创办人：Marchese Schneider

创始年份：1926年

发源地：Grenchen，Switzerland

官　网：www.nivadawatch.com

1926年Marchese Schneider在瑞士Grenchen创立NIVADA制表公司。

NIVADA尼维达诞生于1926年，创始人马切斯.施奈德（Marchese Schneider）创立了瑞士尼维达腕表制造工厂，秉承最好的瑞士制表传统,引进最领先的钟表技术，通过了最严格的瑞士制表品质标准测试。90年代开始，尼维达逐步在全球选择有声望的钟表商经销产品。现已成功建立在超过100个国家的销售体系。

尼维达品牌自70年代进入中国市场，2008年更在珠海成立珠海尼维达钟表股份有限公司，现有表款包括休闲腕表系列的银魅、银弧系列，经典腕表的赫斯系列、天域系列、薄雅系列、智达系列，贵金属陀飞轮的典承系列，复刻版腕表的极地系列，女装腕表系列包括坤秀及缇卡系列等。

高端产品例如6042陀飞轮机械腕表，是大方的经典表款，表壳与表耳为独特的分体结构，表带采用了螺丝紧锁皮带，在提高安全性同时，还为这款表添加了几份怀旧氛围，特别设计的双层表盘，6点位镂空便于欣赏到机芯精密运作，体现纯粹精湛工艺；3点位星辰显示，9点位第二时区24小时显示。

Elegant坤秀系列女装腕表采用圆润的椭圆形表壳，6、12点位镶石的半球形设计，露出几分妩媚与华贵，修长的收腰表链搭配皇冠型表冠，印有花体阿拉伯数字的表盘呈现出优雅的古典美，采用精准的石英机芯，同系列另有突破传统的独特立体切割造型，表壳与表镜带来高贵、独特、现代的立体美感，细纹牛皮表带有着简洁而优雅的视觉效果，表盘则有巴黎钉纹搭配罗马时标，以及搭配阿拉伯数字时标等两款供选择。经典而精巧的圆形不锈钢表，以压花表圈展现低调奢华，造型丰富的复古表链及镶石表盘呈现出优雅的宫廷美。

Tyche缇卡系列则是花瓣形的个性表壳，镶钻的不锈钢表壳，精密陶瓷与

不锈钢相间双色表链，搭配双层花瓣形表盘，气质高雅华贵，也展现女性娇柔与妩媚，这是一款专为女新打造的薄装陶瓷腕表。它采用进口石英机芯，同时辅以抗磨蓝宝石水晶镜面。另有圆形简洁的不锈钢薄型表，搭配拱形罗马字双层表盘以及真皮表带，洋溢着青春、时尚的无敌魅力。

Wisdom智达系列超薄机械表款，采用进口自动机械机芯，透明表底设计，从背面就能欣赏到机芯的精密运作。Silver curve银弧系列休闲多功能腕表简单的大开面表壳，多边形表圈设计，使整块表更具现代都市气息。同系列也可选择石英表款，采商务走向，不锈钢与钨钢材质完美搭配，外观时尚大方。石英机芯，精确走时，双历显示，简洁的黑色及银白色表面，清爽而明朗。

Tamrac天域系列机械腕表有着独特的表侧反弧曲面设计，线条圆润、清晰；搭配五珠表链，兼具立体感及人体工学，丝光及雾面交错处理的外观，更具美感。

Thin & Graceful薄雅系列薄装对表，表盘上简洁印刷出秀丽的阿拉伯数字，气质优雅，酒桶形款表壳层次感丰富，长方形款设计灵感来自2010年上海世博会中国国家馆。简洁的拱形表壳，侧边底线采用超薄拱形设计，侧面看来更加薄而轻巧。

Silver spirit银魅系列展现了尼维达在材质方面的突破，采用陶瓷表圈搭配不锈钢表壳，打破传统的设计风格，样式富有活力，散发强韧肌肉感，6点位的小秒针显示与3点位大日历窗显示正是古典与现代的完美接轨，采用精准的石英机芯，能适应各式使用状况。Silver curve银弧系列更上层楼，采用多功能计时机芯，表带采隐蔽式工字结构设计，外观洗练而坚固。抗磨蓝宝石镜面与旋入式的螺纹底盖，确保更高的防水性能。

四十年代尼维达系列平面广告。

七十年代尼维达系列平面广告。

坤秀系列Elegant女装腕表

型号LQ1009-381812／椭圆形不锈钢镀玫瑰金表壳，6、12点位置镶石／时间指示／石英机芯／白色表盘／金钢膜玻璃表镜／不锈钢链带配珠宝扣／防水30米

坤秀系列Elegant女装腕表

型号LQ1009-301010／椭圆形不锈钢表壳，6、12点位置镶石／时间指示／石英机芯／白色表盘／金钢膜玻璃表镜／不锈钢链带配珠宝扣／防水30米

坤秀系列Elegant女装腕表

型号LQ1010-386214／不锈钢镀玫瑰金色表壳，镶石共12颗／时间指示／石英机芯／白色表盘／金钢膜玻璃表镜／真皮表带／防水30米

坤秀系列Elegant女装腕表

型号LQ1010-386752／不锈钢镀玫瑰金色表壳，镶石共12颗／时间指示／石英机芯／深酒红色表盘／金钢膜玻璃表镜／真皮表带／防水30米

坤秀系列Elegant女装腕表

型号LQ6075／不锈钢镀玫瑰金表壳／时间指示／石英机芯／白色表盘，时标镶石／蓝宝石水晶表镜／不锈钢镀玫瑰金链带配珠宝扣／防水30米

缇卡系列Tyche个性女装腕表

型号LQ6068 304121／不锈钢镶钻花瓣形表壳／时间指示／石英机芯／黑色双层花瓣形表盘／蓝宝石水晶表镜／弧形不锈钢间陶瓷表带配折叠扣／防水30米

缇卡系列Tyche个性女装腕表

型号LQ6068 384814／不锈钢镀玫瑰金色镶石花瓣形表壳／时间指示／石英机芯／玫瑰金色双层花瓣形表盘／蓝宝石水晶表镜／弧形不锈钢间陶瓷表带配折叠扣／防水30米

缇卡系列Tyche个性女装腕表

型号LQ6079-186214／不锈钢镀玫瑰金色表壳／时间指示／石英机芯／白色拱形罗马字双层表盘／蓝宝石水晶表镜／真皮表带配针扣／防水30米

缇卡系列Tyche个性女装腕表

型号LQ6079-186714／不锈钢镀玫瑰金色表壳／时间指示／石英机芯／白色拱形罗马字双层表盘／蓝宝石水晶表镜／真皮表带配针扣／防水30米

智达系列Wisdom正装机械腕表

型号GM6082-101021／不锈钢表壳／时间指示与日期窗／自动机械机芯，摆频28,800次，能量储存不少于42小时／黑色表盘／蓝宝石水晶表镜，透视底盖／不锈钢表带配折叠扣／防水50米

智达系列Wisdom正装机械腕表

型号GM6082-151513／不锈钢间金表壳／时间指示与日期窗／自动机械机芯，摆频28,800次，能量储存不少于42小时／银白色表盘／蓝宝石水晶表镜，透视底盖／不锈钢间金表带配折叠扣／防水50米

银弧系列Siver Curve休闲多功能腕表

型号GM6080-161614／不锈钢间金表壳／时间指示与日期窗／自动机械机芯／白色表盘／蓝宝石水晶表镜／不锈钢间金表带配折叠扣／防水50米

天域系列Tamrac机械腕表

型号GM6078-101025／不锈钢表壳／时间指示与日期窗／自动机械机芯，摆频28,800次，能量储存不少于42小时／黑色表盘／蓝宝石水晶表镜，透视底盖／不锈钢表带配折叠扣／防水50米

薄雅系列Thin & Graceful薄装腕表

型号GQ6070／不锈钢表壳／时间指示／石英机芯，电池寿命3年／黑色表盘／蓝宝石水晶表镜／不锈钢表带配蝴蝶表扣／防水30米

薄雅系列Thin & Graceful薄装腕表

型号GQ1011-101010／不锈钢表壳／时间指示／石英机芯，电池寿命3年／白色表盘／金钢膜玻璃表镜／不锈钢表带配折叠扣／防水30米

薄雅系列Thin & Graceful薄装腕表

型号GQ1011-171512／不锈钢间镀金色表壳／时间指示／石英机芯，电池寿命3年／白色表盘／金钢膜玻璃表镜／不锈钢间镀金色表带配折叠扣／防水30米

银魅系列Silver Spirit休闲多功能腕表

型号GQ6076-411012／不锈钢表壳，黑色陶瓷表圈／时间指示与日期窗／石英机芯，电池寿命3年／白色表盘／蓝宝石水晶表镜／不锈钢表带配折叠扣／防水30米

银弧系列Silver Curve休闲多功能腕表

型号GQ6071-101021／不锈钢表壳／时间指示，计时码表功能，测速尺与日期窗／石英机芯，电池寿命2~3年／黑色表盘／蓝宝石水晶表镜／不锈钢表带配折叠扣／防水50米

（以上价格仅供参考，以店铺实际销售为准）

OLMA 奥尔马

创办人：Numa Jeannin

创始年份：1906年

发源地：Fleurier, Switzerland

官　网：www.olmawatches.com

奥尔马在Fkeurier建立首家制表工厂，开启了百年制表的传承。

原本是家族企业的奥尔马OLMA创始于1906年，拥有百年历史，坚持传统瑞士高精密制表工艺传统，这个来自Fleurier小镇的品牌在历史长河里与中国产生了深厚历史渊源。早在1920年就被挑选成为“孙中山纪念怀表”的制造商而进入中国市场。2009年奥尔马重新登陆中国，凭借海杯、星钻、经典、快帆、王者时间等优质系列产品开创中国市场。

在品牌的表款当中，Sea Cup海杯系列极具代表性，曾在防水技术上处于领先地位，含蓄典雅历久不衰。2010年的特别限量表款大受欢迎。最新年式的全新玫瑰间金动能显示腕表，优雅独特一如往昔；表壳以坚硬的精钢打造，精心选用质量上乘的瑞士ETA2897动能显示机芯；透过腕表的透明蓝宝石水晶后盖，机芯与零件上精致打磨的日内瓦纹及鱼鳞纹尽收眼底，令人赞叹瑞士工艺至大至极处。表壳辅以新颖PVD电镀玫瑰金色，搭配银饰涟漪纹表盘、抛光电镀玫瑰金指针，不但适合运动休闲时佩戴，在正式场合更是落落大方。

Sea-Cup海杯系列手表的历史可以回溯到1952年，它的机芯中采用“Monoflex”冠齿轮、“BP”型径向压缩冠齿轮等瑞士专利技术，几令Sea-Cup成为当时防水表的代名词。奥尔马保持个人化定制奢侈品的艺术性，又贴近群众生活，同时不断投入研发，自行研发的17钻马式擒纵机芯计时精确并且使用寿命长久。1972年奥尔马推出的第二代海杯系列，因为针对喜爱帆船航海运动的人士设计，遂以Caravelle“快帆”命名，成为今日众所周知的Caravelle 快帆系列表款。新款快帆系列男装机械腕表采用超薄设计，以优雅的外观令人耳目一新，展现迷人风彩。

诞生于1995年的Starlet星钻系列腕表是生活中的艺术品，光泽亮彩的珍珠贝母表盘，经手工温润抛光；表壳使用的不锈钢达到欧洲环保要求，绝不伤害皮肤。酒桶形设计独具匠心，抛光和磨砂交替处理展现多层次的风华，镶嵌华贵钻石明亮耀眼，设计唯美，彰显女性气质与柔美。它搭载高品质瑞士制造ETA 2671自动上链机芯，30米生活防水，高性能防磁。

King Time王者时间系列诞生于1968年，2009年更推出全新自动上链表、中央大日历视窗两地时间机械表、计时机械表等多种款式和实用功能，线条硬朗的表壳结合抛光与磨砂打磨工艺，侧面以2颗精钢螺丝固定H型钢片，磨砂表圈按黄金分割比例以8颗螺丝固定，蓝宝石表镜附防反光镀膜，带旋入式螺丝的表冠辅以防水垫圈，虽然采用透明蓝宝石水晶底盖，防水深度仍然达到100米。全表充满男性所喜爱和追求的领袖风范和王者贵气。多样化的功能选择让它成为最佳机械表的代表，例如大日历视窗两地时间表，就是最新科技，结合多项复杂罕见功能于一，仍旧精准可靠，豪迈飞扬。

坚持传统，又具有时代气息的Classical经典系列以简练实用享誉全球。它以简约为美，强调比例和整体和谐；创作理念与知名的King Time王者时间系列腕表相当近似，但却锋芒守中，平和圆融。

奥尔马遍布全球的客户服务网路，均设有“OLMA Watches World Service”标记，印证瑞士奥尔马表的专业服务。

品牌创始人龙马珍先生创立适合更多消费人群的奥尔马，无论是材料还是工艺，始终坚持纯正的瑞士制表传统。

Sea-Cup海环系列腕表是奥尔马的品牌代表性表款。

奥尔马始终坚持纯正瑞士制表传统，打造出适合消费大众的品牌。

Sea Cup海杯系列动能显示表

型号H13.272.3/直径39mm不锈钢PVD玫瑰金表壳/时间指示，动能显示与日历功能/ETA 2897自动机芯/白色压花网底表盘/蓝宝石水晶镜面/不锈钢PVD玫瑰金间金表带配双按蝴蝶扣/防水50米

Sea Cup海杯系列动能显示表

型号H13.142.2/直径39mm不锈钢PVD黄金表壳/时间指示，动能显示与日历功能/ETA 2897自动机芯/压花网底表盘/蓝宝石水晶镜面/不锈钢PVD黄金间金表带配双按蝴蝶扣/防水50米

Sea Cup海杯系列日历腕表

型号H01.022.1/直径39mm不锈钢表壳/时间指示与日历功能/ETA 2824自动机芯/黑色压花网底表盘/蓝宝石水晶镜面/不锈钢表带配双按蝴蝶扣/防水50米

Sea Cup海杯系列星期日历腕表

型号H02.072.1/直径39mm不锈钢表壳/时间指示，星期与日历功能/ETA 2834自动机芯，COSC瑞士天文台认证/银白色压花网底表盘/蓝宝石水晶镜面/不锈钢表带配双按蝴蝶扣/防水50米

Sea Cup海杯系列星期日历腕表

型号H02.272.3/直径39mm不锈钢PVD玫瑰金表壳/时间指示，星期与日历功能/ETA 2834自动机芯，COSC瑞士天文台认证/银白色压花网底表盘/蓝宝石水晶镜面/不锈钢PVD玫瑰金间金表带配双按蝴蝶扣/防水50米

Sea Cup海杯系列日历女装腕表

型号H21.022.1/直径30mm不锈钢表壳/时间指示与日历功能/ETA 2671自动机芯/黑色压花网底表盘/蓝宝石水晶镜面/不锈钢表带配双按蝴蝶扣/防水50米

Sea Cup海杯系列日历女装腕表

型号H21.142.2/直径30mm不锈钢PVD黄金表壳/时间指示日历功能/ETA 2671自动机芯/金色压花网底表盘/蓝宝石水晶镜面/不锈钢PVD黄金间金表带配双按蝴蝶扣/防水50米

Sea Cup海杯系列日历女装腕表

型号H21.172.2/直径30mm不锈钢PVD黄金表壳/时间指示与日历功能/ETA 2671自动机芯/银白色压花网底表盘/蓝宝石水晶镜面/不锈钢PVD黄金间金表带配双按蝴蝶扣/防水50米

Sea Cup海杯系列日历女装腕表

型号H21.772.3/直径30mm不锈钢PVD玫瑰金镶钻表壳/时间指示与日历功能/ETA 2671自动机芯/银白色压花网底表盘/蓝宝石水晶镜面/不锈钢PVD玫瑰金间金表带配双按蝴蝶扣/防水50米

Caravelle快帆系列日历腕表

型号K05.025.1／直径40mm不锈钢表壳／时间指示与日历功能／ETA 2824自动机芯／黑色日内瓦波纹表盘／蓝宝石水晶镜面／不锈钢表带配双按蝴蝶扣／防水50米

Caravelle快帆系列日历腕表

型号K05.175.2／直径40mm不锈钢PVD黄金表壳／时间指示与日历功能／ETA 2824自动机芯／银色日内瓦波纹表盘／蓝宝石水晶镜面／不锈钢PVD黄金间金表带配双按蝴蝶扣／防水50米

Caravelle快帆系列日历腕表

型号K05.075.1／直径40mm不锈钢表壳／时间指示与日历功能／ETA 2824自动机芯／银色日内瓦波纹表盘／蓝宝石水晶镜面／不锈钢表带配双按蝴蝶扣／防水50米

Caravelle快帆系列日历女装腕表

型号K25.025.1／直径30mm不锈钢表壳／时间指示与日历功能／ETA 2671自动机芯／黑色日内瓦波纹表盘／蓝宝石水晶镜面／不锈钢表带配双按蝴蝶扣／防水50米

Caravelle快帆系列日历女装腕表

型号K25.175.2／直径30mm不锈钢PVD黄金表壳／时间指示与日历功能／ETA 2671自动机芯／银色日内瓦波纹表盘／蓝宝石水晶镜面／不锈钢PVD黄金间金表带配双按蝴蝶扣／防水50米

Caravelle快帆系列日历女装腕表

型号K25.075.1／直径30mm不锈钢表壳／时间指示与日历功能／ETA 2671自动机芯／银色日内瓦波纹表盘／蓝宝石水晶镜面／不锈钢表带配双按蝴蝶扣／防水50米

Starlet星钻酒桶形腕表

型号D24.996.7／26X35mm不锈钢PVD玫瑰金镶钻表壳／时间指示功能／ETA 2671自动机芯／珍珠贝母表盘，镶钻刻度／蓝宝石水晶镜面／小牛皮表带配双按蝴蝶扣／防水30米

Starlet星钻酒桶形腕表

型号D25.996.7／26X35mm不锈钢PVD玫瑰金镶钻表壳／时间指示功能／ETA 2671自动机芯／珍珠贝母表盘，镶钻刻度／蓝宝石水晶镜面／小牛皮表带配双按蝴蝶扣／防水30米

Starlet星钻酒桶形腕表

型号D26.476.7／26X35mm不锈钢PVD玫瑰金镶钻表壳／时间指示功能／ETA 2671自动机芯／白色压花网底表盘，镶钻刻度／蓝宝石水晶镜面／小牛皮表带配双按蝴蝶扣／防水30米

（以上价格仅供参考，以店铺实际销售为准）

OMEGA 欧米茄

创办人：Louis Brandt

创始年份：1848年

发源地：La Chaux-de-Fonds

官　网：www.omegawatches.cn

欧米茄全球总裁欧科华与欧米茄名人大使章子怡、任达华、琦琦，置身于金秋红叶中，展示欧米茄星座腕表无尽魅力。

极具品牌影响力的瑞士著名钟表品牌欧米茄OMEGA，在2011年仍不断积极地开展时尚、体育与环保等不同领域的合作与赞助，更以实际行动落实对地球的珍爱与关怀。

2011年3月，欧米茄于上海港国际客运中心的优美“水滴”之中举行盛大庆典，携手欧米茄名人大使、一代超模辛迪·克劳馥（Cindy Crawford）闪耀呈现欧米茄星座系列奢华版腕表。自1995年辛迪·克劳馥成为首位欧米茄名人大使以来，她以超凡脱俗的美貌和备受瞩目的国际声望，完美诠释了欧米茄的品牌形象。不仅如此，辛迪·克劳馥更参与到星座腕表的设计工作之中，为欧米茄带来她个人的设计灵感，使得星座系列由此成为众所周知的“辛迪·克劳馥的选择”。在“欧米茄星座奢华版腕表闪耀之夜”上，辛迪·克劳馥为星座系列腕表倾情演绎的全新“我的选择”平面广告首次亮相。在这一广告形像中，辛迪展现出知性与感性兼具的独特气质，完美诠释了欧米茄星座系列腕表经典优雅的非凡魅力。

欧米茄活跃在国际竞技游泳领域前沿已有多年历史，除了担当计时任务，同时也负责开发用于确定和记录比赛成绩的关键技术，其中包括第一个半自动游泳计时器以及位于泳道两端、著名的触摸板（Touch Pads）。第14届国际泳联世界锦标赛于2011年7月在中国上海东方体育中心举行，欧米茄再次担任本次锦标赛的指定计时。在今年世游赛的跳水比赛中，欧米茄推出一种生动的电视成像技术，来帮助观众了解比赛规则中不为人熟知的方面。

欧米茄长久以来一直与海洋有着深厚渊源。1932年欧米茄推出了Marine腕表，这是世界上第一款防水腕表，在其后的近80年间，欧米茄与多位知名的水下探险家和海洋学家均建立了紧密联系，包括Jacques-Yves Cousteau、Charles William Beebe、“海豚人”Jacques Mayol等，欧米茄以行动实现了海洋探索与保护的伟大传承。

1 欧米茄名人大使辛迪·克劳馥，完美诠释了欧米茄的品牌形象。

2 传奇泳坛名将、欧米茄名人大使迈克尔·菲尔普斯（Michael Phelps）莅临参观斯沃琪和平饭店艺术中心欧米茄旗舰店。

3 欧米茄全新海马系列海洋宇宙腕表全球首发。

4 欧米茄全球总裁欧科华（右）与雅安·阿瑟斯-伯特兰（左）一同参观“鸟瞰地球”航拍摄影展。

2011年5月，在意大利卡普里岛上，欧米茄荣耀发布了全新的海马系列海洋宇宙（Planet Ocean）腕表。海马系列海洋宇宙腕表自2005年诞生以来，无论在专业潜水功能、外观设计风格，还是创新同轴（Co-Axial）技术方面都享有极高赞誉，2011年欧米茄对整个海马海洋宇宙家族进行全面升级，同之前的每一枚海洋宇宙腕表一样，全新表款配备单向旋转表圈和排氦气阀门，防水深度达到600米。在全新海洋宇宙腕表的全球首发仪式上，欧米茄同时宣布与全球著名环保主义者、顶级空中摄影师和电影制作人雅安·阿瑟斯–伯特兰（Yann Arthus-Bertrand）合作创制一部关于海洋的电影，以此来令更多人意识到海洋保护的迫切性与必要性。

欧米茄与环保主义者雅安·阿瑟斯–伯特兰在其他方面也展开了紧密合作。2011年9月8日，欧米茄特别召开盛大的新闻发布会庆祝雅安·阿瑟斯–伯特兰的航拍摄影作品展“鸟瞰地球”（Earth from Above）开幕，雅安·阿瑟斯–伯特兰本人亲临现场，与嘉宾分享了他对人类家园生态环境问题与可持续发展的关注，以及倡导每一个人采取行动保护地球的共同理念。雅安·阿瑟斯–伯特兰透过他的镜头，真实再现了生命的自我表达，同时也反映了人类强加于自然环境的痕迹和伤害，构建了新世纪之初的“地球形态”。

欧米茄在中国市场也不断拓展，致力于为腕表爱好者和收藏家打造顶级钟表殿堂。

海马海洋宇宙600米潜水计时码表

型号232.30.46.51.01.003／直径45.5mm的精钢表壳，黑色陶瓷表圈／时间指示、日期窗与计时功能／9300同轴擒纵自动机芯，Si14硅游丝，瑞士官方天文台认证／黑色表盘／蓝宝石水晶镜面／精钢表链／防水600米／参考价RMB 61,200

海马海洋宇宙600米潜水计时码表

型号232.30.46.51.01.002／直径45.5mm的精钢表壳，铝质表圈／时间指示、日期窗与计时功能／9300同轴擒纵自动机芯，Si14硅游丝，瑞士官方天文台认证／蓝宝石水晶镜面／精钢表链／防水600米／参考价RMB 59,400

海马海洋宇宙Liquidmetal®潜水表

型号232.90.46.21.03.001／直径45.5mm的钛金属表壳，陶瓷与Liquidmetal®合金表圈／时间指示与日期窗／8500同轴擒纵自动机芯，Si14硅游丝，瑞士官方天文台认证／蓝宝石水晶镜面／精钢表链／防水600米／参考价RMB 63,900

海马海洋宇宙600米潜水表

型号232.30.46.21.01.002／直径45.5mm的精钢表壳，铝质表圈／时间指示与日期窗／8500同轴擒纵自动机芯，Si14硅游丝，瑞士官方天文台认证／黑色表盘／蓝宝石水晶镜面／精钢表链／防水600米／参考价RMB 44,400

海马海洋宇宙600米潜水表

型号232.30.46.21.01.003／直径45.5mm的精钢表壳，黑色陶瓷表圈／时间指示与日期窗／8500同轴擒纵自动机芯，Si14硅游丝，瑞士官方天文台认证／黑色表盘／蓝宝石水晶镜面／精钢表链／防水600米／参考价RMB 46,100

海马海洋宇宙600米潜水计时码表

型号232.32.46.51.01.001／直径45.5mm的精钢表壳，铝质表圈／时间指示、日期窗与计时功能／9300同轴擒纵自动机芯，Si14硅游丝，瑞士官方天文台认证／黑色表盘／蓝宝石水晶镜面／橙色橡胶表带／防水600米／参考价RMB 58,500

海马海洋宇宙Liquidmetal®潜水表

型号232.92.46.21.03.001／直径45.5mm的钛金属表壳，陶瓷与Liquidmetal®合金表圈／时间指示与日期窗／8500同轴擒纵自动机芯，Si14硅游丝，瑞士官方天文台认证／蓝宝石水晶镜面／蓝色橡胶表带／防水600米／参考价RMB 58,500

海马海洋宇宙600米潜水表

型号232.32.46.21.01.003／直径45.5mm的精钢表壳，黑色陶瓷表圈／时间指示与日期窗／8500同轴擒纵自动机芯，Si14硅游丝，瑞士官方天文台认证／蓝宝石水晶镜面／黑色橡胶表带／防水600米／参考价RMB 45,200

Diver 300米潜水表

型号212.30.41.20.01.003／直径41mm的精钢表壳，黑色陶瓷表圈／时间指示与日期窗／2500同轴擒纵自动机芯，瑞士官方天文台认证／蓝宝石水晶镜面／精钢表链／防水300米／参考价RMB 32,400

海马AquaTerra同轴钻表

型号231.25.34.20.55.001／直径34mm的18K黄金配精钢表壳，表圈镶钻／时间指示与日期窗／8520同轴擒纵自动机芯，瑞士官方天文台认证／柚木概念珍珠贝母表盘，小时刻度镶钻／蓝宝石水晶镜面／防水150米／参考价RMB 111,800

海马AquaTerra同轴钻表

型号231.58.34.20.55.002／直径34mm的18K红金配精钢表壳，表圈镶钻／时间指示与日期窗／8521同轴擒纵自动机芯，瑞士官方天文台认证／柚木概念珍珠贝母表盘，小时刻度镶钻／蓝宝石水晶镜面／防水150米／参考价RMB 155,700

海马AquaTerra同轴钻表

型号231.55.34.20.55.001／直径34mm的18K黄金表壳，表圈镶钻／时间指示与日期窗／8521同轴擒纵自动机芯，瑞士官方天文台认证／柚木概念珍珠贝母表盘，小时刻度镶钻／蓝宝石水晶镜面／防水150米／参考价RMB 249,300

海马海洋宇宙女表

型号232.58.38.20.04.001／直径37.5mm的18K红金表壳，单向旋转表圈镶钻／时间指示与日期窗／8521同轴擒纵自动机芯，瑞士官方天文台认证／白色光漆表盘／蓝宝石水晶镜面／防水600米／参考价RMB 228,400

海马海洋宇宙女表

型号232.18.38.20.04.001／直径37.5mm的精钢表壳，单向旋转表圈镶钻／时间指示与日期窗／8520同轴擒纵自动机芯，瑞士官方天文台认证／白色光漆表盘／蓝宝石水晶镜面／防水600米／参考价RMB 111,800

海马海洋宇宙女表

型号232.15.38.20.01.001／直径37.5mm的精钢表壳，单向旋转表圈镶钻／时间指示与日期窗／8520同轴擒纵自动机芯，瑞士官方天文台认证／黑色表盘／蓝宝石水晶镜面／防水600米／参考价RMB 112,700

（以上价格仅供参考，以店铺实际销售为准）

碟飞同轴镂空铂金限量版

型号431.93.41.21.64.001／直径41mm的950铂金表壳／时间指示／8403同轴擒纵自动机芯，Si14硅游丝，瑞士官方天文台认证／透明表盘／蓝宝石水晶镜面／哑光黑色皮表带／防水100米／限量88只／参考价RMB 381,400

碟飞Hour Vision Blue“明亮之蓝”腕表

型号431.33.41.21.03.001／直径41mm的精钢表壳／时间指示与日期窗／8500同轴擒纵自动机芯，瑞士官方天文台认证／蓝色表盘／蓝宝石水晶镜面／鳄鱼皮表带／防水100米／参考价RMB 53,200

碟飞Hour Vision同轴年历表

型号431.31.41.22.02.001／直径41mm的精钢表壳／时间指示，月份与日期窗／8601同轴擒纵自动机芯，Si14硅游丝，瑞士官方天文台认证／银色表盘／蓝宝石水晶镜面／鳄鱼皮表带／防水100米／参考价RMB78,900

碟飞同轴年历表

型号431.10.41.22.02.001／直径41mm的精钢表壳／时间指示，月份与日期窗／8601同轴擒纵自动机芯，Si14硅游丝，瑞士官方天文台认证／银色表盘／蓝宝石水晶镜面／精钢表链／防水100米／参考价RMB 77,200

碟飞同轴年历表

型号431.13.41.22.01.001／直径41mm的精钢表壳／时间指示，月份与日期窗／8601同轴擒纵自动机芯，Si14硅游丝，瑞士官方天文台认证／黑色表盘／蓝宝石水晶镜面／鳄鱼皮表带／防水100米／参考价RMB 71,900

碟飞同轴腕表

型号431.50.41.21.52.001／直径41mm的18K红金表壳／时间指示与日期窗／8501同轴擒纵自动机芯，瑞士官方天文台认证／银色表盘／蓝宝石水晶镜面／18K红金表链／防水100米／参考价RMB 283,900

Ladymatic女表

型号425.60.34.20.63.001／直径34mm的18K红金表壳／时间指示与日期窗／8521同轴擒纵自动机芯，Si14硅游丝，瑞士官方天文台认证／小时刻度镶钻／蓝宝石水晶镜面／18K红金表链／防水100米／参考价RMB 207,600

Ladymatic女表

型号425.33.34.20.51.001／直径34mm的精钢表壳／时间指示与日期窗／8520同轴擒纵自动机芯，Si14硅游丝，瑞士官方天文台认证／小时刻度镶钻／蓝宝石水晶镜面／鳄鱼皮表带／防水100米／参考价RMB 56,800

Ladymatic女表

型号425.60.34.20.51.002／直径34mm的18K黄金表壳／时间指示与日期窗／8521同轴擒纵自动机芯，Si14硅游丝，瑞士官方天文台认证／小时刻度镶钻／蓝宝石水晶镜面／18K黄金表链／防水100米／参考价RMB 207,600

Ladymatic钻表

型号425.35.34.20.55.001／直径34mm的精钢表壳，表圈镶钻／时间指示与日期窗／8520同轴擒纵自动机芯，Si14硅游丝，瑞士官方天文台认证／珍珠贝母表盘，小时刻度镶钻／蓝宝石水晶镜面／精钢表链／防水100米／参考价RMB 118,900

Ladymatic钻表

型号425.68.34.20.55.002／直径34mm的18K黄金表壳，表圈镶钻／时间指示与日期窗／8521同轴擒纵自动机芯，Si14硅游丝，瑞士官方天文台认证／珍珠贝母表盘，小时刻度镶钻／蓝宝石水晶镜面／鳄鱼皮表带／防水100米／参考价RMB 188,900

Ladymatic钻表

型号425.65.34.20.55.001／直径34mm的18K红金表壳，表圈镶钻／时间指示与日期窗／8521同轴擒纵自动机芯，Si14硅游丝，瑞士官方天文台认证／珍珠贝母表盘，小时刻度镶钻／蓝宝石水晶镜面／18k红金表链／防水100米／参考价RMB 268,800

Ladymatic钻表

型号425.65.34.20.55.002／直径34mm的18K黄金表壳，表圈镶钻／时间指示与日期窗／8521同轴擒纵自动机芯，Si14硅游丝，瑞士官方天文台认证／白色珍珠贝母表盘，小时刻度镶钻／蓝宝石水晶镜面／18K黄金表链／防水100米／参考价RMB 268,800

Ladymatic钻表

型号425.68.34.20.63.001／直径34mm的18K红金表壳，表圈镶钻／时间指示与日期窗／8521同轴擒纵自动机芯，Si14硅游丝，瑞士官方天文台认证／棕色表盘，小时刻度镶钻／蓝宝石水晶镜面／鳄鱼皮表带／防水100米／参考价RMB 185,400

Ladymatic钻表

型号425.35.34.20.51.001／直径34mm的精钢表壳，表圈镶钻／时间指示与日期窗／8520同轴擒纵自动机芯，Si14硅游丝，瑞士官方天文台认证／黑色表盘，小时刻度镶钻／蓝宝石水晶镜面／精钢表链／防水100米／参考价RMB 115,300

（以上价格仅供参考，以店铺实际销售为准）

星座系列奢华版女表

型号123.55.35.20.55.002／直径35mm的18K红金表壳，表圈镶钻／时间指示／2403同轴擒纵自动机芯，瑞士官方天文台认证／白色珍珠贝母镶钻表盘，小时刻度镶钻／蓝宝石水晶镜面／18K红金表链／防水100米／参考价RMB 354,800

星座系列小秒针女表

型号123.58.35.20.55.001／直径35mm的18K红金表壳，表圈镶钻／时间指示／2202同轴擒纵自动机芯，瑞士官方天文台认证／白色珍珠贝母表盘，小时刻度镶钻／蓝宝石水晶镜面／鳄鱼皮表带／防水100米／参考价RMB 177,400

星座系列珠宝表

型号123.55.38.20.99.001／直径38mm的18K白金表壳，表圈镶钻／时间指示／8401同轴擒纵自动机芯，Si14硅游丝，瑞士官方天文台认证／镶钻表盘／蓝宝石水晶镜面／18K白金表链／防水100米／参考价RMB 458,600

星座系列同轴女表

型号123.18.35.20.55.001／直径35mm的精钢表壳，表圈镶钻／时间指示与日期窗／2500同轴擒纵自动机芯，瑞士官方天文台认证／白色珍珠贝母表盘，小时刻度镶钻／蓝宝石水晶镜面／鳄鱼皮表带／防水100米／参考价RMB 75,400

星座系列同轴女表

型号123.18.35.20.56.001／直径35mm的精钢表壳，表圈镶钻／时间指示与日期窗／2500同轴擒纵自动机芯，瑞士官方天文台认证／蓝色表盘，小时刻度镶钻／蓝宝石水晶镜面／鳄鱼皮表带／防水100米／参考价RMB 71,000

星座系列同轴女表

型号123.55.27.20.57.001／直径27mm的18K红金表壳，表圈镶钻／时间指示与日期窗／8521同轴擒纵自动机芯，瑞士官方天文台认证／金色珍珠贝母表盘，小时刻度镶钻／蓝宝石水晶镜面／防水100米／参考价RMB 188,500

星座系列同轴女表

型号123.25.31.20.53.001／直径31mm的18K红金配精钢表壳，表圈镶钻／时间指示与日期窗／8520同轴擒纵自动机芯，Si14硅游丝，瑞士官方天文台认证／蓝色表盘，小时刻度镶钻／蓝宝石水晶镜面／18K红金配精钢间金表链／防水100米／参考价RMB 114,400

星座系列同轴女表

型号123.55.27.20.55.002／直径27mm的18K黄金表壳／时间指示与日期窗／8521同轴擒纵自动机芯，Si14硅游丝，瑞士官方天文台认证／白色珍珠贝母表盘，小时刻度镶钻／蓝宝石水晶镜面／18K黄金表链／防水100米／参考价RMB 187,200

星座系列同轴女表

型号123.15.27.20.51.001／直径27mm的精钢表壳／时间指示与日期窗／8520同轴擒纵自动机芯，Si14硅游丝，瑞士官方天文台认证／黑色表盘，小时刻度镶钻／蓝宝石水晶镜面／精钢表链／防水100米／参考价RMB 64,800

超霸“阿波罗15号”40周年限量版

型号311.30.42.30.01.003／直径42mm的精钢表壳，铝质测速计表圈／时间指示与计时功能／1861同轴擒纵手动机芯／蓝宝石水晶镜面，表背浮雕月球车图案和“APOLLO 15”及“40th ANNIVERSARY”字样／防水50米／限量1971只／参考价RMB 44,400

超霸同轴计时表

型号311.63.44.51.01.001／直径44.25mm的18K橙金表壳／时间指示、日期窗与计时功能／9301同轴擒纵自动机芯，Si14硅游丝，瑞士官方天文台认证／黑色陶瓷表盘配18K橙金刻度／蓝宝石水晶镜面／鳄鱼皮表带／防水100米／参考价RMB 190,700

超霸同轴计时表

型号311.93.44.51.01.002／直径44.25mm的950铂金表壳／时间指示、日期窗与计时功能／9301同轴擒纵自动机芯，Si14硅游丝，瑞士官方天文台认证／黑色珐琅表盘配950铂金刻度／蓝宝石水晶镜面／鳄鱼皮表带／防水100米／参考价RMB 261,700

海马AquaTerra同轴腕表钻石刻度款

型号231.20.39.21.52.001／直径38.5mm的18K红金配精钢表壳／时间指示与日期窗／8500同轴擒纵自动机芯，Si14硅游丝，瑞士官方天文台认证／柚木概念黑色表盘，小时刻度镶钻／蓝宝石水晶镜面／18K红金配精钢间金表链／防水150米／参考价RMB 73,000

碟飞Prestige同轴腕表

型号413.55.37.20.52.001／直径36.5mm的18K红金表壳，表圈镶钻／时间指示与日期窗／2500同轴擒纵自动机芯，瑞士官方天文台认证／银色表盘，小时刻度镶钻／蓝宝石水晶镜面／18K红金表链／防水30米／参考价RMB 200,900

碟飞Prestige同轴腕表

型号413.58.37.20.52.001／直径36.5mm的18K红金表壳，表圈镶钻／时间指示与日期窗／2500同轴擒纵自动机芯，瑞士官方天文台认证／银色表盘，小时刻度镶钻／蓝宝石水晶镜面／鳄鱼皮表带／防水30米／参考价RMB 112,700

海马Aqua Terra 34“伦敦2012”同轴腕表

型号522.23.34.20.03.001／直径34mm的18K黄金配精钢表壳／时间指示与日期窗／8520同轴擒纵自动机芯，瑞士官方天文台认证／蓝色表盘／蓝宝石水晶镜面，底盖浮雕2012年伦敦奥运会徽／鳄鱼皮表带／防水120米／参考价RMB 51,900

海马Aqua Terra 44“伦敦2012”计时腕表

型号522.23.44.50.03.001／直径44mm的18K红金配精钢表壳／时间指示、日期窗与计时功能／3313同轴擒纵自动机芯，瑞士官方天文台认证／蓝宝石水晶镜面，底盖浮雕2012年伦敦奥运会徽／鳄鱼皮表带／防水150米／参考价RMB 78,100

海马1948同轴“伦敦2012”限量版腕表

型号522.23.39.20.02.001／直径39mm的精钢表壳／时间指示／2202同轴擒纵自动机芯，瑞士官方天文台认证／蓝宝石水晶镜面，底盖浮雕2012年伦敦奥运会徽／鳄鱼皮表带／防水120米／限量1948只／参考价RMB 44,400

（以上价格仅供参考，以店铺实际销售为准）

ORIS 豪利时

创 办 人：Paul Cattin、Georges Christian
创始年份：1904年
发 源 地：Hölstein, Switzerland
官　　网：www.oris.ch

豪利时以陆、海、空三大主轴，陆续发表兼具多重价值之实用型休闲运动腕表。

相信多数机械表迷所追求，是个纯粹机械表品牌，以满足对制表工艺追求；是个具备独特外形的作品，以满足喜爱美好事物心理；还要有创新设计，满足对非凡出众之渴望；最好还能每天佩戴，以满足实用原则；最后，价格绝对不能高不可攀，否则一切都只是空谈。什么？你认为找不到如此表款？我只能说，那是你对豪利时ORIS还不了解！传承百年瑞士制表工艺，豪利时向来以高品质、高性能加上平实价位，成为多数人首次购买机械表的首选。但是随着休闲运动风气与日俱增，机械表的实用性能便开始朝向专业化发展，于是为满足人们对机械表的多重需求，豪利时早在多年前便着手从设计、创新、功能与机芯等各方面，以陆、海、空三大主轴，陆续发表兼具多重价值且价位合宜之实用型休闲运动腕表。

首先，代表“海”的潜水表，今年这款 Cenote系列 Carlos Coste限量表最受瞩目，为纪念Carlos Coste于2010年在墨西哥南部闭气潜游150米，缔造最新自由潜水金氏世界纪录所精心打造。全表采用坚硬质轻的钛金属材质，搭配耐磨损陶瓷表圈以及新式服贴厚实链带，先进的SLN萤光涂料，即使在黑暗海底，时间仍可清晰读取，堪称腕表界海中蛟龙。

其次，代表“空”的飞行表，首推全新大表冠X1计时码表，为了纪念超音速飞机Bell X1于1947年首次以手动驾驶突破音障而打造。表壳特地以青铜色PVD涂层象征Bell X1的铜色机身；而表盘外圈精准复古的”测量刻度”，则是向此次飞行里程碑致敬。如此出色外形，加上多种实用功能与优质机芯，佩戴上X1计时码表，不用搭机就有直上云霄之快感。

最后，代表“陆”的TT1系列，这款TT1日历星期表值得优先推荐。极具科技感的黑色DLC表壳搭配陶瓷表圈，不但突显出整体帅气造型，更具备耐磨防刮特性。最特别的是表圈和表壳之间的红色硅质抗震薄层，宛如汽车之避震

豪利时品牌大使也是香港著名影星兼企业家－谢霆锋先生。

Artix多功能月相表
直径42毫米精钢表壳，黑色3D层次表盘，日期、星期、月份与月相显示功能，自动上链机芯，防水100米。

装置，可避免腕表受到碰撞与冲击。加上秒针以红、白双色呈现，TT1腕表由里到外，散发出驾驭速度之赛车风貌。

不过，优良产品若没有配合适度宣传，等于事情只做对一半。因此今年豪利时瑞士总厂特地签约香港著名影星兼企业家谢霆锋先生，于今年八月正式成为豪利时品牌大使。为庆祝这项合作，豪利时特地在上海花园饭店举行了隆重的新闻发布会，由豪利时中国总经理严民辉先生对媒体朋友们正式宣布了此项合作。因为谢霆锋先生当日已有片约，未能分身至现场参与此项活动, 对此深表遗憾,但是发布感言：“能成为豪利时的品牌大使，是我的荣幸。从豪利时的广告语 real watches for real people 中,我即刻感悟到这和我的个性及观点是如此一致，我坚信这必定是一次无比珍贵的合作经历。正如我最新参与出演的励志偶像剧‘下一个奇迹’的片名，我期待着豪利时和我都会有一次成功的突破！”。

豪利时瑞士总厂执行主席 Mr.Ulrich W. Herzog 对此项新合作充满信心和期待：“很高兴谢霆锋先生成为豪利时品牌大使。在他为豪利时拍摄电视和平面广告的过程中，他一贯坚持高要求的工作标准、充满激情和富有敬业精神的专业素质都毫无保留地淋漓呈现；他与豪利时品牌拥有相同哲学观和价值观。他那与生俱来的自信和勇于面对挑战的精神，也与豪利时品牌哲学不谋而合；他完美地演绎了豪利时公司的使命：real watches for real people。”

Aquis 女仕镶钻潜水日历表

型号：733.7652.4191.R／直径36mm的精钢表壳／自动上链机芯，38小时动力储存／陶瓷顶圈，表盘配有12颗美钻／时间、日历显示／白色橡胶表带，精钢安全折叠表扣／防水300米

Aquis 女仕镶钻潜水日历表

型号：733.7652.4194.R／直径36mm的精钢表壳／自动上链机芯，38小时动力储存／陶瓷顶圈，表盘配有12颗美钻／时间、日历显示／精钢链带／防水300米

Aquis潜水日历表

型号：733.7653.4155.R／直径43mm的精钢表壳，透明底盖／自动上链机芯，38小时动力储存／时间、日历显示／黑色橡胶表带，搭配不锈钢可延长安全折叠带扣／防水300米

马尔代夫限量表

型号：643.7654.7185.R／多片式钛合金表壳，陶瓷上圈／ETA 2836-2自动上链机芯，38小时动力储存／9点钟秒针盘，日历显示，暗橘色发光涂料指标及刻度／多片式钛合金金属表带／防水300米

Carlos Coste限量表-Cenote系列

型号：674.7655.7184.M／直径46mm的钛金属表壳，陶瓷表圈／时间指示，日历显示，计时功能，自动排氦装置／ETA7750自动上链机芯／蓝宝石水晶镜面／钛金属链带／防水500米／限量2000只

Williams F1 Team Blue Circle日历星期表

型号：735.7634.4765.R／直径44mm的黑色DLC涂层不锈钢表壳／时间指示，日历、星期显示／自动上链机芯／蓝宝石水晶镜面，透明底盖／黑色橡胶表带／防水100米

Williams 日历星期表

型号：635.7613.4174.M／42mm的不锈钢表壳，可弯曲表耳／银黑色表盘／ETA 2836-2自动上链机芯，38小时动力储存／时间、日历、星期显示／蓝宝石水晶表镜，玻璃表背／不锈钢表带搭配折叠带扣／防水100米

Williams 日历星期表

型号：635.7613.4164.R／不锈钢表壳，可弯曲表耳／黑色表盘／ETA 2836-2自动上链机芯，38小时动力储存／时间、日历、星期显示／蓝宝石水晶表镜，玻璃表背／黑色橡胶表带搭配折叠带扣／防水100米

Williams计时表

型号：679.7614.4174.R／45mm的不锈钢表壳，活动式表耳／银黑色表盘／ETA 7750自动上链机芯／蓝宝石水晶表镜，透明表背／中央时、分、秒显示，计时功能／黑色橡胶表带搭配不锈钢折叠带扣／42小时动力储存／防水100米

TT1日历星期表

型号：735.7651.4166.R／直径43mm的不锈钢表壳，陶瓷表圈／时间指示，日历、星期显示，抗震装置／自动上链机芯／蓝宝石水晶镜面，透明底盖／白色橡胶表带搭配不锈钢折叠式带扣／防水100米

TT1日历星期表

型号：735.7651.4764.R／直径43mm的黑色DLC涂层不锈钢表壳，陶瓷表圈／时间指示，日历、星期显示，抗震装置／自动上链机芯／蓝宝石水晶镜面，透明底盖／黑色橡胶表带搭配折叠式带扣／防水100米

BC3系列日历星期表

型号：735.7641.4766.S／42mm的不锈钢黑色DLC涂层表壳／象牙表盘／自动上链机芯／日历、星期显示／蓝宝石水晶表镜／38小时动力储存／黑色皮表带搭配不锈钢镀黑表扣／防水100米

BC3 Advanced日历星期表

型号：735.7641.4764.R／直径42.00mm的黑色DLC涂层不锈钢表壳／时间指示，日历、星期显示／自动上链机芯／蓝宝石水晶镜面，透明底盖／黑色橡胶表带／防水100米

BC3系列日历星期表

型号：735.7641.4364.R／直径42mm的锈钢表壳／黑色表盘／自动上链机芯／日历、星期显示／蓝宝石水晶表镜／38小时动力储存／黑色橡胶表带搭配折叠带扣／防水100米

BC3系列日历星期表

型号：735.7641.4361.M／直径42mm的不锈钢表壳／银色表盘／自动上链机芯／日历、星期显示／蓝宝石水晶表镜／38小时动力储存／不锈钢表带搭配折叠带扣／防水100米

BC3系列日历星期表

型号：735.7641.4164.R／直径42mm的不锈钢表壳／黑色表盘／自动上链机芯／日历、星期显示／蓝宝石水晶表镜／38小时动力储存／黑色橡胶表带搭配折叠带扣／防水100米

大表冠系列指针式日历表

型号：754.7628.4361.M／直径40mm的不锈钢表壳，玫瑰金PVD涂层上圈／Oris 754自动上链机芯／指针式日历／蓝宝石水晶玻璃表镜，透明表背／38小时动力储存／不锈钢玫瑰金PVD涂层金属表带搭配折叠带扣

大表冠系列Hunter Team PS Edition

型号：733.7629.4063.S／直径44.00mm的不锈钢表壳／时间指示／Oris 733（Sellita SW200）自动上链机芯／日历显示／蓝宝石水晶镜面，透明底盖／深咖啡色皮表带搭配不锈钢带扣／防水100米

大表冠系列小秒针指针式星期日历表

型号：645.7629.4061.S／直径44mm的不锈钢表壳／Oris645自动上链机芯／蓝宝石水晶镜面，透明表背／中央显示时分，日历显示，指标式星期／38小时动力储存／黑色皮质表带搭配不锈钢折叠带扣

大表冠系列间金指针式日历表

型号：754.7628.4361.M／直径40mm的不锈钢表壳，玫瑰金PVD涂层上圈／Oris754自动上链机芯／指针式日历／蓝宝石水晶镜面，透明表背／38小时动力储存／不锈钢玫瑰金PVD涂层金属表带

大表冠系列多功能月相表

型号：581.7627.4361.M／直径40mm的不锈钢表壳，玫瑰金PVD涂层上圈／ETA 2688／2671自动上链机芯／中央时分秒显示，日历、星期及第二时区小表盘，月相盈亏显示／38小时动力储存／不锈钢玫瑰金PVD涂层金属表带

法国空军特种部队 RHFS限量表

型号：674.7616.4284.S／直径42.7mm的枪灰色PVD涂层不锈钢表壳／时间、日历显示，计时功能／自动上链机芯／蓝宝石水晶镜面／黑色皮质表带搭配折叠带扣／防水100米／限量1000只

BC4退格双日历表

型号：735.7617.4164.S／直径42.7mm的多片式不锈钢表壳／时间、日历、星期显示／自动上链机芯／蓝宝石水晶镜面，透明表背／黑色皮质表带搭配折叠带扣／防水100米

BC4小秒针指针日历表

型号：645.7617.4174.M／直径42.7mm的不锈钢表壳／时间、日历显示／ ETA 2836-2自动上链机芯，38小时动力储存／蓝宝石水晶镜面，透明表背／不锈钢表带搭配折叠带扣／防水100米

BC4小秒针日历表

型号：643.7617.4764.S／直径42.7mm的黑色DLC涂层不锈钢表壳／时间、日历显示／自动上链机芯／蓝宝石水晶镜面，透明表背／黑色皮质表带搭配折叠带扣／防水100米

艺术家系列镂空镶钻女表

型号：560.7604.4019.S／直径31mm的不锈钢表壳／银色雕纹表盘镶嵌10颗钻石／时间指示／Oris 560镂空自动上链机芯／蓝宝石水晶镜面，透明表背／38小时动力储存／灰色皮质表带，不锈钢表扣／防水30米

艺术家系列镂空镶钻女表

型号：560.7604.4919.S／直径31mm的不锈钢表壳，表圈镶嵌56颗优质维谢尔敦钻石／时间指示／银色雕纹表盘镶嵌10颗钻石／Oris 560镂空自动上链机芯／蓝宝石水晶镜面，透明表背／38小时动力储存／黑色皮质表带，不锈钢表扣／防水30米

艺术家系列闹铃表

型号：908.7607.6351.S／直径42.5mm的不锈钢表壳，18K玫瑰金表圈／时间、日历显示，闹铃功能／Oris908自动上链机芯／45小时动力储存／蓝宝石水晶镜面，透明表背／鳄鱼皮表带／防水30米

艺术家系列间金日历表

型号：733.7591.4351.M／直径40mm的不锈钢表壳，黄金PVD涂层上圈／Oris 733自动上链机芯／蓝宝石水晶镜面，透明表背／时间、日历显示／38小时动力储存／黄金涂层不锈钢表带搭配蝴蝶带扣／防水30米

艺术家系列日历表

型号：733.7591.4054.M／直径40mm的不锈钢表壳／Oris 733自动上链机芯／蓝宝石水晶镜面，透明表背／时间、日历显示／38小时动力储存／不锈钢表带搭配蝴蝶带扣／防水30米

艺术家系列指针式日历表

型号：644.7597.4051.M／直径42.5mm的不锈钢表壳，银灰色扭索状表盘／Oris644自动上链机芯／小秒针，指针式日历／蓝宝石水晶镜面，透明表背／38小时动力储存／不锈钢表带／防水30米

艺术家系列小秒针日历表

型号：623.7582.4074.M／直径40mm的不锈钢表壳，黑色扭索状表盘／Oris623自动上链机芯／小秒针，日历显示／蓝宝石水晶镜面，透明表背 ／44小时动力储存／不锈钢表带搭配蝴蝶带扣／防水30米

艺术家系列多功能月相表

型号：581.7592.6351.S／直径40mm的不锈钢表壳，18K金圈／Oris 581自动上链机芯／蓝宝石水晶镜面，透明表背／时间显示，日历、星期及第二时区小表盘，月相盈亏显示／皮质表带／防水30米

艺术家系列钻石日历表

型号：561.7604.4956.M／直径31mm的不锈钢表壳，镶嵌56颗优质维谢尔敦钻石／白色珍珠贝母表盘／Oris561自动上链机芯／时间、日历显示／蓝宝石水晶镜面，透明表背／38小时动力储存／不锈钢表带搭配蝴蝶带扣／防水30米

艺术家系列手动上链表

型号：396.7580.4051.S／直径40mm的不锈钢表壳，银色扭索状表盘／Oris 396手动上链机芯／时间指示／蓝宝石水晶镜面／42小时动力储存／深咖啡色皮质表带搭配不锈钢带扣／防水30米

Artix多功能月相表

型号：915.7643.4051.S／直径42mm的不锈钢表壳，银色表盘／Oris 915自动上链机芯／时间指示，指针式日历，星期、月份及月相显示／蓝宝石水晶镜面，透明表背／45小时动力储存／黑色皮质表带搭配不锈钢折叠扣／防水100米

PANERAI 沛纳海

创 办 人：Giovanni Panerai

创始年份：1860年

发 源 地：Florence，Italy

官　　网：www.panerai.com

沛纳海Neuchâtel纳沙泰尔表厂。

这几年沛纳海在表壳材质上大放异彩，交出了许许多多漂亮的成绩单。钛合金在沛纳海的表款中早已被广泛的使用，早期的钽（Tantalium）钢合金表款（PAM00172、PAM00192），是一种制作困难度相当高的合金材质，非常珍贵。航太工业所使用的阳极处理氧化铝材质，也被沛纳海运用于钟表工业上，这种特殊的全新材质命名为Panerai Composite，硬度是精钢的好几倍，与高科技陶瓷相仿，重量比钛还要轻，还能制作成各种颜色，未来在表款的创意上绝对非常有看头。今年备受瞩目的Luminor Submersible 1950 3 Days Automatic Bronzo（PAM00382），表壳所选用的青铜属CuSn8，是铜与纯态锡的合金，具有高度的抗腐蚀能力，表壳表面的绿锈色有如经过战争的洗炼、岁月的痕迹，相当独特。

沛纳海这几年的成长速率十分惊人，从2009年推出的自制机芯P.9000，多层次的设计（方便扩增功能）、72小时动力储存及3/4夹板自动上链等，这样高档的基础机芯，真的深深感受到沛纳海的野心。今年沛纳海则发表了新款的自制P.3000手上链机芯，与去年推出的P.999手上链机芯相比，其采用16½法分的大尺寸设计，与P.999的12法分（27.4mm）相差将近1公分，因此可知两款机芯的定位是有所差异的。不过今年沛纳海一口气的将P.3000机芯运用在多款腕表之上，从不锈钢、18K玫瑰金到铂金材质，这是前所未有的情况，代表沛纳海对于这一枚机芯深具信心。此外，厂方推出首款采用青铜材质的PAM00382，展现沛纳海与航海工具的密切关系；而去年发表质轻坚硬的Panerai Composite材质，今年也运用在部分的表款上，展现多元化的表壳材质概念。

多年来沛纳海始终致力推广古典

古典帆船盛会中沛纳海的亲善大使：百慕达双桅帆船Eilean。

沛纳海古典帆船挑战赛在加勒比海小岛安提瓜举行。

小岛安提瓜因为古典帆船挑战赛而显得人声鼎沸，这是古典帆船界的盛事，也是沛纳海爱好者聚会的好时机。

帆船活动，纪念品牌跟海洋之间的深厚渊源。由沛纳海连续赞助七年的沛纳海古典帆船挑战赛（Panerai Classic Yachts Challenge 2011）于2011年4月14至19日在加勒比海小岛安提瓜开赛，于六个不同国家共举行十场赛事，吸引了约三百艘帆船、数以千计的船员和帆船迷，以及约250 名记者参加。

之后9月，于法国康城举行的第三十三届Règates Royales帆船赛，为今年的沛纳海古典帆船挑战赛画上完美句号，比赛完结后，更颁发了奖项予地中海巡回赛的总优胜者。夺得“古典帆船”组别总冠军的是1916 年建造、曾于2008 和2010 年胜出沛纳海古典帆船挑战赛的Rowdy，而“经典帆船”组别总冠军， 则落入1965 年建造的意大利海军训练船Stella Polare 手中。 1914 年的Moonbeam IV，亦成为“大船”组别的总冠军。

此外，Eilean也参加了沛纳海古典帆船赛中的地中海巡回赛。她是一艘建于1936年的百慕达双桅帆船，由苏格兰一个充满传奇色彩的造船厂Fife所建造。沛纳海于数年前购下这船并悉心复修完成，从此成为沛纳海在古典帆船运动中的亲善使者。保护和提倡古典帆船文化与海洋的渊源，以及古典帆船的美丽本质、经典设计、卓越的技术和优点，这些都代表古典帆船的独特性就如同制造高级腕表一般。

Luminor 1950 3 Days 47mm

型号PAM00372／直径47mm不锈钢表壳／时间指示／P.3000手动上链机芯，双发条盒，储能3日／树脂玻璃镜面与蓝宝石水晶透明底盖／皮革表带／防水100米／参考价RMB 71,800

Radiomir 3 Days Platino 47mm

型号PAM00373／直径47mm的PT950铂金表壳／时间指示／P.3000手动上链机芯，双发条盒，储能3日／树脂玻璃镜面与蓝宝石水晶透明底盖／鳄鱼皮表带／防水100米／参考价RMB 331,800

Luminor Composite 1950 3 Days 47mm

型号PAM00375／直径47mm棕色Panerai Composite表壳／时间指示／P.3000/1手动上链机芯，双发条盒，储能3日／蓝宝石水晶镜面与透明底盖／皮革表带／防水100米／参考价RMB 97,500

Radiomir 3 Days Oro Bianco 47mm

型号PAM00376／直径47mm的18K白金表壳／时间指示／P.3000手动上链机芯，双发条盒，储能3日／树脂玻璃镜面与蓝宝石水晶透明底盖／鳄鱼皮表带／防水100米／参考价RMB 71,800

Radiomir 3 Days Oro Rosa 47mm

型号PAM00379／直径47mm的18K玫瑰金表壳／时间指示／P.3000手动上链机芯，双发条盒，储能3日／树脂玻璃镜面与蓝宝石水晶透明底盖／鳄鱼皮表带／防水100米／参考价RMB 183,000

Radiomir Oro Rosa 42mm

型号PAM00378／直径42mm的18K玫瑰金表壳／时间指示／P.999手动上链机芯，储能60小时，鹅颈式微调装置／蓝宝石水晶镜面与透明底盖／鳄鱼皮表带／防水100米／参考价RMB 130,400

Luminor Submersible 1950 Regatta 3 Days GMT Automatic Titanio 47mm

型号PAM00371／直径47mm钛金属表壳，单向旋转计时表圈／时间指示、日期窗、第二时区与动力储存显示(机芯背面)／P.9001自动上链机芯，双发条盒，储能3日／蓝宝石水晶镜面与透明底盖／橡胶表带／防水300米／参考价RMB 86,400

Luminor Composite Marina 1950 3 Days Automatic 44mm

型号PAM00386／直径44mm棕色Panerai Composite表壳／时间指示与日期窗／P.9000自动上链机芯，双发条盒，储能3日／蓝宝石水晶镜面与薰灰色半透明底盖／皮革表带／防水300米／参考价RMB 71,800

Luminor 1950 Chrono Monopulsante Left-handed 8 days Titanio 44mm

型号PAM00345／直径44mm钛金属表壳／时间指示，单按把计时功能与表背动力储存显示／P.2004/9手动上链机芯，三发条盒，储能8日／蓝宝石水晶镜面与透明底盖／皮革表带／防水100米／参考价RMB 162,300

Luminor 1950 Chrono Monopulsante 8 Days GMT 44mm

型号PAM00275／直径44mm磨砂精钢表壳／时间指示、第二地时区显示、24小时显示、线性动力储存指示与单按把计时功能／P.2004/1手动上链机芯，三发条盒，储能8日／蓝宝石水晶镜面与透明底盖／鳄鱼皮表带／防水100米／参考价RMB 138,500

Luminor 1950 10 Days GMT 44mm

型号PAM00270／直径44mm磨砂精钢表壳／时间指示、日期窗、第二地时区、24小时显示与线性动力储存指示／P.2003自动上链机芯，三发条盒，储能10日／蓝宝石水晶镜面与透明底盖／鳄鱼皮表带／防水100米／参考价RMB 121,700

Luminor 1950 Left-handed 8 days Titanio 47mm

型号PAM00368／直径47mm钛金属表壳／时间指示与表背动力储存显示／P.2002/9手动上链机芯，双发条盒，储能3日／蓝宝石水晶镜面与透明底盖／皮革表带／防水100米／参考价RMB 118,700

Radiomir 8 Days Ceramica 45mm

型号PAM00384／直径45mm黑色陶瓷表壳／时间指示、日期窗与线性动力储存指示／P.2002/3手动上链机芯，三发条盒，储能8日／蓝宝石水晶镜面与透明底盖／皮革表带／防水100米／参考价RMB 107,200

Luminor 1950 8 Days GMT 44mm

型号PAM00233／直径44mm磨砂精钢表壳／时间指示、日期窗、第二地时区功能、24小时显示与线性动力储存指示／P.2002手动上链机芯，三发条盒，储能8日／蓝宝石水晶镜面与透明底盖／鳄鱼皮表带／防水100米／参考价RMB 107,200

Luminor 1950 8 Days GMT Oro Rosa 44mm

型号PAM00289／直径44mm的18K玫瑰金表壳／时间指示、日期窗、第二时区功能、24小时显示与线性动力储存指示／P.2002手动上链机芯，三发条盒，储能8日／蓝宝石水晶镜面与透明底盖／鳄鱼皮表带／防水100米／参考价RMB 218,200

Radiomir 45mm

型号PAM00380／直径45mm钛金属表壳／时间指示／OP II手动上链机芯，储能56小时／蓝宝石水晶镜面与旋入式底盖／鳄鱼皮表带／防水100米／参考价RMB 31,000

Luminor Chrono Daylight 44mm

型号PAM00356／直径44mm磨砂精钢表壳／时间指示、日期与计时功能／OP XII自动上链机芯，储能46小时，C.O.S.C.天文台认证／蓝宝石水晶镜面／防水100米／皮革表带／参考价RMB 65,700

Radiomir Chronograph 42mm

型号PAM00369／直径42mm不锈钢表壳／时间指示与计时功能／OP XXIII自动上链机芯，储能42小时，C.O.S.C.天文台认证／蓝宝石水晶镜面／防水100米／皮革表带／参考价RMB 54,200

（以上价格仅供参考，以店铺实际销售为准）

RADO 瑞士雷达表

创办人：Dr. Lüthi
创始年份：1957年
发源地：Lengnau, Switzerland
官　网：www.rado.com

雷达表全球代言人刘若英小姐。

以高科技陶瓷材质闻名于世的瑞士RADO瑞士雷达表，向来引领着表坛时尚潮流，将高科技陶瓷与腕表创新设计发挥淋漓极致。今年九月，瑞士雷达表以专注发挥其服务于人类智力的先锋能量以及卓越能力，成为2011首届世界智力精英运动会官方计时器，该活动于2011年12月8日至16日在中国北京隆重举行，届时将有幸见证来自全球大约150名菁英选手，在国际象棋、桥牌、国际跳棋、围棋以及象棋等五个智力竞赛项目同台竞技。自1979年首次在中国亮相，并成为在中国媒体上投放广告的首个欧洲品牌暨首家腕表公司，瑞士雷达表对于能够促成这一独特体育盛会的成功举办，感到尤为自豪。此外，对以2011年首届世界智力精英运动会官方计时器的身份再次回到北京，瑞士雷达表倍感荣幸，这距离1990年瑞士雷达表成为中国首都举办第11届亚运会的官方计时器恰好已超过20年。

接着在今年11月，RADO瑞士雷达表隆重推出全球最纤薄高科技陶瓷腕表瑞士雷达表True Thinline真系列超薄款，为轻巧舒适奠下新基准。为庆祝这款技惊四座的腕表正式问世，品牌特别于11月10日在香港的著名历史建筑伯大尼举行“Be True. Be Unlimited. Be RADO”产品发布会，邀请来自东南亚各国的媒体朋友参加，见证由瑞士雷达表全球代言人刘若英小姐以及瑞士雷达表总裁Mr. Matthias Breschan为瑞士雷达表True Thinline真系列超薄款隆重揭幕。刘若英表示：“全新推出的瑞士雷达表True Thinline真系列超薄款e极致纤薄，犹如第二层皮肤。高贵时尚的外壳，内置厚度媲美信用卡的精致机芯，为品牌集技术与美感于一身现身说法。以黑色或白色呈现20种不同版本各具美态，叫人爱不释手！”

2011年RADO瑞士雷达表另一重大研发成果，是融合高科技陶瓷与金属

RADO瑞士雷达表全球
CEO Matthias Breschan
先生。

的全新材质Ceramos®碳化钛金属陶瓷，并用以制作D-Star帝星系列中的一款全新亮相。为满足制表设计当中的美学要求，始终处于创新最前端的瑞士雷达表大胆革新，推出的全新D-STAR帝星腕表更臻突破，系列中除了采用高科技陶瓷材质之外，更加入运用特殊表面硬化技术Kolsterising，和世界首款结合碳化钛与高科技陶瓷所诞生的全新高科技材质—Ceramos®的特殊款式，再一次宣告瑞士雷达表于高科技材质领域的先锋地位。

除此之外，今年RADO瑞士雷达表还有多款精彩新作发表，首先是品牌重要里程碑的r5.5系列，去年首度推出直径37毫米的r5.5计时码表，即荣获2010德国iF设计大奖，今年乘胜追击推出41毫米大表面的r5.5 XXL，因应喜爱大表面的男性消费者。r5.5 XXL系列表款保留XL尺寸方中带圆经典特色，这个设计概念贯彻地运用在表壳、日历视窗到计时按钮，皆以方中带圆的弧形表现，以柔和线条取代阳刚的直角。r5.5系列腕表是瑞士雷达表与英国工业设计大师Jasper Morrison携手打造的经典代表作，以半径5.5毫米圆弧为设计概念，来修饰表面四个直角，r5.5的名称也因此而来。

其次，整体陶瓷系列数位机械表（Ceramica Digital Automatic）堪称品牌的先驱之作，它以自动机芯为动力，但却透过数位液晶面板显示时间。整只腕表采用黑色亮面高科技陶瓷，纯粹数位数字与高科技陶瓷完美融合，动力储存更高达120天，雷达表重新解构“数字”与“高科技陶瓷”两大技术，创意、技术与设计皆领先业界。

采用融合高科技陶瓷与金属的全新材质 Ceramos®制作，帝星（D-Star）系列再次宣告雷达表在高科技材质的霸主地位。

瑞士雷达表推出全球最纤薄高科技陶瓷腕表True Thinline真系列超薄款，为轻巧舒适奠下新基准。

D-Star帝星系列Basel限量款腕表

型号R15378159／直径42mm×46mm的黑色陶瓷表壳／时间指示，日期窗，计时码表功能／自动上链机芯，42小时动力储存／蓝宝石水晶镜面，透明底盖／防水100米／参考价RMB 32,800

D-Star帝星系列自动机械腕表

型号R15938153／直径42mm×46mm的Ceramos表壳／时间指示，日期窗／自动上链机芯，38小时动力储存／蓝宝石水晶镜面，透明底盖／参考价RMB 15,400

D-Star帝星系列白色高科技陶瓷真钻腕表

型号R15519102／直径38.2mm×41.6mm的白色陶瓷表壳，时标镶33颗钻，重0.095克拉／时间指示，日期窗／石英机芯／蓝宝石水晶镜面／参考价RMB 23,200

D-Star帝星系列自动机械腕表

型号R15609162／直径42mm×46mm的黑色陶瓷表壳／时间指示，日期窗／自动上链机芯，38小时动力储存／蓝宝石水晶镜面，透明底盖／参考价RMB 19,000

D-Star帝星系列自动机械腕表

型号R15609162／直径42mm×46mm的黑色陶瓷表壳／时间指示，日期窗／自动上链机芯，38小时动力储存／蓝宝石水晶镜面，透明底盖／参考价RMB 15,400

True Thinline真系列超薄款腕表

型号R27741159／直径39mm×43.3mm的白色陶瓷表壳，玫瑰金PVD表冠／时间指示／石英机芯／蓝宝石水晶镜面，钛金属底盖／参考价RMB 14,000

r5.5系列XXL超大计时腕表

型号R28390112／直径40.5mm×49.2mm的白金雾面陶瓷表壳／时间指示，日期窗，计时码表功能／ETA 251.262石英机芯／蓝宝石水晶镜面，钛金属底盖／参考价RMB 25,600

r5.5系列超大计时腕表

型号R28390112／直径40.5mm×49.2mm的白金雾面陶瓷表壳／时间指示，日期窗，计时码表功能／ETA 251.262石英机芯／蓝宝石水晶镜面，钛金属底盖／参考价RMB 25,600

r5.5系列白色高科技陶瓷腕表

型号R28392252／直径37mm×46.4mm的白色高科技陶瓷表壳／时间指示，日期窗，计时码表功能／ETA 251.471石英机芯／蓝宝石水晶镜面，钛金属底盖／参考价RMB 25,600

True Thinline真系列超薄款腕表

型号R27741159／直径39mm×43.3mm的黑色陶瓷表壳，玫瑰金PVD表冠／时间指示／石英机芯／蓝宝石水晶镜面，钛金属底盖／参考价RMB14,000

True Thinline真系列超薄款自动机械腕表

型号R27969159／直径40mm×44.6mm的黑色陶瓷表壳／时间指示／ETA2824-2自动上链机芯，42小时动力储存／蓝宝石水晶镜面，钛金属底盖／参考价RMB 15,700

True Thinline真系列超薄款真钻腕表

型号R27957709／直径39mm×43.3mm的白色陶瓷表壳，玫瑰金PVD表冠，时标镶嵌48颗钻，共0.096克拉／时间指示／石英机芯／蓝宝石水晶镜面，钛金属底盖／参考价RMB 23,200

（以上价格仅供参考，以店铺实际销售为准）

Centrix晶萃系列白色高科技陶瓷腕表

型号R30927722／直径38mm×42mm的不锈钢表壳，时标镶钻，共重0.011克拉／时间指示，日期窗／石英机芯／蓝宝石水晶镜面／白色高科技陶瓷表带／参考价RMB 11,600

True真系列旗舰店专供款高科技陶瓷钻表

型号R27696762／直径27mm×30.6mm的白色陶瓷表壳，钻石时标，共重0.051克拉／时间指示／石英机芯／蓝宝石水晶镜面／参考价RMB 15,700

Centrix晶萃系列旗舰店专供款高科技陶瓷腕表

型号R30936722／直径28mm×31.1mm的不锈钢表壳，表圈镶60颗钻，共重0.216克拉，镶钻石标，共重0.027克拉／时间指示，日期窗／石英机芯／蓝宝石水晶镜面／参考价RMB 27,200

Centrix晶萃系列自动机械腕表

型号R30529103／直径38mm×42mm的不锈钢表壳／时间指示，日期窗／自动上链机芯，38小时动力储存／蓝宝石水晶镜面，透明底盖／参考价RMB 10,400

Centrix晶萃系列石英腕表（L）

型号R30931113／直径38mm×42mm的不锈钢表壳／时间指示，日期窗／石英机芯／蓝宝石水晶镜面／参考价RMB 7,800

Integral精密陶瓷系列高科技陶瓷腕表（L）

型号R20746901／直径23.5mm×30mm的不锈钢表壳，时标镶钻，共重0.025克拉／时间指示，日期窗／石英机芯／蓝宝石水晶镜面／参考价RMB18,900

Integral精密陶瓷系列白色高科技陶瓷款腕表

型号SBLA061J／直径44.9mm的不锈钢表壳／时间指示、日期窗、动力储存显示与第二时区指针／Cal. 5R66 Spring Drive自动机芯，储能72小时／雪白玫瑰花瓣表盘／蓝宝石水晶镜面与透明底盖／不锈钢链带／防水200米／限量55只，台湾2只／参考价RMB18,200

Ceramica整体陶瓷系列白色高科技陶瓷款腕表

型号SBLL011J／直径45.5mm的不锈钢表壳／时间指示／Cal.8L38自动上链（兼手上链）机芯，储能50小时／表盘10点钟位置镂空设计／蓝宝石水晶镜面与透明底盖／不锈钢链带／防水200米／参考价RMB18,200

Ceramica整体陶瓷系列白色高科技陶瓷款腕表

型号SBLL013／直径45.5mm的不锈钢表壳／时间指示／Cal.8L38自动上链（兼手上链）机芯，储能50小时／表盘10点钟位置镂空设计／蓝宝石水晶镜面与透明底盖／不锈钢链带／防水200米／全球限量170只／参考价RMB18,200

Ceramica整体陶瓷系列高科技陶瓷腕表（L）

型号R21709252／直径27.2mm×32.5mm的白色陶瓷表壳／时间指示，日期窗／ETA石英机芯／蓝宝石水晶镜面，不锈钢底盖／参考价RMB 18,200

Ceramica整体陶瓷系列腕表（L）

型号R21826752／直径27.2mm×32.5mm的白金与陶瓷表壳，时标镶钻，共重0.017克拉／时间指示，日期窗／ETA石英机芯／蓝宝石水晶镜面，不锈钢底盖／参考价RMB 19,000

Sintra银钻系列镂空机械腕表

型号R13668152／直径34.8mm×44.6mm的黑色陶瓷表壳／时间指示／ETA2892-S2自动上链机芯，42小时动力储存，C.O.S.C.天文台认证／蓝宝石水晶镜面／参考价RMB 53,600

Integral精密陶瓷系列双色腕表（L）

型号R20787172／直径27.1mm×34.2mm的不锈钢包金表壳／时间指示，日期窗／石英机芯／蓝宝石水晶镜面／黑色高科技陶瓷表带／参考价RMB 17,300

Integral精密陶瓷系列双色腕表（L）

型号R20784172／直径27.1mm×34.2mm的不锈钢表壳／时间指示，日期窗／石英机芯／蓝宝石水晶镜面／黑色高科技陶瓷表带／参考价RMB17,300

Sintra银钻系列陶瓷腕表（XXL）

型号R13723192／直径34.8mm×44.6mm的黑色陶瓷表壳／时间指示，日期窗／石英机芯／蓝宝石水晶镜面／参考价RMB 21,900

（以上价格仅供参考，以店铺实际销售为准）

RAYMOND WEIL
蕾蒙威

创 办 人： Raymond Weil
创始年份： 1976年
发 源 地： Geneve, Switzerland
官 网： www.raymondweil.com

品牌创始人Raymond Weil（左一）带领其女婿Olivier Bernheim（右二）与第三代家族成员Elie Bernheim（右一）和Pierre Bernheim（左二），传承了家族传统与出色傲人的事业版图。

音乐一直是瑞士著名钟表品牌蕾蒙威RAYMOND WEIL世界的核心：品牌自成立以来所推出的所有表款，皆冠以古典音乐及歌剧名称；例如瓦格纳的《帕西弗》、威尔第的《香槟城》、莫扎特的《唐乔瓦尼》等，奠定蕾蒙威与艺术之间的深厚渊源。长期以来，蕾蒙威品牌一直与音乐界联系紧密，为国际艺人设计独一无二的时计并与著名的音乐盛事合作。现今正值品牌成立35周年之际，蕾蒙威为这一不绝的灵感源泉献上赞礼，传达对音乐的挚爱。

“精度是灵感之源”是蕾蒙威2011年全新广告形象大片的主题。设计师将灵感化为线条，为新款腕表勾勒出和谐的轮廓，期待制表师将这些构思转化为现实。制表师仰仗精度，他们一丝不苟地拼接一个个零件，惊叹于设计师的无限创意。作曲家将灵感化为音符，谱写出华丽的乐章，期待音乐家将这些曲谱加以演绎。对精度的探索激励着蕾蒙威去创造并不断地超越自我，用音乐之美比照钟表制作。

同时，蕾蒙威的全新广告形象大片也将音乐元素完美融入，渲染出浓郁的艺术氛围。在维多利亚风格的音乐厅舞台上，蕾蒙威大中华区形象代言人姜文先生和周韵小姐化身成为沉浸在音乐世界中的朝圣者，悉心地聆听由音符所带来的愉悦与感悟。两人各自面对着大提琴，此情此景散发出一种极富历史情怀的音乐氛围。

他们是各自艺术领域中的大师，一如蕾蒙威是制表领域的佼佼者——经典、永恒、极具象徵意义，他们是梦想与现实，美感与力量的结合，是对制表大师的礼赞。

姜文先生是享誉全球的艺人、导演和剧作家。一部由他自编自导的电影《阳光灿烂的日子》为他赢得了第51届意大利威尼斯国际电影节和第8届新加坡国际电影节最佳男演员奖。同时，此片也参加台湾电影金马奖，获得最佳影片、最佳导演、最佳剧本改编、最佳男主角、最佳摄影、最佳音效六项大奖。姜文先生多方面的艺术才华在《阳光灿烂的日子》中发挥得淋漓尽致，《让子弹飞》将他的演艺事业推至巅峰。姜文先生在2011年一举夺得第15届全球华语榜中榜暨亚洲影响力大典内地最佳电影男演员、最佳导演、最佳电影和华语

蕾蒙威全球总裁Olivier Bernheim先生与品牌大中华地区形象代言人姜文。

（上）蕾蒙威全球副总裁Elie Bernheim先生与品牌大中华地区形象代言人周韵。
（下）于上海浦东举行的“蕾蒙威全新广告形象揭幕仪式暨佳茗系列上市庆典”。

电影票房荣誉大奖等多项奖项。追求巅峰境界，得以成就至臻荣誉；力求完美细节，方以创作经典作品。

作为蕾蒙威品牌哲学的最佳诠释者之一，姜文先生表示：“蕾蒙威是一个极具动感活力和创新意识的品牌，我非常欣赏蕾蒙威对艺术孜孜不倦的追求精神，以及坚持其独立性的风格。我本身也投身于艺术，作为蕾蒙威的形象代言人，我希望能够在未来与蕾蒙威一起创造巅峰。”

如果说姜文先生的才华横溢是蕾蒙威追求完美精神的最佳诠释，那么优雅独立的周韵小姐则代表了蕾蒙威女款腕表清雅绝美的一面。苏东坡有诗“从来佳茗似佳人”。作为蕾蒙威品牌大中华地区形象代言人的周韵小姐，也如同佳茗一般清新优雅，周韵小姐在《让子弹飞》中凭借自己在剧中精湛的演技，一举夺得2011年第15届全球华语榜中榜暨亚洲影响力大典内地最佳电影女演员奖。同时，周韵小姐也是一个勇于挑战自我，开拓创新的女性，之后更是以一部《金婚风雨情》征服银幕，取得第一届亚洲彩虹奖最佳女演员的美誉。

周韵小姐相当欣赏蕾蒙威的艺术人文情怀：“艺术同传统与创新皆有着紧密的联系，我个人非常认同蕾蒙威忠于传统、勇于创新的品牌哲学，而其始终坚持由家族独立经营的理念，无论是对于品牌或者是对于个人，都是非常重要的。能与这样的品牌合作，我深感荣幸。”

音乐成就蕾蒙威的艺术气质，精度确保腕表的非凡品质。蕾蒙威将与姜文先生和周韵小姐一起，共书品牌传奇。

Parsifal计时码表

型号7260-SC5-00208／直径41.4mm的精钢表壳与18K玫瑰金表圈／时间指示、日期与计时功能／自动机芯／蓝宝石水晶镜面与底盖／鳄鱼皮表带／防水100米／参考价RMB 42,800

Parsifal日历腕表

型号2970-SG5-00208／直径38mm的精钢表壳与18K玫瑰金表圈／时间与日期指示／自动机芯／蓝宝石水晶镜面与底盖／18K玫瑰金与精钢间金链带／防水100米／参考价RMB 31,000

Parsifal星期日历腕表

型号2965-SG5-00658／直径38mm的精钢表壳与18K玫瑰金表圈／时间指示、日期与星期指示／自动机芯／蓝宝石水晶镜面与底盖／18K玫瑰金与精钢间金链带／防水100米／参考价RMB 33,200

Parsifal日历女装腕表

型号9460-SG5-00208／直径28mm的精钢表壳与18K玫瑰金表圈／时间与日期指示／石英机芯／蓝宝石水晶镜面／18K玫瑰金与精钢间金链带／防水100米／参考价RMB 21,200

Nubucco钛金属计时码表

型号7800-TIR-00207／直径46mm的钛金属与精钢表壳，表圈具测速刻度／时间指示、日期与计时功能／自动机芯／蓝宝石水晶镜面与底盖／鳄鱼皮表带／防水200米／参考价请电洽

Nabucco钛金属计时码表

型号7820-STC-05607／直径46mm的钛金属表壳，表圈具测速刻度／时间指示、日期与计时功能／自动上链机芯，储能46小时／蓝宝石水晶镜面／鳄鱼皮表带搭配折叠扣／防水200米／参考价请电洽

Freelancer计时码表

型号7735-STP-30001／直径42mm的18K包金及精钢材质／时间指示、日期、星期窗与计时功能／自动上链机芯，储能46小时／白色表盘／蓝宝石水晶镜面／18K包金精钢间金链带搭配折叠扣／防水100米／参考价RMB 29,300

Freelancer日历腕表

型号2730-STP-65001／直径42mm的18K包金及精钢材质／时间指示与日期窗／自动上链机芯，储能38小时／银色表盘／蓝宝石水晶镜面／18K包金精钢间金链带搭配折叠扣／防水100米／参考价RMB 18,500

Freelancer日历腕表

型号2770-STP-65001／直径38mm的18K包金及精钢材质／时间指示与日期窗／自动上链机芯，储能38小时／银色表盘／蓝宝石水晶镜面／18K包金精钢间金链带搭配折叠扣／防水100米／参考价RMB 18,500

Freelancer计时码表

型号7735-ST-60001／直径42mm的精钢表壳／时间指示、日期、星期窗与计时功能／自动上链机芯，储能46小时／黑色表盘／蓝宝石水晶镜面／精钢链带搭配折叠扣／防水100米／参考价RMB 28,800

Freelancer日历腕表

型号2770-ST-65001／直径38mm的精钢表壳／时间与日期指示／自动上链机芯／蓝宝石水晶镜面与透明底盖／精钢链带／防水100米／参考价RMB 18,000

Freelancer日历腕表

型号2770-ST-20021／直径38mm的精钢表壳／时间与日期指示／自动上链机芯／蓝宝石水晶镜面与透明底盖／精钢链带／防水100米／参考价RMB 18,000

（以上价格仅供参考，以店铺实际销售为准）

Freelancer计时码表

型号7730-STC-65021／直径42mm的精钢表壳／时间与计时功能指示／自动上链机芯／蓝宝石水晶镜面与透明底盖／牛皮表带／防水100米／参考价RMB 27,700

Freelancer半镂空腕表

型号2710-ST-20021／直径43mm的精钢表壳／时间与日期指示／自动上链机芯／黑色表盘部分镂空／蓝宝石水晶镜面与透明底盖／精钢链带／防水100米／参考价RMB 20,700

Freelancer半镂空腕表

型号2710-STP-20001／直径42mm的18K包金及精钢材质／时间指示／自动上链机芯，储能38小时／黑色表盘部分镂空／蓝宝石水晶镜面与透明底盖／18K包金精钢间金链带搭配折叠扣／防水100米／参考价RMB 21,200

Maestro日历腕表

型号2837-STC-00308／直径39.5mm的精钢表壳／时间与日期指示／SW200自动机芯／蓝宝石水晶镜面与底盖／皮革表带／防水50米／参考价RMB 12,300

Maestro日历腕表

型号2837-STC-05659／直径39.5mm的精钢表壳／时间与日期指示／SW200自动机芯／蓝宝石水晶镜面与底盖／皮革表带／防水50米／参考价RMB 12,300

Maestro日历腕表

型号2838-STC-00659／直径39.5mm的精钢表壳／时间与日期指示／SW260自动机芯／蓝宝石水晶镜面与底盖／皮革表带／防水50米／参考价RMB 13,900

Maestro半镂空女装钻表

型号2627-SLS-00965／直径30mm的精钢镶钻表壳／时间指示／自动机芯／珍珠贝母表盘，时标镶钻／蓝宝石水晶镜面与底盖／鳄鱼皮表带／防水50米／参考价RMB 28,100

Maestro半镂空女装腕表

型号2627-STC-00994／直径30mm的精钢表壳／时间指示／自动机芯／珍珠贝母表盘，时标镶钻／蓝宝石水晶镜面与底盖／鳄鱼皮表带／防水50米／参考价RMB 20,500

Maestro日历女装钻表

型号2637-SLS-00966／直径30mm的精钢镶钻表壳／时间、日期指示／自动机芯／珍珠贝母表盘，时标镶钻／蓝宝石水晶镜面与底盖／鳄鱼皮表带／防水50米／参考价RMB 26,500

Maestro半镂空腕表

型号2827-STC-00659／直径39.5mm的精钢表壳／时间指示／自动机芯／蓝宝石水晶镜面与底盖／皮革表带／防水50米／参考价RMB 14,800

Maestro计时码表

型号7737-PC5-00659／直径41.5mm的PVD镀玫瑰金精钢表壳／时间、日期指示与计时功能／自动机芯／蓝宝石水晶镜面与底盖／鳄鱼皮表带／防水100米／参考价RMB 26,800

Maestro月相日历腕表

型号2839-STC-00209／直径39.5mm的精钢表壳／时间、日期与月相指示／自动机芯／蓝宝石水晶镜面与底盖／鳄鱼皮表带／防水50米／参考价RMB 23,000

（以上价格仅供参考，以店铺实际销售为准）

Maestro黄金日历腕表

型号12837-G-00308／直径39.5mm的18K黄金表壳／时间与日期指示／自动上链机芯／蓝宝石水晶镜面与透明底盖／鳄鱼皮表带／防水50米／参考价RMB 92,000

Freelancer日历女装钻表

型号5670-STP-97091／直径29mm的18K包金及精钢材质／时间指示与日期窗／石英机芯／白色珍珠贝母表盘，时标镶嵌24颗钻石共重0.08克拉／蓝宝石水晶镜面／18K包金精钢间金链带搭配折叠扣／防水100米／参考价RMB 15,800

Freelancer日历女装钻表

型号5670-STP-05985／直径29mm的18K包金及精钢材质／时间指示与日期窗／石英机芯／白色珍珠贝母表盘，时标镶嵌10颗钻石共重0.03克拉／蓝宝石水晶镜面／18K包金精钢间金链带搭配折叠扣／防水100米／参考价RMB 13,800

Freelancer日历女装钻表

型号2770-SLS-65051／直径38mm的精钢材质，表圈镶钻66颗共0.47克拉／时间指示与日期窗／自动上链机芯，储能38小时／表盘时标镶钻12颗共0.18克拉／蓝宝石水晶镜面／鳄鱼皮表带搭配折叠扣／防水100米／参考价RMB 38,500

Freelancer日历女装钻表

型号2770-SLS-65071／直径38mm的精钢材质，表圈镶钻66颗共0.47克拉／时间指示与日期窗／自动上链机芯，储能38小时／表盘时标镶钻12颗共0.18克拉／蓝宝石水晶镜面／鳄鱼皮表带搭配折叠扣／防水100米／参考价RMB 38,500

Freelancer日历女装钻表

型号2770-SLS-65081／直径38mm的精钢材质，表圈镶钻66颗共0.47克拉／时间指示与日期窗／自动上链机芯，储能38小时／表盘时标镶钻12颗共0.18克拉／蓝宝石水晶镜面／鳄鱼皮表带搭配折叠扣／防水100米／参考价RMB 38,500

Jasmine日历女装钻表

型号2629-STS-00659／直径29mm的精钢镶钻表壳／时间与日期指示／自动上链机芯／蓝宝石水晶镜面与透明底盖／精钢链带／防水50米／参考价RMB 29,700

Noemia女装钻表

型号5927-STS-00995／直径27mm的精钢材质，表款镶钻共0.24克拉／时间指示／石英机芯／白色珍珠贝母表盘／蓝宝石水晶镜面／精钢链带搭配折叠扣／防水50米／参考价RMB 23,500

Jasmine日历女装腕表

型号2935-S5-00659／直径35mm的精钢表壳／时间指示／自动上链机芯／蓝宝石水晶镜面与透明底盖／镀玫瑰金精钢间金链带／防水50米／参考价RMB 19,000

Noemia女装钻表

型号5932-SLS-00995／直径32mm的精钢材质，表款镶钻共0.4克拉／时间指示／石英机芯／白色珍珠贝母表盘／蓝宝石水晶镜面／鳄鱼皮表带搭配折叠扣／防水50米／参考价RMB 25,500

Jasmine日历女装钻表

型号5235-STS-00659／直径35mm的精钢镶钻表壳／时间与日期指示／石英机芯／蓝宝石水晶镜面／精钢链带／防水50米／参考价RMB 29,700

Jasmine日历女装钻表

型号2935-PCS-00659／直径35mm的PVD镀玫瑰金镶钻表壳／时间与日期指示／自动上链机芯／蓝宝石水晶镜面与透明底盖／鳄鱼皮表带／防水50米／参考价RMB 38,000

（以上价格仅供参考，以店铺实际销售为准）

ROLEX 劳力士

创 办 人 ： Hans Wilsdorf
创始年份： 1905年
发 源 地 ： London,England
官　　网： www.rolex.com

劳力士位于瑞士日内瓦的全球总部

位居瑞士钟表市场主流地位已有数十年之久，劳力士ROLEX在艺术文化及各种运动项目也有伟大的贡献，如：维也纳爱乐乐团、马术锦标赛、劳力士帆船赛、高尔夫锦标赛、赛车、马球、网球等，特别是网球运动的贡献，由劳力士赞助建立的温布尔登博物馆，约有15,000件的收藏，将网球的起源与发展完整的保存。

劳力士缔造了自动腕表的世界，位于日内瓦的全球总部是一栋四面绿色玻璃围绕的高楼，每一只腕表的最后组装程序、品质控管、出口和售后服务也是在这栋高楼完成。最令人激赏的是位于地下五楼的“自动化仓储系统”，完全自动化的流程非常的壮观，必须投资庞大的金额，还有最先进的现代化设备才能实行，这也是许多品牌无法比拟的。

近年来自制机芯已成为钟表业的风潮之一，目前瑞士钟表业拥有百分之百自制机芯实力的品牌屈指可数，劳力士就是其中之一；劳力士共有三大制作工坊，分别是普朗莱屋工坊（Plan-les-Ouates）、谢讷堡工坊（Chene-Bourg）及比尔工坊（Bienne）。每一只劳力士腕表都是经由此三大制作中心制造，最后再经由总部组装，拥有非常专业且完整的生产线，每一枚机芯皆通过瑞士官方天文台C.O.S.C.认证。

普朗莱屋工坊是劳力士腕表所有材料的制造基地，也是全瑞士黄金使用量最大的工坊，每天的生产量十分惊人。目前瑞士品牌中，仅有劳力士使用904L不锈钢（抗腐蚀性较高），也包括许多新研发的特殊材质，如：永恒玫瑰金、专利陶瓷表圈等。

谢讷堡工坊负责所有关于宝石镶嵌工作与表盘的生产、开发。非常值得一提的是劳力士仅选用IF等级的钻石来镶嵌腕表。表盘的装配工序也必须经由专业人员的巧手才能一一完成，特别的搪金珍珠贝母幻彩表盘（Goldust Dream Dial），全程必须在真空密闭的无尘室进行制作，劳力士腕表的用心，从表盘就可深深的感受到。

2011新款Explorer II探险家二号腕表。

比尔工坊负责生产劳力士所有腕表的机芯零件，其中最著名的蓝色抗磁Parachrom游丝，是历经五年研发而成的零件，以铌、锆和氧作为主要成份，它的抗磁与抗冲击能力是一般游丝的十倍。Paraflex避震系统足足提升了50%的抗震度，让游丝的运作更稳定。近年来，劳力士在机芯零件的抛光打磨上也有相当的水准，坚固且耐用的机芯带有一种刚性之美。

在以上三大工坊的完美配合之下，劳力士不断推出与时俱进的极致表款，使表迷们趋之若鹜。在2011年推出众所期待的新款Explorer II探险家二号腕表Ref.216570，依照这几年来厂方的改款顺序，先前运动表款系列中，仍未改款的Ref.16570，已是表迷最为关注的焦点。而新款的Ref.216570，不仅将表款的直径扩大至42mm，同时使用早期探险家二号所采用的桔色指针，具有些许的复古风格；内部搭载新款的Cal.3187自动机芯，具有Parachrom游丝以及Paraflex避震装置，而机芯的直径也略为扩大。另外采用全新陶瓷表圈的迪通拿计时码表，与不锈钢、玫瑰金款的游艇二号码表，也是今年运动表系列的主打表款。

Explorer II蚝式探险家型II腕表

型号216570／直径42mm的904L不锈钢表壳／时间指示、日期窗与第二时区显示／Cal.3187自动机芯，C.O.S.C.天文台认证，高抗震与抗磁性的专利Parachrom游丝，新型Paraflex避震装置／防水100米

Explorer 蚝式恒动探险家腕表

型号214270／直径39mm的904L不锈钢表壳／时间指示／Cal.3132自动机芯，C.O.S.C.天文台认证，高抗震与抗磁性的专利Parachrom游丝，新型Paraflex避震装置／蓝宝石水晶镜面／不锈钢链带／防水100米

GMT-Master II蚝式格林威治腕表

型号116710 LN／直径40mm的904L不锈钢表壳，黑色陶瓷旋转表圈／时间指示、日期窗与第二时区、第三时区显示／Cal.3186自动机芯，C.O.S.C.天文台认证，高抗震与抗磁性的专利Parachrom游丝／防水100米

Deepsea蚝式恒动腕表

型号116660／直径44mm的904L不锈钢表壳，黑色陶瓷单向旋转表圈／时间指示与日期窗／Cal.3135自动机芯，C.O.S.C.天文台认证，高抗震与抗磁性的专利Parachrom游丝／不锈钢链带，双延展系统／防水3,900米

Submariner蚝式恒动潜航者日历型腕表

型号116613 LB／直径40mm的904L不锈钢与18K黄金表壳，蓝色陶瓷单向旋转表圈／时间指示与日期窗／Cal.3135自动机芯，C.O.S.C.天文台认证，高抗震与抗磁性的专利Parachrom游丝／双色链带搭配易调带扣／防水300米

Oyster Milgauss蚝式防磁腕表

型号116400GV／直径40mm的904L不锈钢表壳，与软铁防磁内盖／时间指示／Cal.3131自动机芯，C.O.S.C.天文台认证，高抗震与抗磁性的专利Parachrom游丝／防磁1,000高斯／蓝宝石水晶镜面／防水100米／五十周年纪念版

Yacht-Master蚝式游艇名仕型腕表

型号16622／直径40mm的904L不锈钢表壳，铂金单向旋转表圈与表盘／时间指示与日期窗／Cal.3135自动机芯，C.O.S.C.天文台认证／蓝宝石水晶镜面／不锈钢链带／防水100米

Yacht-Master II蚝式游艇名仕型码表

型号116681／直径44mm的904L不锈钢与18K永恒玫瑰金表壳，蓝色陶瓷表圈／时间指示与10分钟帆船赛倒数计时功能／Cal.4160自动机芯，C.O.S.C.天文台认证，高抗震与抗磁性的专利Parachrom游丝／蓝宝石水晶镜面／双色链带／防水100米

Cosmograph Daytona宇宙计型迪通拿腕表

型号116509／直径40mm的18K白金蚝式表壳／时间指示与计时功能／Cal.4130自动机芯，储能72小时，C.O.S.C.天文台认证，高抗震与抗磁性的专利Parachrom游丝／蓝宝石水晶镜面／18K白金链带／防水100米

Cosmograph Daytona宇宙计型迪通拿腕表

型号116515LN／直径40mm的18K永恒玫瑰金表壳与黑色陶瓷表圈／时间指示与计时功能／Cal.4130自动机芯，储能72小时，C.O.S.C.天文台认证，高抗震与抗磁性的专利Parachrom游丝／防水100米

Day-Date II蚝式恒动星期日历型II腕表

型号218206／直径41mm的铂金表壳／时间指示、星期与日期窗／Cal.3156自动机芯，C.O.S.C.天文台认证，高抗震与抗磁性的专利Parachrom游丝，新型Paraflex避震装置／蓝宝石水晶镜面／防水100米

Day-Date II蚝式恒动星期日历型II腕表

型号218206／直径41mm的铂金表壳／时间指示、星期与日期窗／Cal.3156自动机芯，C.O.S.C.天文台认证，高抗震与抗磁性的专利Parachrom游丝，新型Paraflex避震装置／蓝宝石水晶镜面／防水100米

Day-Date II蚝式星期日历型II腕表

型号218348／直径41mm的18K黄金表壳，表圈镶嵌钻石／时间指示、星期与日期窗／Cal.3156自动机芯，C.O.S.C.天文台认证，高抗震与抗磁性的专利Parachrom游丝，新型Paraflex避震装置／防水100米

Turn-O-Graph蚝式恒动日历型腕表

型号116261／直径36mm的904L不锈钢表壳，18K永恒玫瑰金金三角坑纹旋转表圈／时间指示与日期窗／Cal.3135自动机芯，C.O.S.C.天文台认证／蓝宝石水晶镜面／不锈钢链带／防水100米

Datejust蚝式恒动日历型腕表

型号116233／直径36mm的904L不锈钢表壳，18K黄金三角坑纹表圈／时间指示与日期窗／Cal.3135自动机芯，C.O.S.C.天文台认证／蓝宝石水晶镜面／不锈钢与18K黄金链带／防水100米

Datejust蚝式恒动日历型女表

型号179383／直径26mm的904L不锈钢与18K黄金表壳，表圈镶嵌46颗钻石／时间指示与日期窗／Cal.2235自动机芯，C.O.S.C.天文台认证，Parachrom游丝／刻度镶嵌10颗钻石／蓝宝石水晶镜面／不锈钢与18K黄金链带／防水100米

Datejust蚝式恒动日历型特别女表

型号81339／直径34mm的18K白金表壳，表圈镶嵌钻石／时间指示与日期窗／Cal.2235自动机芯，C.O.S.C.天文台认证／铑白色蔓藤花纹镶有钻石表盘／蓝宝石水晶镜面／18K白金镶钻链带／防水100米

Datejust蚝式恒动日历型特别女表

型号81315／直径34mm的18K永恒玫瑰金表壳，表圈镶嵌12颗钻石／时间指示与日期窗／Cal.2235自动机芯，C.O.S.C.天文台认证／搪金白色珍珠贝母表盘，6点罗马数字镶嵌美钻／蓝宝石水晶镜面／18K永恒玫瑰金链带／防水100米

（以上价格仅供参考，以店铺实际销售为准）

TISSOT 天梭表

创办人：Charles-Felicien Tissot & Charles-Emile Tissot

创始年份：1853年

发源地：Le Locle, Switzerland

官网：www.tissot.ch

天梭表从1853年开始谱写发展其创新传统，演绎“非凡创意，源于传统”的品牌精神。

自1853年开始至今，天梭一直致力于开发能为顾客带来惊喜的创新产品。这种创新精神，贯穿于158年天梭的整个历史：从当初位于侏罗山脉（Jura）的小镇力洛克上的一个小工厂，发展到现今行销全球五大洲超过150个国家的世界性大企业。

作为品牌创建者Charles-Félicien的儿子，Charles-Emile Tissot从一开始已经有计划地让品牌拓展到瑞士国境以外的地方。这种敢于勇闯的精神，至今仍然是品牌成长的基石，并体现在天梭卓越的产品：1853年生产的第一块怀表；1917年的“banana香蕉”弧形腕表；30 年代的世界首枚防磁腕表和珍珠贝母表壳（Pearl Watch）腕表；80 年代的全木质表壳腕表（Wood Watch）和全花刚岩石表壳（Rock Watch）腕表;以及今天的具有表镜触摸显示技术的高科技钛金属触摸式（T-TOUCH）腕表。

这种创新精神甚至融入到品牌除产品以外的其它各个方面，包括它的产品包装，市场推广与行销策略。这种创新精神也体现在天梭每一位雇员身上，他们在过去158年来都全面地继承这种优良传统并努力让它发展广大。天梭表1983年加入了Swatch 集团，天梭于150多年前从一个位于瑞士侏罗山的小镇，到现在成为代表瑞士手表产品质量和设计的品牌之一，天梭本身就是一个传奇，它让顾客永远充满惊喜，正如公司的宗旨：创新，源于传统。

TISSOT现在的年产量约300万只，并且有继续增量的计划。身为瑞士的国民品牌，中低价路线的TISSOT以金质银价为品牌理念，以大众能负担得起的价格，提供物超所值的腕表，一向充满运动风格的TISSOT今年同样推出许多适合运动使用的中低价格表款。像是集合极致精准与卓越设计于一身的TISSOT T-Race MotoGP 2011自动计

1 天梭拥有158年悠远的历史。
2 3 世界足球巨星Michael Owen及其建构师系列GMT Michael Owen 2011限量版腕表。
4 5 天梭为赛车手丹妮卡·帕特里克(Danica Patrick)推出 TISSOT PRC 200丹妮卡 · 帕特里克2011限量版腕表。
6 T-Race Nicky Hayden尼克 · 海顿2011限量版腕表。

时限量腕表，是特别为纪念TISSOT品牌连续十年担任MotoGP世界摩托车锦标赛官方计时而设计。该腕表由全新研发的C01.211自动计时机芯驱动，见证TISSOT在腕表技术及设计美学上的非凡实力，同时向摩托车锦标赛冠军献上致敬。

而在NASCAR系列赛中，天梭表很荣幸成为丹妮卡 · 帕特里克（Danica Patrick）所属Junior Motorsports车队－7号天梭雪佛兰赛车的赞助商；并推出TISSOT PRC 200丹妮卡 · 帕特里克2011限量版，在腕表设计上，7点钟时刻位置采用显眼的桔色数字7，来表现与丹妮卡赛车的号码一致；另外其车身颜色－桔色也作为画龙点睛的色调借以装饰整只限量腕表。

另一款创作灵感来自顶尖MotoGP世界锦标赛赛车手尼克 · 海顿（Nicky Hayden）的T-Race Nicky Hayden 尼克 · 海顿2011限量版腕表，整只腕表以高科技材质打造，精钢表壳上的两地时区功能旋转表圈及表冠保护套的设计灵感源自MotoGP赛车的刹车盘；红、黑、白色的表盘标志着尼克 · 海顿所属Ducati车队的颜色；红色底盖更装饰有Nicky Hayden的幸运数字69；白色星形刻度是这位已连续六年担任瑞士天梭表形象大使车手的幸运标志，成为MotoGP赛车好手迷梦寐以求的珍藏逸品。

不过，今年新推出的Heritage Visodate Automatic Gold唯思达系列，表款设计极具古典感，并以18K金为表壳，价格突破品牌价格带许多，是否暗示着品牌未来的可能发展方向？值得拭目以待。

T-Race尼克·海顿2011限量腕表

型号T048.417.27.051.02／直径43.5 mm的不锈钢表壳／时间指示，日期窗，计时码表功能，两地时区功能旋转表圈／石英计时机芯／防水100米／限量4,999只

T-Race MotoGP 2011自动计时限量腕表

型号T048.427.27.052.00／直径45.3 mm的不锈钢表壳／时间指示，日期窗，计时码表功能／自动上链机芯／蓝宝石水晶镜面／防水100米／限量2011套

T-Race C01.211竞速系列自动计时腕表

型号T048.427.37.037.00／直径45.3 mm的黑色PVD处理不锈钢表壳／时间指示，日期窗，计时码表功能／ETAC01.211自动上链机芯／蓝宝石水晶镜面／防水100米

T-Race Lady竞速系列女装腕表

型号T048.217.17.017.01／直径36.65 mm的不锈钢包玫瑰金表壳／时间指示，日期窗，计时码表功能／石英计时机芯／防水100米

T-Touch 腾智系列专业腕表

型号T013.420.44.202.00／直径43.6mm钛金属表壳／天气预报、高度计、登山速度、读秒计时、倒数计时、指南针、固定目标跟踪、双响闹、温度计、万年历、双时区显示功能／触控感应石英计时机芯／触控式蓝宝石水晶镜面／钛金属表带／防水100米

竞智系列橙色胶带款

型号T002.520.17.051.01／直径43mm不锈钢表壳／时间指示，电池能量耗尽指示，船赛、计速（测速仪）、指南针、双闹铃、潮汐、两地时间、万年历、背光照明功能／触控感应石英计时机芯／触控式蓝宝石水晶镜面／橡胶表带／防水100米

航智系列女装钻表

型号T056.420.17.016.00／直径45mm不锈钢表壳，表圈镶钻／天气预告（海平面气压）、帆船赛倒计时、读秒计时（计时码表及测速尺）、指南针、双响闹、潮汐计算器、双时区、万年历、背景灯光功能／触控感应石英计时机芯／表盘小时刻度镶钻／触控式蓝宝石水晶镜面／橡胶表带／防水100米

T-Touch 腾智系列精英腕表

型号T047.420.17.051.01／直径43mm不锈钢表壳／时间、天气预报、海拔、读秒计时、指南针、自动褪磁、双响闹、温度计、两地时间、背光灯光及万年历功能／触控感应石英计时机芯／触控式蓝宝石水晶镜面／防水100米

竟智系列黑色胶带款

型号T002.520.17.201.00／直径43mm不锈钢表壳／时间，电池能量指示，船赛、计速（测速仪）、指南针、双闹铃、潮汐、两地时间、万年历、背光照明功能／触控感应石英计时机芯／触控式蓝宝石水晶镜面／防水100米／限量4,999只

Couturier GMT迈克・欧文2011限量腕表

型号T035.439.16.031.01／直径41mm不锈钢表壳／时间指示，计时码表功能，两地时间功能／石英机芯／蓝宝石水晶镜面／防水100米／限量4,999只

潜智系列腕表

型号T026.420.17.281.02／直径44mm不锈钢表壳／水深测量，潜水速度、潜水日志、读秒计时、指南针、温度计、响闹、万年历、双时区及背景灯光功能／触控感应石英计时机芯／触控式蓝宝石水晶镜面／橡胶表带／防水200米

PRC 200丹妮卡・帕特里克2011限量钻表

型号T014.417.16.116.00／直径39.8 mm不锈钢表壳，白色珍珠贝母表盘上镶嵌20颗顶级威塞尔顿美钻／时间指示，计时码表功能／石英机芯／蓝宝石水晶镜面／防水100米／限量4,999只

艺塑系列月相腕表

型号T905.638.76.032.00/直径42.5mm的18K粉金表壳/时间指示，月相显示，动力储存显示/ETA6498手动机芯，储能40小时/银色表盘/蓝宝石水晶镜面/皮质表带配蝴蝶表扣/防水30米

心媛系列腕表

型号T050.207.16.116.02/直径35mm不锈钢表壳/时间指示/ETA 2824-2自动机芯，储能42小时/珍珠贝母部分心形镂空表盘，刻度镶6颗钻/蓝宝石水晶镜面/皮质表带配折叠表扣/防水30米

心媛系列腕表

型号T050.207.16.106.00/直径35mm不锈钢表壳/时间指示/ETA 2824-2自动机芯，储能42小时/紫色珍珠贝母部分镂空表盘，刻度镶6颗钻/蓝宝石水晶镜面/皮质表带配折叠表扣/防水30米

海星系列腕表

型号T066.407.17.047.00/直径42mm不锈钢表壳/时间指示，日期窗/自动上链机芯/蓝宝石水晶镜面/橡胶表带/防水300米

海星系列腕表

型号T066.407.11.057.00/直径42mm不锈钢表壳/时间指示，日期窗/自动上链机芯/蓝宝石水晶镜面/不锈钢表带/防水300米

海星系列计时码表

型号T066.427.17.047.00/直径48mm不锈钢表壳/时间指示，日期窗与计时码表功能/自动上链机芯/蓝宝石水晶镜面/橡胶表带/防水300米

库图系列石英计时码表

型号T035.617.16.051.00／直径41mm不锈钢表壳／时间指示，日期窗与计时码表功能／石英计时机芯／蓝宝石水晶镜面／皮质表带／防水100米

库图系列计时码表

型号T035.627.16.031.00／直径43mm不锈钢表壳／时间指示，日期窗与计时码表功能／自动上链机芯／蓝宝石水晶镜面／皮质表带／防水100米

俊雅系列三指标腕表

型号T063.610.16.037.00／直径42mm不锈钢表壳／时间指示与日期窗／石英机芯／蓝宝石水晶镜面／皮质表带配蝴蝶表扣／防水30米

库图系列女士腕表

型号T035.210.16.371.00／直径32mm不锈钢表壳／时间指示，日期窗／石英机芯／紫色表盘／蓝宝石水晶镜面／皮质表带／防水100米 2,250

库图系列女士腕表

型号T035.210.16.011.01／直径32mm不锈钢表壳／时间指示，日期窗／石英机芯／白色表盘／蓝宝石水晶镜面／皮质表带／防水100米 2,250

库图系列女装钻表

型号T035.210.66.051.00／直径32mm不锈钢表壳，表圈镶钻／时间指示，日期窗／石英机芯／黑色表盘／蓝宝石水晶镜面／皮质表带／防水100米

（以上价格仅供参考，以店铺实际销售为准）

唯思达1957自动机械珍藏版

型号T019.430.36.051.01／直径40mm黄色PVD镀层不锈钢表壳／时间指示，日期与星期窗／ETA2836-2自动上链机芯／蓝宝石水晶镜面／鳄鱼纹皮质表带／防水30米

乐爱系列女士钻表

型号T058.009.61.116.00／直径19.5mm不锈钢表壳，表圈镶38颗钻，共0.163克拉／时间指示／石英机芯／珍珠贝母表盘，12点钟刻度镶钻／蓝宝石水晶镜面／不锈钢表带／防水30米

库图系列女士钻表

型号T035.210.11.016.00／直径32mm不锈钢表壳／时间指示，日期窗／石英机芯／白色表盘，刻度镶钻／蓝宝石水晶镜面／皮质表带／防水100米

T-Lord自动小三针腕表

型号T059.528.16.031.00／直径40mm不锈钢表壳／时间指示与日期窗／2895-2自动上链机芯／银色表盘／蓝宝石水晶镜面／皮质表带／防水50米

Tradition万年历腕表

型号T063.637.16.057.00／直径 42mm不锈钢表壳／时间指示，逆跳日期、月份、星期指示／G15.561万年历石英计时机芯／蓝宝石水晶镜面／防水30米

天朗系列三指标男士腕表

型号T061.717.11.051.00／33x38mm不锈钢表壳／时间指示，计时码表功能与日期窗／石英机芯／黑色表盘／蓝宝石水晶镜面／不锈钢表带／防水100米

天思系列三指标腕表

型号T061.310.16.031.01／直径28.5X32.4mm不锈钢表壳／时间指示，日期窗／石英机芯／白色表盘／蓝宝石水晶镜面／红色皮质表带／防水100米

天博系列自动机械腕表

型号T060.407.22.031.00／直径39mm不锈钢表壳／时间指示，日期窗／2824-2自动机芯／银色表盘／蓝宝石水晶镜面／不锈钢间金表带配蝴蝶扣／防水100米

T-Trend Evocation女装腕表

型号T051.310.11.116.00／直径23.81mm不锈钢表壳／时间指示／石英三针机芯／蓝宝石水晶镜面／防水30米

瓷艺系列腕表

型号T064.210.22.011.00／直径28mm不锈钢表壳与陶瓷表圈／时间指示／石英机芯／白色面盘／蓝宝石水晶镜面／不锈钢与陶瓷间金表带／防水30米

瓷艺系列腕表

型号T064.310.22.056.00／直径26x26mm不锈钢表壳与陶瓷表圈／时间指示／石英机芯／黑色面盘／蓝宝石水晶镜面／不锈钢与陶瓷间金表带／防水30米

格兰运动系列钻表

型号T043.010.61.111.00／直径28mm不锈钢表壳，表圈镶钻／时间指示／石英机芯／白色珍珠贝母表盘／蓝宝石水晶镜面／不锈钢表带／防水50米

（以上价格仅供参考，以店铺实际销售为准）

VACHERON CONSTANTIN
江诗丹顿

创 办 人：Jean-Marc Vacheron

创始年份：1755年

发 源 地：Geneve, Switzerland

官　　网：www.vacheron-constantin.com

江诗丹顿以跨越两世纪的钟表工艺，创造一只又一只的惊人传奇。

自1755年以来，江诗丹顿一直是欧洲皇室贵族的最爱；这一群才华洋溢自成一格的艺术家和制表师，当时被称为阁楼工作者。今日瑞士钟表工艺能够享誉世界，阁楼工作者绝对是伟大贡献的幕后功臣之一。

江诗丹顿打造了无数的经典名作，其中不乏许许多多的皇室贵族，包括：法国皇帝拿破仑一世及三世、奥地利皇后玛丽路易莎、德国皇帝威廉二世、埃及国王法德一世、俄国沙皇尼古拉二世、那不勒斯公主、热那亚公爵、温莎公爵、黛安娜王妃及满清王室等等，与品牌符号“马耳他十字”同样反映了它的最高级地位。近年来江诗丹顿在大中华地区的成长也是非常惊人的，市场上供不应求，热门款式几乎都是缺货的状态。

跨越两世纪的钟表工艺，在机芯上当然也是非常用心、苛求的。江诗丹顿于1955年发表厚度仅1.64mm的超薄手上链机芯，随即又推出厚度仅2.45mm的自动上链机芯，当年可是震撼了表坛。不仅如此，江诗丹顿超级复杂功能的超薄镂空三问机芯，厚度仅3.28mm，打造最薄的镂空三问表，更将传统工艺与先进的冶金技术完美的结合在一起。

江诗丹顿在精雕工艺及珐琅彩绘上的表现，也是非常的精彩。早期限量生产的麦卡托（Mercator）纪念表，表盘图案选自文艺复兴时期的古世界地图，以景泰蓝珐琅为材质，运用跨世纪传承的精细手工雕琢而成，其中一只表盘显示欧、亚大陆地图的麦卡托珐琅面纪念表，曾于安帝古伦（Antiquorum）公司于1994年所举办的拍卖会中，以高达瑞士法郎八万两千五百元成交，是当时炙手可热的拍卖会宠儿。还有颇具文化价值的面具套表（Metiers D'Art Les Masques Collection）系列，以古法重现文明记忆，高超的金雕技法不是最困难的，如何反映出面具所传达的精神，才是真正的困难之处。2009年发行的第三套甚至呈现了中国西藏地区的文化，让人了解到更多远古种族艺术的遗迹以及艺术文化的传承！

品牌杰作还有不得不提的还有百叶窗型（Jalousie）系列腕表，它的独特性在于由一连串类似百叶窗的小片，覆盖住的表面借由六点钟方位的蓝宝石滑动装置来控制它的开关，每开关一次，除了可看见隐约的时间内，更是一次又一次的惊奇与感动，颇具赏玩性及收藏

性，也是非常值得收藏的珍品之一。

独一无二的Quai de I'lle系列，是一款创新的定制化服务，以全方位的个性化服务成为钟表业中的首创。客户可以从三种不同金属制表材质，两款不同表盘风格以及两种不同处理技术的机芯，来构成七组件的表壳；根据个人的喜好来量身打造属于个人专属的腕表，半透明的设计、立体造型的表盘显示，能提供顾客近四百种的不同组合，令人连连惊叹！

传承经典系列（Partrimony Traditionnelle）Cal.2253与Cal.2755是近年来推出的大复杂功能表款，Cal.2253机芯搭载万年历、时间等式（太阳时间）、日出日落时间、动力储存指示与陀飞轮装置，由457枚零件共同组成天文历象，功能非常完备并且取得瑞士最高荣誉认证—日内瓦印记，大复杂机芯要取得日内瓦印记可是比起基础机芯要耗费更大的心血，是江诗丹顿在大复杂功能表的代表作品之一。Cal.2755更搭载了三问报时功能，也同样取得了日内瓦印记，制作困难度更胜Cal.2253，两者都是表中极品。

江诗丹顿的品牌价值来自于历史的传承与工艺，它也是最具文化气息的腕表，承续256年的热忱与努力是不可磨灭的，新推出的传承经典系列，世界时间功能腕表能显示全世界37个时区的时间，涵盖了所有能想像到的地区，是目前市场上唯一能媲美PP5130的表款，也是最有卖相的表款之一。今年江诗丹顿带我们看看全世界的时间，相信尔后江诗丹顿也将继续发扬全世界的历史文化与艺术价值！

传承经典系列World Time世界时区腕表。

传承经典系列世界时间腕表

型号86060/000R-9640／直径42.5mm的18K粉红金表壳／Cal.2460 WT自动上链机芯，日内瓦印记／时间、日夜与世界37时区指示／蓝宝石水晶镜面与底盖／防水30米／鳄鱼皮表带

传承经典系列限量铂金珍藏腕表

型号88172/000P-9495／直径44mm的PT950铂金表壳／Cal.2253手动上链机芯，陀飞轮装置，日内瓦印记／时间、万年历、时间等式、日出日落时间与储能指示／蓝宝石水晶镜面与底盖／防水30米／限量10只

传承经典系列自动上弦日历腕表

型号87172/000G-9301／直径38mm的18K白金表壳／Cal.2455自动上链机芯，日内瓦印记／时间与日期指示／蓝宝石水晶镜面与底盖／防水30米／鳄鱼皮表带

传承经典系列腕表

型号82172/000G-9383／直径38mm的18K白金表壳／Cal. 4400 AS手动上链机芯，日内瓦印记／时间指示／蓝宝石水晶镜面与底盖／防水30米／鳄鱼皮表带

传承经典系列三问陀飞轮万年历腕表

型号80172/000R-9300／直径44mm的18K粉红金表壳／Cal.2755 手动上链机芯，陀飞轮装置，日内瓦印记／时间指示，储能、万年历与三问报时功能／蓝宝石水晶镜面与底盖／鳄鱼皮表带

传承经典系列镂空万年历腕表

型号43172/000P-9236／直径39mm的PT950铂金表壳／Cal. 1120 QPSQ自动上链机芯，日内瓦印记／时间、万年历及月相指示／蓝宝石水晶镜面与底盖／鳄鱼皮表带／防水30米

传承系列双飞返日历腕表

型号86020/000R-9239／直径42.5mm的18K粉红金表壳／Cal. 2460 R31R7自动上链机芯，日内瓦印记／时间、逆跳日期与星期指示／蓝宝石水晶镜面与底盖／鳄鱼皮表带／防水30米

传承系列自动上弦日历腕表

型号85180/000J-9231／直径40mm的18K黄金表壳／Cal. 2450 SC自动上链机芯，日内瓦印记／时间指示，日期窗／蓝宝石水晶镜面与底盖／鳄鱼皮表带／防水30米

传承系列腕表

型号81180/000G-9117／直径40mm的18K白金表壳／Cal.1400手动上链机芯，日内瓦印记／时间指示／蓝宝石水晶镜面与底盖／鳄鱼皮表带／防水30米

传承系列万年历表

型号43175/000R-9687／直径41mm的18K粉红金表壳／Cal.1120 QP 自动上链机芯，日内瓦印记／时间、万年历与月相指示／蓝宝石水晶镜面与底盖／鳄鱼皮表带／防水30米

传承系列铂金限量腕表

型号43150/000P-9684／直径42mm的PT950铂金表壳／Cal.1120 自动上链机芯，日内瓦印记／时间指示／蓝宝石水晶镜面与底盖／鳄鱼皮表带／防水30米／限量150只

Quai de l'Ile自动上弦日历腕表

型号86050/000R-I022I／直径41×50.50mm的18K粉红金与钛表壳／Cal.2460 QH自动上链机芯，日内瓦印记／时间与日期指示／蓝宝石水晶镜面与底盖／鳄鱼皮表带另附橡胶表带／防水30米

Quai de l'Ile飞返年历表

型号86040/000R-I0P29／直径43×53.80mm的18K粉红金表壳／Cal. 2460QRA自动上链机芯，日内瓦印记／时间、月相与年历指示／蓝宝石水晶镜面与底盖／鳄鱼皮表带另附橡胶表带／防水30米

Quai de l'Ile日期星期表

型号85050/000D-G920G／直径41×50.50mm的950钯金表壳／Cal.2475 SC-1自动上链机芯，日内瓦印记／时间、日期、星期与储能指示／蓝宝石水晶镜面与底盖／鳄鱼皮表带／防水30米

Historiques Chronometre Royal 1907腕表

型号86122/000R-9362／直径39mm的18K粉红金表壳／Cal.2460 SCC自动上链机芯，日内瓦印记与C.O.S.C.认证／时间指示／白色Grand Feu珐琅表盘／蓝宝石水晶镜面与底盖／鳄鱼皮表带／防水30米

Historiques Aronde 1954腕表

型号81018/000R-9657／直径31.20×44.50mm的18K粉红金表壳／Cal.1400 AS手动上链机芯，日内瓦印记／时间指示／蓝宝石水晶镜面／鳄鱼皮表带／防水30米

马耳他系列钻表

型号81505/000R-9653／直径28.10X36.50mm的18K粉红金表壳／表圈镶有约58颗美钻（总重约0.72克拉）／Cal.1400手动上链机芯，日内瓦印记／时间指示／蓝宝石水晶镜面／鳄鱼皮表带另附铁灰色绢带／防水30米

马耳他系列两地时间腕表

型号47400/000G-9100／直径36×48mm的18K白金表壳／Cal.1222自动上链机芯／时间、日期、第二时区与储能指示／蓝宝石水晶镜面／鳄鱼皮表带／防水30米

（以上价格仅供参考，以店铺实际销售为准）

Opening&Closing 开合

创 办 人：韩炳新

创始年份：2011年

发 源 地：中国

官　　网：www.opening-closing.com

2011年，一个盒子品牌诞生了。品时柏开合公司特别推出全新的“开合”品牌，以“传承”为基础，将古今中外文化、设计与工艺等表现在盒子上，重现数千年人类文化之精华，以“创新”为动力，令具有三千多年历史的盒子之内涵得到延伸，使之成为追求高品质生活的现代人之把玩品，装饰品，甚至收藏品。

“开合”旗下的产品设计将邀请国内外著名设计师参与，产品种类涉及手表盒、珠宝盒、雪茄盒及音乐盒等，产品造型也将遍及古今中外的各类知名派系。除相对成熟的动力表盒产品外，“开合”还推出了“世界时尚之都”系列珠宝盒作品。该系列作品，均以世界著名城市来命名：东京银座、佛罗伦萨、第五大道、长安城、紫禁城、旺多姆广场、斯堪的纳维亚等城市，它们既是某一时代的世界时尚中心，又可以代表该时期的设计顶峰。“开合”正是将这些元素融入每一件作品中，通过小巧的珠宝盒，使人们领略到这些国际化都市的独特文化。每一份独特的设计和产品，正如每一次开合之间，都能让您领略到玩味生活的奥妙。

此外，“开合”品牌以其独具匠心的锁扣、拉链及提手锁设计，为整个产品增添贵金属的时尚气息。产品所使用的五金配件均以品牌VI为原形，将LOGO隐形植入产品之中。细节之处体现精美，更隐藏了无数玄机。

我们都知道酷爱文化艺术品且喜好把玩珍品的乾隆皇帝堪称一位超级收藏家。那些存放他无数藏品的各式多宝格，则犹如紫禁城这座巨型文物宝库的缩影。而每一只多宝格的设计更是将“巧”字发挥得登峰造极。在一次次开合之间，那些重重机关都可以让帝王领略到寻觅宝藏的惊喜与乐趣。

虽然欧洲的贵族也有类似中国多宝格的东西，内部也有丰富的设计和规划，但中国古代的多宝格渗入了一个非常重要的特质，就是它的开合——有着相当多的机关，隐藏着参不透的谜，总

有小中现大的智慧在其中。

300年前的乾隆珍视多宝格，300年后的您拥有“开合”。“开合”让您将最爱收藏其中，收藏让您愉悦，亦让您收藏愉悦。为何开，为何合？与其说，您将宝物纳入盒中，不如说您将生活的精髓细细品味。

为了满足顶级客户的更多需求，“开合”在近日特别推出高级定制服务，力求为每位尊贵的客人量身打造专属的个人定制服务。“开合”将全力提供三种定制方式，由客户自主设计，再交由“开合”旗下的高级定制部门打造完成，极具收藏价值。

完全定制：客人可以尽情发挥想像力，而工匠们则用精湛的工艺制作出客人的原创作品，从创作草图到制作样本都一一把客人的想法变为现实。当然，从研发、到客户家中测量尺寸、再因地制宜与环境配合色调等等……这样的作品有些需要花上几个月的时间。

部分定制：根据现有产品，进行部分修改或重新搭配的选择态度，更能从细节处体现个人的品位与风格。这类定制可以包括：修改木纹、材质、皮革等，在现有设计的基础上，修改原设计的材质或颜色或功能等等。

刻字定制：用镭射刻字、照片放置、音乐设置、祝福语设置、皮纹压制等方法，在盒子上刻有您（或亲朋好友）的名字，从而体现一种强烈的个人标签。当然，我们也可以刻制手写的祝福或印制照片等等。

“开合”特别推出高级定制服务，力求为每位尊贵的客人量身打造专属的个人定制服务。

长安城系列珠宝盒CA-021

规格：384x250x258mm／容量：5只抽屉／材质：巴西花梨实木，表面涂有德国OSMO 植物油蜡木器漆，搭配复古五金件，顶部雕刻《兰亭序》全文，两只正门的雕刻图案同样取材于兰亭序／参考价RMB 6,000

第五大道男士系列珠宝盒JV-002

规格：300x200x208mm／容量：第一层：多个首饰放置槽，2个手表放置槽，第二层：多个首饰放置槽／材质：MDF包碳纤维纸，内包褐色超纤／参考价RMB 3,050

东方银座系列珠宝盒TG-041

规格：287x185x160mm／材质：卡纸外包粉色PU，内部采用粉色绒纸，内里贴镜子外裱杏色绒纸，丝印红色图案／参考价RMB 890

佛罗伦萨系列珠宝盒FL-011

规格：300x200x282mm／材质：MDF包棕色真皮，内包土黄色超纤，古代密码锁／参考价RMB 5,300

斯堪的纳维亚系列珠宝盒SD-012

规格：320x230x280mm／材质：白橡实木哑光漆，内包米色PP绒，配五金开模拉手／参考价RMB 4,300

旺多姆广场系列珠宝盒VD-021

规格：250x168x110mm／材质：MDF贴拼花木皮、花樟木皮／参考价RMB 3,600

紫禁城系列珠宝盒ZJ-031

规格：300x200x180mm／材质：巴西花梨实木，表面涂有德国OSMO 植物油蜡木器漆，搭配复古五金件，顶部及两只正门雕刻图案，内配梳妆镜／参考价RMB 5,800

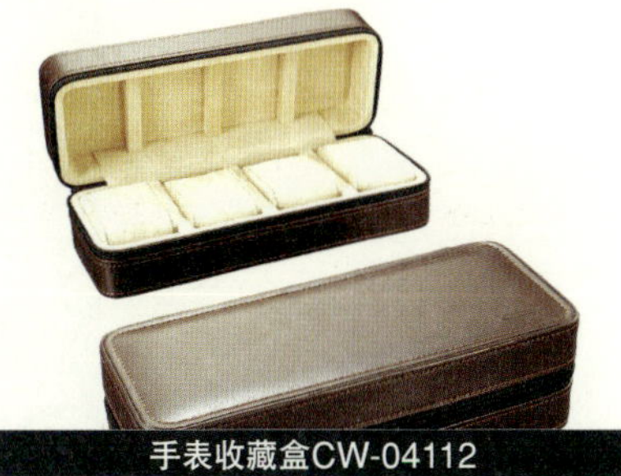

手表收藏盒CW-04112

规格：254x100x80mm／容量：4个手表放置槽／材质：咖啡色真皮车线、内用仿皮绒／参考价RMB 528

手表收藏盒CW-12312

规格：370x268x78mm／容量：12个手表放置槽／材质：咖啡色真皮、黑色PU／不含展示腕表，参考价RMB 2,080

3G动力表盒WW-01723

规格：130x165x150mm，1.2公斤／容量：1个转杯／适用于所有机械自动机芯的手表，并提供3种程式选择，每天转动时间4小时（1,440转/天）／可靠的日本马达，转速为每分钟6转／电源：100-240VAC／花梨木钢琴漆，高品质超纤，凸透镜／参考价RMB 2,800

3G动力表盒WW-03323

规格：374x270x176mm，6公斤／容量：3个转杯，5个手表放置槽／适用于所有机械自动机芯的手表，并提供3种程式选择，每天转动时间4小时（1,440转/天）／可靠的日本马达，转速为每分钟6转／电源：100-240VAC／花梨木钢琴漆，高品质超纤／参考价RMB 6,800

3G动力表盒WW-04223

规格：378x305x276mm，5.9公斤／容量：4个转杯，4个手表放置槽／适用于所有机械自动机芯的手表，并提供4种程式选择，每天转动时间4小时（1,440转/天）／可靠的日本马达，转速为每分钟6转／电源：100-240VAC／花梨木钢琴漆，高品质超纤／参考价RMB 9,900

3G动力表盒WW-06123

规格：345x290x325mm，7.8公斤／容量：6个转杯，5个手表放置槽／适用于所有机械自动机芯的手表，并提供4种程式选择，每天转动时间3-6小时（960-2,160转/天）／可靠的日本马达，转速为每分钟6转／电源：100-240VAC／花梨木钢琴漆，高品质超纤／参考价RMB 12,800

4G动力表盒4G-AJ

规格：107x117x107mm，0.8公斤／容量：1个转杯／适用于所有自动机械机芯的手表，每天转动5小时左右，双方向共1,920转/天，可放置在保险柜内使用／可靠的日本马达，转速为每分钟6转／电源：2节2号电池／各种木纹的木皮或皮料、高级超纤／参考价RMB 2,100

4G动力表盒4G-C1

规格：282x174x242mm／容量：2个转杯／适用于所有机械自动机芯的手表，3种方向、多种转速程式供自由选择，每天建议转动时间2-4小时（640-1,440转/天）／可靠的日本马达，转速为每分钟5-6转／电源：100-240VAC／巴西花梨实木，德国OSMO 植物油蜡木器漆，缎布，复古五金／参考价RMB 8,800

4G动力表盒4G-B3

规格：332x170x136mm，3.2公斤／容量：3个转杯／适用于所有机械自动机芯的手表，5种转速及3种方向共15种程式供选择，每天转动时间2-4小时（640-1,440转/天）／专业的日本马达，转速为每分钟5-6转／电源：2节1号电池或110-240VAC／黑檀木、钢琴漆、高级超纤／不含展示腕表，参考价RMB 9,200

4G动力表盒4G-B6

规格：340x170x235mm／容量：6个转杯／适用于所有机械自动机芯的手表，5种转速及3种方向共15种程式供选择，每天转动时间2-4小（640-1,440转/天）／专业的日本马达，转速为每分钟5-6转／电源：4节1号电池或110-240VAC／黑檀木、钢琴漆、高级超纤／不含展示腕表，参考价RMB 16,000

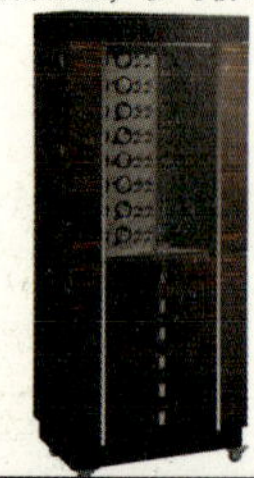

4G动力表盒4G-B48

规格：710x400x1,690 mm／容量：48个转杯，若干手表及珠宝放置空间／适用于所有机械自动机芯的手表，5种转速及3种方向共15种程式供选择，每天转动时间2-4小时（640-1,440转/天）／专业的日本马达，转速为每分钟5-6转／电源：110-240VAC／黑檀木、高级超纤／参考价RMB 275,200

（以上价格仅供参考，以店铺实际销售为准）

高级钟表 主题鉴赏

腕表是诠释时间的一种方式，可以单纯，也可以复杂。只要工艺与设计水平到位，不论是基本款或是复杂款都具有无限魅力。“高级钟表 主题鉴赏”报导便是想从市面上各大高级钟表品牌中，不问新旧、只问高下，经过编辑搜罗、汇集与筛选后，依基本三针、计时码表、复杂功能等三大分类，或可谓是消费者新表入荷前考虑的三大功能需求做为报导的主题，分别介绍十大款式。编者并不提倡“十大”之说，惟版面有限，十大只是一个开始，表海无涯，正如纪录是用来被打破的。

单元就从基本款式铺陈；基本款式清晰、易读，符合手表的原始需求。正可谓“简单的才最难”从技术面分析，虽然不如复杂功能的繁复零件与制程，但这最考验出品牌功夫底子。

第二单元要介绍计时码表，计时功能被视为成就专业制表的一块基石，如何在珠玉满前的名作之中，创造或拥有自己的特色，这便是进阶高级钟表的一块战场，又谁说计时码表简单？从来就不简单啊！

钟表报导写得太多，我们熟知的复杂功能族繁不及备载。然而，时间即是人类制定来为了计算日子而发明的，以时间为度量方式的各种科学运用，在现代人没有创造出新的使用需求下，难以有崭新的诠释或创作。于是现代钟表不断朝着更精密、更复杂、一些过去科技无法成就的领域来发展，将过去既有的功能，以现代制表的方式来诠释。“纪录”的单元讲述的就是复杂功能的纪录创造者，或许这些纪录就此停滞一段时间，希望读者跟着我们来见证，人类制表文明的努力过程。

MUST BUY

经典

一开始就应该入手

手表应该买哪一个牌子？要先买哪一款？

每当我们想买一只高级品牌的手表时，总是会不断的问我们自己这些问题。

的确，好的牌子很多，但对刚接触高级钟表的人来说，

或许只需要考虑真正的“经典”，它不一定是最贵，

但一定是辨识度最高、最能代表那个品牌的设计。

所以本单元特别选出，目前市场上炙手可热的10个品牌，

每一只都是你可以考虑入手的基本款式，尤其当你犹豫不决时，

相信这十只，入手绝对不会错！

大器型男必备款 01

沛纳海

PANERAI

Luminor Marina Pam111

直径44mm不锈钢表壳／时间指示／OP XI手上链机芯，天文台认证／蓝宝石水晶镜面、透明底盖／防水300米

尽管追求时尚的的型男靓女未必对钟表品牌有兴趣，但沛纳海肯定是他们熟识的之一；光是那充满力量与美感的外形就足以让人为之倾倒，魅力难挡。辨识性极高的外观源自于早期为意大利海军所做的设计；表冠护桥的作用是确保防水，而单纯的表盘则可让潜水员在昏暗的水中也能轻易读取时间。目前该款采用三明治表盘，上层为哑黑的镂刻小时刻度表盘，中间是夜光涂料，下层则为表盘基板；原始设计是为了提高夜光亮度，现在则是带来视觉上的层次感。机芯以ETA6497为基础，选用高等级的零件，并换装鹅颈式微调器及机板型制，打磨修饰也下了一番工夫。不论是从美感或实用的角度来看，都是物有所值的佳作。

BRAND INTRODUCTION

军事风格引领时尚潮流

沛纳海的前身于1860年在意大利创立，当初是精密仪器的供应商，不久便成为意国海军的合作伙伴，1936年开发了军用潜水表Radiomir的原型，继之又发展了具表冠护桥的Luminor表款；两者的形象已成当今品牌旗下的两大系列，尤其后者颇受时尚界的欢迎。在自制机芯方面，从2005年首次发表以来，已斐然有成。

卡地亚

CARTIER

Santos 100

向飞行先驱致敬 02

直径51.1×41.3mm不锈钢表壳／时间指示／Cal.049自动上链机芯／蓝宝石水晶镜面／防水100米

BRAND INTRODUCTION

朝专业制表厂迈进

卡地亚虽被誉为“皇帝的珠宝商”，但她的专长不仅止于此。回顾历史便会发现，十九世纪卡地亚便已开始怀表业务，创办人的孙子Louis Cartier接手之后，于二十世纪初创作了诸如Santos、Tank、Pasha等经典表款，甚至参与了专业制表厂的经营。目前卡地亚拥有自己的制表厂，具有研发、生产与组装的能力。

巴西籍的飞行先驱Santos-Dumont热衷于飞行器的研发，1904年Louis Cartier为这位好友制作了一只腕表，以便飞行时无需掏出怀表即可读取时间，这就是被称为Snatos的表款。百年之后，卡地亚为了纪念这传奇的腕表，发表了全新的Santos 100与Santos-Dumont两个系列。二十世纪初的原作具有与表耳一体成型的方形表壳，外观融入了工业进步的氛围而将小螺丝饰于表圈，以当时的标准来说很有现代感。二十一世纪的Santos 100维持了个性十足的表壳、罗马数字刻度与螺丝等装饰性设计元素，但整体形象更为外放硕实，颇为意气风发。遥想当年飞行先驱充满冒险精神的热情，这款腕表也象征着现代人在都会丛林中勇于迎接各种挑战的生活态度。

爱彼表

AUDEMARS PIGUET

Royal Oak 皇家橡树

八角表圈绽锋芒

03

直径39mm不锈钢表壳／时间、日期指示／Cal.3120自动上链机芯／蓝宝石水晶镜面、透明底盖／防水50米

1972年问世的皇家橡树腕表是表坛奇葩Gerald Genta所设计的作品，八角形表圈的灵感源自于英国十九世纪军舰皇家橡树号的舷窗，为表款塑造了独特形象。多年来皇家橡树一直是爱彼的长青款，历久不衰。原始设计的表壳结构相当特殊，底盖与表壳一体成型，而表圈上的螺丝与底部螺母咬合锁紧，将表圈、机芯与表壳紧密固定。现行的三针款皇家橡树则改为表圈、表身与底盖的三件式设计，仍透过贯穿三者的螺丝固定，在外观上亦维持基本原貌。表盘上的立体方格纹饰是皇家橡树的另一特色，指针与刻度造型别有个性。内载的机芯为爱彼自制，其上链系统、日历结构与砝码摆轮等设计都相当出色，打磨也有极高水准。

BRAND INTRODUCTION

仍由创办家族经营的表厂

爱彼创厂至今已超过135年，特别的是她仍由原来创办的家族主持经营，这在众多的瑞士品牌中绝无仅有。爱彼不仅以传统的复杂功能见长；在创新的概念技术方面亦颇有成就，独家的爱彼擒纵系统可为代表。旗下的APRP工作坊专精于复杂机芯的研发，甚至是其他品牌的供应商，技术实力丰厚。

宝玑

BREGUET

Classique Ref.5177

经典外形科技芯 04

直径38mm的18K黄金表壳／时间、日期指示／Cal. 777Q自动上链机芯／蓝宝石水晶镜面、透明底盖／防水30米

这款腕表虽为单纯的大三针款式，依旧表现了多数宝玑的特色，包括珐琅表盘、宝玑式蓝钢指针、钱币纹表壳侧面、细直表耳以及隐藏签名，即使遮住品牌标志，也不难判断其来所自。经由炉火高温烧制而成的珐琅表盘，本身就是一件工艺品。借由透明底盖则可欣赏到配有K金自动盘的精美机芯，若再仔细观察，便会发现擒纵轮与擒纵叉透出深湛的蓝光，这是高科技的硅材质特有的色泽，质轻坚硬的硅正适合这两个作动频繁的零件。此外，自动盘采用陶瓷滚珠轴承，发条盒内侧作DLC类钻碳镀层，使用自由缩放游丝与螺丝微调摆轮，在上链效率、动能传输、精准调校与耐用度方面都精心设想。

BRAND INTRODUCTION

创造历史的钟表品牌

品牌的创始人宝玑大师被尊称为近代钟表之父，两百多年来许多重要发明都源于他的创作，陀飞轮便是其一，甚至当初发明的游丝、指针、数字等设计，如今已是通用的专有名词，而被冠以“宝玑式”的称号。宝玑传承其原创精神，参与硅质零件的研发，并发表各种功能独特的腕表，杰作不断。

潜水腕表的典型 05

劳力士 ROLEX

Submariner Date Ref.116610 潜航者日志型

直径40mm的904L不锈钢表壳／时间、日期指示／Cal.3135自动上链机芯，天文台认证／蓝宝石水晶镜面／防水300米

表界的传奇经典很多，劳力士潜水表无疑是最为人知晓的款式。其防尘防水的蚝式表壳、可单向旋转的潜水计时表圈以及后来加入的奔驰指针已经成为潜水表的基本形象。从1953年诞生至今，她不仅参与了多项冒险任务，同时也曾是007情报员的腕上佩表，迷人的故事令人津津乐道。现行的款式有着厚实刚毅的外形，予人一种扎实可靠的印象，表圈为精密陶瓷材质，色泽亮丽且不易磨损，历久弥新的特质一改以往铝质表圈较易刮伤的缺点。机芯采用劳力士专利的Parachrom铌锆游丝，因完全不含铁元素，而能免除磁场的影响，经典亦随时代变化而与时俱进，方能不落于被淘汰的命运。链带配备Glidelock表扣，可以轻易调节表带长度，非常方便。

BRAND INTRODUCTION

技术本位的实用取向

汉斯·威尔斯多夫（Hans Wilsdorf）于1905年在伦敦创办的一家钟表店可说是这个知名品牌的前身；而ROLEX这个品牌名称则是到了1908年才被注册。劳力士以蚝式表壳、自动上链装置、瞬跳日历以及精准耐用的机芯闻名于世。本着实用精神研发各种新技术，拥有多项技术专利，实际应用到产品上仅为凤毛麟角。

积家

JAEGER-LECOULTRE

Grande Reverso 976

06 翻转表壳妙趣生

48.5×30mm不锈钢表壳／时间指示／Cal. 976手上链机芯／蓝宝石水晶镜面、透明底盖，可翻转表壳／防水30米

Reverso可翻转式表壳始于1931年，当初是为了从事马球运动时可以将表壳翻转，用金属底盖保护较为脆弱的镜面。没有想到，这独特的设计为腕表带来耳目一新的面貌广受欢迎，流传至今，衍生出搭载各式机芯的款式，已成为积家最经典的系列之一。本文介绍的这款将翻转表壳的背面改成透明底盖，虽然不似原设计那样能达到保护机芯的作用，然而对一般人来说，能欣赏到精美的机芯更令人欣喜。内载自家的976手上链机芯，采可变惯性摆轮与双臂式摆轮桥板，结构已属上乘；其时针能以每小时为间隔单独调校，不影响到分、秒运作，对国际旅者来说十分便利。表盘上饰以巴黎钉纹，小秒针盘略微下凹，颇有视觉上的层次感。

BRAND INTRODUCTION

让技术回归时计本质

近180年历史的积家创作了超过1000枚的机芯，品质优良连瑞士最顶尖的同业都要使用她的产品。旗下表款从基本实用到极其复杂的工艺杰作都有，相同的是在精准度上都有着积家的坚持，连陀飞轮都能在2009年的精准度比赛中得到第一名。目前绝大多数腕表都通过1000小时的全面测试，品质极为可靠。

文武双全伴身旁 07

欧米茄

OMEGA

Aqua Terra

直径41.5mm不锈钢表壳／时间、日期指示／Cal. 8500自动上链机芯，天文台认证／蓝宝石水晶镜面、透明底盖／防水150米

谈到欧米茄的海马，通常直觉想到的是带有潜水表圈的款式，但实际上海马的原型相当斯文，并非潜水表的样貌；相对来说，Aqua Terra反而更可说是元祖海马的现代版。当今的款式既可温文秀雅亦能展现运动性格，不管是西装笔挺参加晚宴，或是换上泳装下海戏水，你能放心的继续佩戴着她而无其他忧虑。此款表盘作立体直纹的设计，灵感来自游艇的甲板，指针与小时刻度都做了打磨与倒角，相当精致。内置的机芯为欧米茄自制，采用独家的同轴擒纵系统，强化耐用程度；双发条盒提供60小时的充足动力；微调螺丝摆轮与双臂式桥板则创造了精准稳定的优良体质；机板造型与自动盘纹饰都具美学设计，显得很有活力。

BRAND INTRODUCTION

日益精进更现光荣

欧米茄是多数人都认识的品牌，在各年代中生产了不少具代表性的作品，登月表与长年赞助奥运计时为其精准可靠的证明，而与007及许多明星的合作，则让人留下深刻的印象。目前在技术上最具特色的为独家的同轴擒纵机芯，实际量产已超过10年，2011年全新同轴计时机芯诞生，技术更臻成熟。

腕间的飞行仪表 08

万国表

IWC

Mark XVI 马克16

直径39mm不锈钢表壳／时间、日期指示／Cal.30110自动上链机芯／蓝宝石水晶镜面／防水60米

BRAND INTRODUCTION

高端工艺低调设计

1868年一位美国人到瑞士德语区沙夫豪森创设了万国表厂，随即以稳定耐用的怀表深受肯定。其表款皆有德式低调却重实质的特色，历年来的著名作品包括葡萄牙、工程师、飞行员、达文西、柏涛菲诺等系列；技术上则以比勒顿上链装置与可由表冠调校所有功能的万年历计时机芯为主要发明。

万国的马克系列飞行表是一个传奇，其中最为人津津乐道的是1948年开始生产的马克11，搭载89型手动上链机芯的这款腕表，供应给英国皇家及部分大英国协空军使用，之后也开放给民航单位，获得一致的好评，直到1980年前后才停止生产，期间有许多细微的外观变化，但机芯则都是相同的。1994年，万国推出后继的马克12，换装积家自动机芯，引起很大的关注。目前的版本是本文介绍的马克16，表径加大且换成更易于辨识的大型指针，仍维持原来的飞行表特色；其中最为特别的是表壳内部和马克11相同，加了一层软铁防磁罩，早期是为了隔绝驾驶舱内各种磁场的影响，而在现代充满电子磁场的环境中也相当有实用价值。

低调内敛重精准

09

精工

SEIKO

Grand Seiko 自动腕表

直径37mm不锈钢表壳／时间、日期指示／Cal. 9S65自动上链机芯／蓝宝石水晶镜面、透明底盖／防水100米

Grand Seiko是1960年精工以创作“理想的腕表”为出发点而开发的表款，她的外表平实，质感却十分出众；同时具有精准稳定的高实用性。这个表款的面世代表着日本人挑战瑞士制表业的雄心壮志，日后还以每小时三万六千转的高振频款式达到日差仅在正负两秒以内的超高标准，证明其技术已有极高的水平。1988年新一代的GS兴起，并订下比瑞士天文台认证还要严格的测试标准，为表坛注入一股回归时计本质的清流。本文介绍的现行款式传承了追求理想腕表的精神，其日差控制在-3至+5之间，机芯的擒纵轮与擒纵叉采微机电铸技术，摩擦力更小且更轻盈；游丝使用等时性更佳的新材质；发条加宽以达到三日动能储存，性能优异。

BRAND INTRODUCTION

所有零件完全自制

十九世纪末日本已朝西化之途迈进，精工便是在这样的背景下成立，此后透过不断学习与研究，不但发展了兼具机械与石英优点的Spring Drive机芯，而且成为世上极少数能自行生产所有钟表零件的品牌。早期精工的高端腕表只在日本国内供应，近年来则逐渐外销打入国际市场，获得很高的评价。

宝珀

BLANCPAIN

Fifty Fathoms 50 噚自动腕表

为专业潜水而作 10

直径45mm不锈钢表壳／时间、日期指示／Cal. 1315自动上链机芯／蓝宝石水晶镜面／防水300米

宝珀的50噚腕表诞生于1953年，所谓的“噚”是长度单位，50噚约为91.5米，这是当时少数能深入水下近乎百米的潜水腕表之一。开发的灵感源自于法国海军战斗潜水部队所提出来的专业需求，宝珀不但达到了防水标准，还使用了新式的单向旋转潜水表圈，随后获得法国海军与海洋探险队的青睐而参与了多项重要的活动。1997年，宝珀将此型表款的防水深度提升到300米，更于2003年表款发表五十周年之际，以搭配蓝宝石水晶表圈的限量版本做为纪念，其设计成为现今版本的基本样貌。目前的款式搭载宝珀自家的自动上链机芯，配备无快慢针的微调螺丝摆轮及5日储能的三发条盒。坚实的底盖内还有一层防磁盖以阻绝磁场的干扰。

BRAND INTRODUCTION

历史悠远的机械表厂

宝珀创始于1735年，是目前有记录的最早表厂。其自动上链的1735大复杂功能腕表集三问、追针计时与陀飞轮装置等复杂功能于一身，品牌非同凡响的技术不言可喻。自同集团的FP机芯厂归属宝珀麾下后，机芯的开发能力更上层楼。近年发表的一系列全新机芯及三问卡罗素等等，无不令人心情大振。

Chronograph 进阶

当代计时码表最独创设计

计时码表可说是机械钟表发展史下的一项重要功能，
尽管至今计时码表被认为只不过是，
进阶型的复杂功能，但其实这一路走来，
其难度却不亚于其他高端复杂功能的研究开发，
计时码表的功能目标，就是计算速度与时间，
尽管万变不离其宗，其实还是能从中变化出不同的视觉或操作方式。
正因为尝试着设计的同中求异，一切均必须重新排列组合，
包括机芯结构、数据显示等，并演化出不同的机种。
或许你从不知道计时码表有什么不同，
相信经此单元的介绍后，能对这些独家设计进一步认识。

爱彼表

AUDEMARS PIGUET

Royal Oak Offshore Carbon Concept Tourbillon

首见直线型计时设计 01

直径44mm陶瓷表圈、锻造碳表壳／时间指示，计时码表功能，陀飞轮装置／2895手动上链机芯／蓝宝石水晶镜面、透明底盖／防水100米

2002年爱彼在推出Royal Oak Concept，以先进的制表技术打造出概念性计时陀飞轮表，后来采用相同机芯，推出锻造碳表壳版本Royal Oak Offshore Carbon Concept Tourbillon。这款表使用爱彼自行开发的2895机芯，除了一般表迷都会注意的陀飞轮结构外，它也是新材质的竞技场，2895机芯是现代化设计的楷模，线条与材质配置让它看来简单，实则极度复杂，自古以来瑞士制表习惯上会将复杂的功能及架构尽量展现于外，也许受到时代艺术潮流影响，外观极简，内里复杂的表几乎是近一世纪以来才有的设计理念。

两位数字的分离式直线型积分指示，机构本身就不可能简单，直线型行走的指针必须比传统齿车多出几次转换的步骤，才能把原本圆形的运动转换为直线往复运动，多半是透过齿车／齿棒结构达成。这款表属于材质与机构同步创新的产品，不论是阳极硬化处理的铝合金材质，或是用来处理三维造型的锻造碳工法，对制表业来说都是极新的尝试。

CAL.2895

计时模式：导柱轮水平离合
推出年份：2008
技术资料
机芯直径 34.6mm
机芯宝石数 31石
机芯零件数 384枚
机芯震频 21,600 vph
动力储存 290小时
上链方式手动上链

朗格

A. LANGE & SÖHNE

Double Split

唯一追分追秒的双追针

02

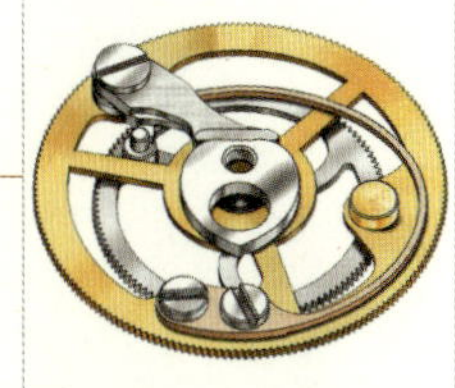

直径43mm铂金表壳／时间指示，双追针计时码表功能／L001.1手动上链机芯，动力储存38小时／蓝宝石水晶镜面、透明底盖

朗格的分秒双追针灵感不在现代，而由一只老朗格上找到想法。2004年推出的Double Split Second第一只量产的分秒双追针表，机芯里有一组专利离合系统，让追针轮与秒针轮在一动一静时完全分离，避免只有一根计时针运转时受到停止的追针秒针（主要是轮对轮）牵制，降低计时准确度。朗格认为这是追针计时结构里的一大缺点，于是想出方法解决这个问题。朗格使用两次追针机构分别处理积秒及积分的状态，能测量的时间范围由60秒扩大到30分钟。追针结构相当于把两个拥有心形凸轮的计时轮放在一起（同心圆上下重叠），也就是原本计时轮做成两个，各与一根秒针结合，让秒针及追针像时、分针的外观一样，中间加挂一个离合器，于是两个轮可以同时运作、也可以一走一停，一停一走。朗格的机构包括一条簧片、一根控制计时轮与心形凸轮的耦合连杆以及外部的控制连杆，它的复杂度，便比其他追针计时结构复杂一倍以上。

L001.1

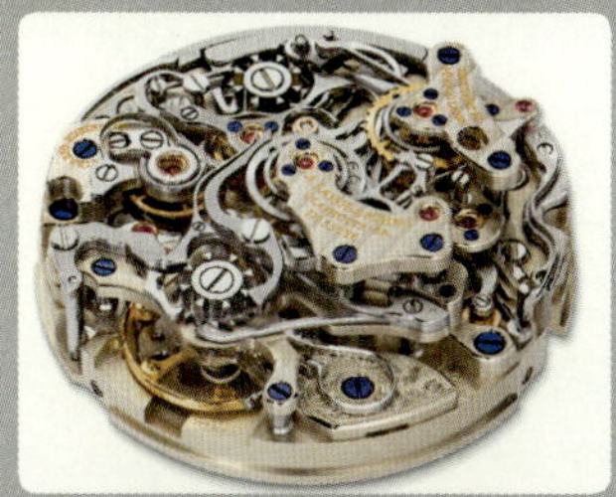

计时模式：导柱轮水平离合
推出年份：2004
技术资料
机芯直径 30.6mm
机芯宝石数 40石
机芯零件数 465枚
机芯震频 21,600 vph
动力储存 38小时
上链方式 手动上链

沛纳海

PANERAI

Luminor 1950 8 Days GMT

动力储存时间最长

03

直径44mm不锈钢表壳／时间指示，八日动力储存，两地时间，计时码表功能／P.2004/1手动上链机芯／蓝宝石水晶镜面、透明底盖

P.2004

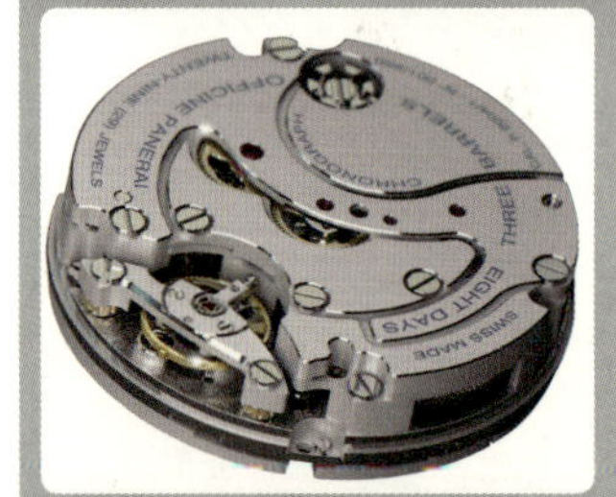

计时模式：垂直离合
推出年份：2007
技术资料
机芯直径 31.8mm
机芯宝石数 29石
机芯零件数 321枚
机芯震频 28,800 vph
动力储存 192小时
上链方式 手动上链

沛纳海在2007年推出首枚计时码表机芯P.2004，这枚计时码表机芯以单按把形式呈现。透过一枚计时按把操控计时码表的启动停止与归零，而且还拥有计时码表中最傲人的八日动力储存。

P.2004采用导柱轮与垂直离合结构，透过这两个机制，计时机制能运作稳定、精准度高，P.2004的积分针采用跳分式累计，这向来是鉴赏码表时令人在意的重点，原本只是为了不混淆正确的积分时间，但与正常运行的积分针相比，跳分方式的趣味性更令人满意。

沛纳海的三发条盒更有它特贯之处，一般多发条盒有两种形式，一是先后动作、二是同步动作，相当类似电路上的串联与并联；而沛纳海这三枚发条盒是两者同步，集结了两种设计的精华。直线型八日储能指示、中央的24小时指针与9点方向在恒动小秒针之下的日夜指示指针都是沿用沛纳海P.2002机芯的配置，在其他计时码表上，都看不到这样独门的做法；加上沛纳海特有的外观造型，的确能掳获不少死忠表迷的心。

机芯最薄的计时码表

04

伯爵

PIAGET

FortyFive

直径45mm表壳／时间指示，日期窗，24小时制两地时间，飞返计时码表功能／880P手动上链机芯／蓝宝石水晶镜面、透明底盖／防水100米

880P是一枚导柱轮、垂直离合结构、自动上链的超薄计时机芯，三层机板构造加上自行设计的复杂机构，厚度却能控制在5.65mm，是非常傲人的成就，这枚机芯动力来源使用双发条盒，储能时间约为50小时，由于一开始就采整体式设计，因此从摆轮面看去，除了导柱轮之外，并不会见到其他的计时组件；露出导柱轮相信是为了视觉感受，否则以它全尺寸自动盘的构造，要把导柱轮盖得不露一丝痕迹也是易如反掌。它的计时结构在自动盘下第一层，之后才是走时轮系及历象功能，与传统导柱轮结构机芯大不相同，可以证明这是一枚从头开始全新设计的机芯。

由于采用垂直离合结构，让它省去水平离合所需的计时模组夹板及可移动的离合中间轮，相信在缩减厚度上绝对有帮助；除了一般计时功能外，它还有飞返功能，另附双时区，在880P这么狭小精确的空间里再塞进额外零件仍旧不是易事。

880P

计时模式：垂直离合
推出年份：2009
技术资料
机芯直径 26.8mm
机芯厚度5.65mm
机芯宝石数 35石
机芯震频 21,600 vph
动力储存 50小时
上链方式 自动上链

积家

JAEGER-LECOULTRE

Amvox2 Chronograph DBS

按压表面操作计时

05

直径44mm钛合金表壳／时间指示、日期窗、计时码表功能／751B自动上链机芯，动力储存72小时／蓝宝石水晶镜面／防水50米

751B

计时模式：垂直离合
推出年份：2006
技术资料

机芯直径 26.2mm
机芯厚度 5.63mm
机芯宝石数 41石
机芯震频 28,800 vph
动力储存 72小时
上链方式 自动上链

积家AMVOX2 Chronograph Concept在外形设计上特别简单，它就是非常平凡的圆形表壳，没有计时码表常见的按把。然而这平凡来自机构设计及制作上的伟大。它的操作方式令人讶异：直接按压表面操作计时功能。安装在这只表上的机芯，即使与再贵十倍的对手相比都不会逊色，751B自动机芯，是积家新一代计时机芯，采用导柱轮与垂直离合结构，这颗机芯被许多表迷视为制作最精良可靠的计时机芯，有许多使用实例证明它的机构坚固而可靠。

AMVOX2用精密的连杆与镜面相连，按压镜面上半部是启动停止，按压镜面下半部是归零。表盘配置也相对特殊，没有采用传统的积时、积分针，而采用小转盘，9点方向有额外的开关档位显示，在6点钟方向则有储能指示，小转盘耗去能量会稍多于指针型指示；因此它有着更高的能量储备，达到72小时。

惊人最高速72,000转

06

宝玑

BREGUET

Type XXII 3880

直径42mm不锈钢表壳／时间指示、第二时区与飞返计时功能／Cal.589F自动上链机芯，硅擒纵装置与硅游丝／蓝宝石水晶镜面／防水100米

宝玑推出的Type XXII计时码表有着很独特的功能配置，恒动小秒针与计时秒针每行走一圈是30秒，而积分针每行走一圈是30分钟，12点方向的视窗，是用来指示计时秒针位于每分钟的第一圈或是第二圈！高振频的表当然相对精准，但它的寿命跟一般振频的表比起来却会明显降低；在擒纵结构上更是明显，而且它的零件折损程度绝不线性，因为擒纵结构的能量传递方式并非齿车啮合，而是透过“撞击”，撞击次数提高一倍，对钢质擒纵轮的折磨不会只提高一倍。除了零件本身的耐久程度之外，当然也解决了宝玑先生在世时最大的困扰：“您给我最好的润滑油，我给您最准的表！”，硅质五番车让润滑造成的问题大幅消弭。此外它也附加了飞返功能，表盘亦有两地时间24小时指示，在更换硅质擒纵结构与游丝之后，更让它成为一款杰出而独特的计时码表。

589F

除了超高振频之外，它采用宝玑协同开发的硅质擒纵结构以及平面硅质游丝，或许这也是它能把振频提高成一倍以上，却还能准确、持久运行的法宝。背面开出一个小型视窗，可见硅质擒纵，也可见饰以红色格纹的自动盘。

单圈10秒的计时创举 07

真力时

ZENITH

El Primero Striking10th

直径42mm18K玫瑰金表壳／时间指示、日期窗、计时码表功能／El Primero 4052B自动上链机芯，动力储存50小时／蓝宝石水晶镜面、透明底盖／限量500只

4052B

计时模式：水平离合
推出年份：2010
技术资料
机芯直径 30mm
机芯宝石数 31石
机芯零件数 326枚
机芯震频 36,000 vph
动力储存 50小时
上链方式 自动上链

ZENTIH在2010年推出全球首只1/10秒跳秒计时码表El Primero Striking10th，它是首款能够显示1/10秒跳秒间隔的自动上链计时码表。除了在运行时与传统计时码表有差异之外，在机构上更是需要大量的修改或是创新设计。

在它的原始设计里，中央计时秒针可以预设为3秒或4秒一圈，端看齿比设计的差异，最终商业化的版本显示在耐久性与刺激性上做了均衡选择。计时秒针绕圈速度越快，看起来越新奇、但肯定会减少机芯的使用寿命，从4秒加到10秒一圈，应该能让零件的磨耗程度大量降低。 跳秒的精髓其实在于“正确地指示出最小的时间间隔”，意即每次按下停止按把，秒针都应该指向最小刻度，在El Primero这一系列机芯上，就应该是1/10秒，但在传统表盘配置绝不可能发生，因此ZENTIH更改每秒刻度的距离，运用计时码表原本的特性，就顺利制作出能正确指示1/10秒的作品，同时不增加机芯的复杂程度，也不减损耐用程度，的确是很理想的制表技术演进历程。

优化高振频机芯

08

豪雅

TAG HEUER

Carrera Mikrograph 1/100th Second Chronograph 计时码表

直径43mm的18K玫瑰金材质/Mikrograph 1/100 th sec.自动上链计时机芯/防水100米/限量150只

擒纵装置不但是腕表里运作最频繁的结构，稳定的提供动力给摆轮，进而产生均等且精确的时间，也是其存在的目地，除了在材质开发上要求耐用度更高，加快振频的速率使准确度提升也是近来的趋势，常见的28,800转只是最基本的速率，豪雅推出的Calibre 360机芯以360,000转的速度傲视群伦，2011年机芯再度进化，搭载于Carrera Mikrograph 1/100th计时腕表上，飞快的计时速度与天文台认证的保证足以作为高振频计时码表的代表。

Caliber 360最早于2005年推出，原本是把两枚不同的机芯叠起来，一枚是360,000转的高振频手上链计时机芯，另一枚则是走时的28,800转机芯，虽达成了1/100秒计时的目标，但豪雅仍不忘持续精进，本次将上下相叠的两个机芯整合为一枚机芯，除了从透明底盖可见机芯依然保有两个擒纵装置之外，也从手上链改为自动上链，原本在表盘六点钟位置的1/100秒计时盘也成为中央计时秒针，让佩戴者能好好欣赏速度与力道都更快的计时动态。

MIKROGRAPH 1/100

机芯重新整合

原本的两枚机芯整合为一枚之后，除了双发条盒设计，也可在底盖看到两个擒纵装置，还有镀黑的夹板等，看起来科技感十足。

09 高达1/100秒精确计时

F. P. JOURNE

Centigraphe Souverain

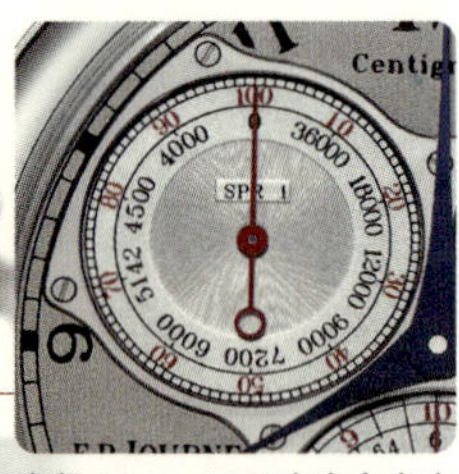

直径42mm18K玫瑰金表壳／时间指示、1/00秒、20秒、10分钟计时码表功能／1506手动上链机芯，动力储存100小时／蓝宝石水晶镜面、透明底盖

1506

计时模式：导柱轮水平离合
推出年份：2007
技术资料
机芯直径 34.4mm
机芯厚度 5.6mm
机芯宝石数 49石
机芯震频 21,600 vph
动力储存 100小时
上链方式 手动上链

Centigraphe Souverain是绝对不同于以往的计时码表，计时长度只有十分钟，但设计理念非常清晰，两项诉求是计时与测速。计时精确程度高达1/100秒，表盘上有三支计时针，其中一支就是1/100秒计时针，每秒钟会旋转16圈。虽然不是业界首创的1/100秒机械计时机芯，但结构仍有无可比拟的优越性。

它的做法是在四番车旁边多加一台齿车，透过垂直离合结构连接到1/100计时针的齿车上，这样的设计有两项特点，其一是1/100计时针受到走时轮系以及计时轮系两组动力的推动，精确度更高；其二则是垂直离合结构本身不像用中间轮进行离合动作，不会受到齿车啮合的影响而拖累精确度，因此理论上它的1/100秒针可以停止在任何位置上。Centigraphe的另一项重点是测速，因为计时精度高，因此“理论上”可以测到时速36万公里的物体，相当于火箭飞出大气层时的速度，但实际上，人手是这个过程产生误差的最大原因，由人眼看到被计时的物件开始到停止，再用大脑指挥手指压下按把，精确度比机芯差太多了。

怀表般的大尺寸机芯 10

万宝龙

MONTBLANC

Villeret 1858 Grand Chronographe Authentique

直径47mm铂金表壳／时间指示、计时码表功能／Minerva 16-29手动上链机芯／蓝宝石水晶镜面、透明底盖／限量1只

Grand Chronographe Authentique单按把30分钟计时码表，巨大的表壳尺寸高达47mm，它不像其他厂在大表风潮里打肿脸充胖子，大表壳里只是纤细的机芯，而是装上了来自Minerva直径为38.4mm的Cal.16-29机芯。

依照Minerva的命名规则，Cal.16-xx应该是它研发出的第16款机芯，依Cal.16-29的结构推断，出现的年份应该在1936～1940年左右。这是一款使用当时所有主流结构的机芯，Y字形的计时桥板，可配合单按把或双按把的导柱轮控制结构，计时齿系的动力由四番车透过中间轮传送或断开（也就是惯称的水平离合）。

Minerva是极尽奢华之能事，采用附补重螺丝摆轮、快慢针附加鹅颈式微调；机板跟桥板用上俗称德国银的镍铜打造再镀铑、所有计时用簧片跟连杆都以手工打磨，整体已达到最顶级水准。

16-29

计时模式：导柱轮水平离合
推出年份：2008
技术资料
机芯直径 38.4mm
机芯宝石数 22石
机芯零件数 252枚
机芯震频 18,000 vph
动力储存 55小时
上链方式 手动上链

Records of Complication

纪录

你一定要知道的复杂功能纪录

针对复杂功能的突破，是每一家高级钟表品牌所追求的目标，
因为这象征品牌技术的基础。
不过既然有了目标，挑战的过程里就会留下纪录，
本单元介绍当代三大复杂功能的纪录代表，
包括三问、陀飞轮、万年历，
告诉你这些复杂功能内的第一，或许更是唯一，
也许这些纪录将会被后来者所打破，
但毕竟纪录是用来打破的，
最重要的是，代表了一种人类追求成长的野心。

复杂至极称第一

01

积家

JAEGER-LECOULTRE

Hybris Mechanica Grande Sonnerie 大自鸣腕表

直径44mm的18K白金表壳／跳时、分指示、大自鸣功能、陀飞轮装置、逆跳星期、日期、瞬跳月份万年历、走时及自鸣动力储存显示／Cal.182手动上链机芯，储能48小时／蓝宝石水晶镜面、透明底盖

能设定自动报时的大自鸣腕表已可说是复杂功能的极致，而此表内载的Cal.182手动上链机芯远远超过大自鸣的复杂度，它共有26项功能、1,300枚零件，由积家花了五年的时间才研发出来。表盘左侧外围是逆跳日期显示；镂空的部份上端可以欣赏到独家的音锤“Trébuchet Hammer（天平锤）”，下方则可看到控制报时的敲击顺序的Durnico蜗型控制锁，此新式装置可以减少报时、报刻、报分之间的等待时间。表盘右侧的圆盘中央是分中指针与跳时视窗，上缘为逆跳月份，下缘为逆跳星期。圆盘之上则有走时动力储存和闰年显示；之下为自鸣动力与大、小自鸣、静音的档位显示。其时间调校与自鸣切换的方式也很特别，分别由设于表冠左右的四个按把控制；而表冠其实是三问的启动按把，与众不同。

TECH CHECK POINT

技术达成困难点

在有限的表壳空间里面如何设计安排已是很大的挑战，更何况这款腕表不仅是最复杂，而且还具有多项独家技术。Cal.182手动上链机芯具备26种功能、13项专利与双翼上链系统、钛合金陀飞轮、螺旋弹簧型调速器、新型音锤、Durnico蜗型控制锁等特殊装置，不管从甚么角度来看，她都是十足厉害的角色。

万宝龙

MONTBLANC

Villeret 1858 Exo Tourbillon Chronographe 陀飞轮计时码表

最大摆轮陀飞轮 02

直径47mm的18K玫瑰金表壳／规范式时间、两地时间、日夜显示、计时码表功能、两地时间显示／MB M16.60手动上链机芯，储能55小时，四分钟陀飞轮装置／蓝宝石水晶镜面、透明底盖／防水30米／限量8只

表款名称中的“Exo”是希腊文“外在”的意思，代表着摆轮与框架分离的陀飞轮装置。传统上框架罩着摆轮转动，两者间容易相互干扰，分开来不但能有大摆轮的稳定优势，又能使运转更为顺畅。其摆轮直径高达14.5mm，震频每小时18,000转，在这种大尺寸与低频的搭配之下，这个号称为腕表心脏的重要部位真如心脏般一收一缩，好似有生命似的，增添了欣赏的乐趣。陀飞轮下方左边的针盘显示走时秒针；右边是30分钟计时针盘，以同一根指针的长短两端分别对照半圆形的内外刻度使用；主针盘上有金色与蓝钢两枚时针，后者搭配主针盘右侧的日夜指针显示原居地的时间，若第二地时区无需显示，则两根时针会重叠合一。八时按把做计时之用；表冠上的按把则可开启表背实心揭盖。

TECH CHECK POINT

技术达成困难点

最难的是创意。一般摆轮等擒纵装置都理所当然的置于框架之内，所以摆轮一定要比框架小才行。大型摆轮虽具有稳定性与美观的优势，然而，若框架跟着加大，对能量的损耗恐有负面影响，因此万宝龙将固定擒纵轮与擒纵叉的框架移到摆轮与游丝的下方，创作出摆轮比框架大的陀飞轮结构。

伯爵

PIAGET

Emperador Coussin Automatic Tourbillon 自动上链陀飞轮腕表

最薄自动陀飞轮 03

直径46.5mm的18K玫瑰金表壳／时间、表背动力储存显示／1270P自动上链机芯，储能40小时／蓝宝石水晶镜面、透明底盖

向来以坐垫形表壳展现优雅出众气质的Emperador Coussin系列，在2011年以搭载全新1270P机芯的表款创下最薄自动陀飞轮腕表的纪录，全表厚度只有10.4mm，这是伯爵技术与创意的结晶。在此之前，伯爵的长方形600P手动陀飞轮机芯与圆形的1208P自动上链机芯都已创下该类机芯的最薄记录，如今融合两者的技术与外形，打造了既方又圆的坐垫造型机芯，并装置于坐垫形的表壳里，可谓量身定做，成本颇高。表盘以饰有放射纹的蓝宝石水晶制成，其下的机械结构隐约可见。随手腕转动而不断变换位置的金质自动盘像是活动珠宝般装饰着表盘，同时呼应着陀飞轮规律旋转的作动。背面的实心底盖上有两个视窗，一可见陀飞轮背面样貌；二为动力储存显示，两者与底盖上的伯爵家徽鼎足而立，平衡好看。

TECH CHECK POINT

技术达成困难点

超薄机芯的轮系排列、零件厚度等都要经过仔细的计算，才能在无损功能性及耐用度的情况下达到超薄的标准，以1270P机芯来说，厚度只有5.55mm，某些齿轮仅0.12mm，只比发丝厚一点点，这在加工难度与耐用性方面都是极大的挑战。表壳除了外形之外，各部分的厚度也要斤斤计较，达到纤薄而坚固要求。

真力时

ZENITH

Christophe Colomb Equation of Time

最高震频陀飞轮 04

直径45mm的18K白金表壳／时间、动力储存显示、时间等式功能／Academy 8804手动上链机芯，储能50小时，陀螺仪陀飞轮装置／蓝宝石水晶镜面、透明底盖／防水30米

在两百多年前怀表总是在口袋里以固定的姿态安置着，当时宝玑大师发明的陀飞轮确实是抵抗地心引力的有效设计；然而现在的腕表常随着手腕姿势的变换而改变摆轮与地表的角度，陀飞轮的效果已不明显。当各界正逐渐把陀飞轮当作工艺装饰的时候，ZENITH从永远保持水平的精密航海钟得到改良传统陀飞轮的灵感，产生了将陀螺仪与陀飞轮结合的构想，费时五年的研究，终于发表了这款机芯，并先后应用于零重力陀飞轮腕表与哥伦布腕表。这个装置不管手腕如何动作，永远都会自动调整为陀飞轮水平旋转的状态，以减少引力对摆轮的影响，理论上会更为稳定。在镜面与透明底盖上都以凸出的半球体的蓝宝石水晶覆盖此一装置，因此能清楚欣赏这个特殊陀飞轮的运作。

TECH CHECK POINT

技术达成困难点

此款的设计是每小时36,000转的高速陀飞轮，不停运转的摆轮、陀飞轮框架及随时都要保持水平的陀螺仪装置都要在持续运动的情况下，保证各部零组件维持在正确的工作位置，这需要极为精密可靠的工艺。整个陀螺仪陀飞轮包含166零件、10个圆锥形齿轮与2个旋转轴线，光要动起来就很不简单。

钢壳金芯造三问 05

F.P. JOURNE

Repetition Minutes Souveraine 三问腕表

直径40mm的不锈钢表壳／时间、动力储存显示／Cal.1408手动上链机芯，储能56小时，三问报时功能，玫瑰金机板／蓝宝石水晶镜面、透明底盖

一般三问这样高阶的复杂腕表都会采用贵金属表壳，然而，在绝大多数产品都使用贵金属材质的独立制表师品牌F.P. JOURNE，竟然选择不锈钢表壳作为这个高端产品的外衣。探其原因是品牌认为这样的报时音质清脆响亮好过贵金属表壳，故一反常理做此搭配。此表的两个音锤上下重叠高调的呈现在表盘左侧，而三问滑杆低调的设于十点钟位置，将滑杆往八点钟方向拉下的同时为报时装置上链并设定报时齿棒的正确位置，滑杆回到原点后，两个音锤开始敲击旁边被表盘遮住的镰刀形音簧发出报时声响，同时从表背则可欣赏到快速旋转的调速装置，在视觉与听觉上都能得到满足。此款机芯以玫瑰金制成，音簧、报时齿棒与调速器皆为全新改良的形式，报时精确、音质优良且噪音极小。

TECH CHECK POINT

技术达成困难点

多年前F.P. JOURNE开始改以18K玫瑰金材质打造旗下所有机芯的机板、夹板，这不但漂亮尊贵而且不易氧化损伤。许多一线名厂仍使用黄铜制作，少数用镍银材质，全面用玫瑰金做的仅此一家。玫瑰金与黄铜的加工难度相近，但成本却贵很多，用玫瑰金打造机芯的最大难度则在于考验着表厂的诚意与魄力。

三问最薄最通透 06

江诗丹顿

VACHERON CONSTANTIN

Maitres Cabinotiers Skeleton Minute Repeater 阁楼工匠镂空三问表

直径37mm的铂金表壳／时间显示／Cal.1755 SQ手动上链机芯，储能34小时，三问报时功能／蓝宝石水晶镜面、透明底盖

TECH CHECK POINT

技术达成困难点

一般复杂腕表因为零件多，要镂得通透且要兼顾机板的强度并不容易。而这款腕表所使用的机芯剃除了一半以上的机板，以人手修饰、雕刻、打磨、组装、调校所有零件，要花费320小时以上才能完成一枚机芯。这款机芯只有3.28mm的厚度有助于镂空效果的呈现，然而较小的零件也提升了制作的难度。

镂空表最迷人之处就是可以直接欣赏到机芯的内在美，一般来说结构越单纯的机芯越能展现镂空工艺，而这款复杂的三问腕表能呈现出如此通透的美感，全拜内载的超薄机芯之赐。江诗丹顿于1993年发表了这枚当时最薄的三问机芯，为了纪念这难能可贵的工艺杰作，便以品牌的创始年份1755做为机芯的编号。此后，在江诗丹顿最高等级的阁楼工匠系列中便新添了搭载此型机芯的三问腕表，而此款镂空版本亦为其一。借由蓝宝石水晶表盘得以一览下方镂空金雕机芯的各部细节，擒纵轮、擒纵叉的运作与拉下报时滑杆时的机械联动皆清楚映入眼帘，而其他轮系也隐约可见。背面则更清楚的呈现了整个走时轮系及音锤、音簧等。因为机芯通透，对于声音传递的干扰少，音质空灵悦耳。

芯最小防水最深 07

宝珀

BLANCPAIN

LÉMAN Minute Repeater 自动三问表

直径40mm的钛金属表壳／时间显示／Cal.351自动上链机芯，储能40小时、三问报时功能／蓝宝石水晶镜面／防水100米

TECH CHECK POINT

技术达成困难点

此款机芯直径23.9mm，厚度4.85mm，共360枚零件。相较于前述两款三问机芯都在31mm上下的直径，相当小巧。因直径缩减，许多原来罗列在同一平面上的结构便要改成上下相叠，而厚度仍控制在正常范围内，技术上的挑战并不在超薄机芯之下。小尺寸留下更多空间给防水结构，而能达到100米的防水效果。

三问腕表属鉴赏级别，因此很少会考虑到日常的实用性问题，然而，宝珀这款三问表却是实用复杂腕表的典范；低调的外形将多数三问腕表刻意强调的报时滑杆含蓄的安排在表壳侧缘，在任何场合佩戴都不至于引人侧目；更好的是具备有100米的防水性能，即使泡在水里也不会进水，在各种生活环境中使用都无后顾之忧。三问表因为报时滑杆的关系，难以提升防水性能，因此多数三问的防水性不佳；而这款腕表因机芯小的优势，表壳有更多空间用来安置防水结构，不但表冠、底盖都为旋入式，滑杆部份也有特殊处理，这大概是唯一适合户外活动的三问腕表了。实金的表背上有一个小型透明视窗，可以欣赏音锤敲击的作动。表背可以按客户需求以手工精雕各种文字或是图案，非常有个人化风格。

法兰穆勒

FRANCK MULLER

Aeternitas 5 永恒万年历腕表

直径49.65x61mm的18K白金表壳／时间、日期、星期、月份、年份、闰年、月相、日夜、两地时间、时间等式显示／FM 3430 T CCR QPS自动上链机芯，储能8日，陀飞轮装置、永恒万年历、追针计时码表功能／蓝宝石水晶镜面／防水30米

TECH CHECK POINT

技术达成困难点

目前通用的公元纪年是以格雷高历法为基础，通常年份只要能被4整除即为闰年，然而，在其年份为100的倍数时，则须能被400整除才算是闰年，因此2100、2200等都非闰年。一般的万年历腕表只要遇到这些年份便要回厂手动调整才行。而穆勒这款永恒万年历即使遇到这类年份也能自动调整，相当了得。

Franck Muller年轻的时候被誉为天才制表师，复杂功能腕表本是他的强项，只因有一段时间品牌的发展重心放在时尚款式，并且做得很成功，因此许多人对于其复杂工艺反而不太熟悉。事实上，穆勒在复杂腕表领域一直不遗余力，从早期的古典风格复杂腕表到Revolution系列再到现在的Aeternitas系列，不但复杂而且创意十足，令人过目难忘。以这款能够完全按照历法编序的永恒万年历腕表来说，可当作是万年历结构进化的里程碑。此外，还以独特的方式结合其他功能，如12时位置以逆跳显示的计时小时指针、1000年才会有一天误差的极精密月相、无限循环显示年份末三位数字的视窗以及时间等式、额外的两个时区时间显示等等，复杂又符合实用逻辑。陀飞轮的框架特别设计成FM字样，将品牌特色自然融于作品之中。

最薄万年历机芯 09

百达翡丽

PATEK PHILIPPE

Perpetual Calendar Ref.5139

直径38mm的18K白金表壳／时间、日期、星期、月份、闰年、月相、日夜显示／Cal. 240 Q自动上链机芯，储能45小时／蓝宝石水晶镜面、透明底盖／防水30米

此表的外形特征在于纤细斯文的表壳、表耳以及巴黎钉纹装饰的表圈，风格典雅又有点低调奢华的味道。内置的机芯以自家设计生产的Cal.240为基础加上万年历模组而成，模组设于表盘这一侧，因此从表背看起来和原本的240其实是一样的。现行的机芯都经过百达翡丽印记认证，在美学修饰与功能性的规范方面都在日内瓦印记之上，配备Gyromax砝码摆轮、自由缩放游丝并经冷热等时与五方位调校。为了节省空间达到超薄的目的，机芯采用22K金的微型自动盘为发条提供稳定的上链能量，自动上链轮系从自动盘开始逆时针方向沿着边缘排列，一路到发条盒，再接着到走时轮系，单纯而合理的机械结构亦为此基芯能经久耐用的原因之一。此表备有实金底盖与透明底盖两种形式供选用，相当贴心。

TECH CHECK POINT

技术达成困难点

超薄机芯的设计与制造确实需要很高的技术，但最难的是要能掌握薄度与耐用度之间的平衡，若顾此失彼也没有用。这款百达翡丽于1977年发表的Cal.240基础机芯的厚度为2.4mm，加上万年历模组后则为3.88mm，仍居超薄万年历之首。最难得的是240机芯经历30余年的时间考验，以实战证明它不但超薄，还很耐用。

亨利慕时

H.MOSER & CIE

Moser Perpetual 1 万年历腕表

数据显示最简单 10

直径40.8mm的18K白金表壳／时间、瞬跳日期、月份、表背闰年指示，万年历功能／HMC341.501手动上链机芯，储能7日，双发条盒，交换式擒纵模组／蓝宝石水晶镜面、透明底盖

TECH CHECK POINT

技术达成困难点

化繁为简不容易，要让仅止于赏玩的复杂工艺转化为成日常实用的一部份更难；但是这款腕表都做到了。这独特的万年历腕表单纯易读，操作简便，在任何时间随意向前或向后快调日期都无所谓，而这却是多数同类腕表的死穴。此外，即使从2月28日跳到3月1日，仍可在一秒内快速换日，非常难得。

将万年历功能实用化是这款腕表的最大贡献。她应用了几种方法，让万年历变得清晰易读且方便使用，甚至连维修的便利性都考虑进去。第一将月份指针设于中轴；其实宝玑更早这么做，只是宝玑的指针周围还是加了月份刻度，没有此款直接以时标做为月份刻度来得简洁。第二使用瞬跳大日期视窗；其日期盘有两层一个显示1到15，另一为16到31，因此同空间，日期可以大一倍，轻轻松松就看得清楚。第三表冠有档位设定；拉出第一段就是快调日期，停止后再拉出才会到调校时间的档位，因此不易误调。第四将少用的闰年指示移到表背。第五采双发条盒维持长动力并平均扭力输出。第六交换式擒纵模组将摆轮、游丝、擒纵轮、擒纵叉与桥板整合为一，方便维修。可谓面面俱到。

使命的承载

这轮巨舟，从百年的历史中驶来，带着风雨的洗礼和文化交流的使命，在浩淼的大洋里破浪乘风，稳健英武。

亨得利集团有限公司是全球最大国际名表零售集团，集团业务发展方向以中高档消费品的组合性分销为主，其中包括手表、珠宝、皮具、书写工具等。

亨得利集团与众多国际著名手表品牌供应商一直保持良好的合作关系，其中包括斯沃琪（SWATCH）集团、路威酩轩（LVMH）集团、历峰（RICHEMONT）集团、劳力士（ROLEX）集团以及DKSH 集团等。截至2011年6月30日止，亨得利集团共经销上述五大品牌所属及其他独立制表人所属之超过50个国际知名品牌，在国内40多个城市中拥有300多家批发客户；分销及独家分销多个国际知名品牌手表。

亨得利集团网络遍及大中华区域，目前零售体系包括四大类：三宝名表、盛时表行／亨得利、尚时表行以及单一品牌专卖店。截至2011年6月30日止，亨得利集团在中国内地，港澳地区及台湾地区共拥有378 家零售门店。

亨得利集团的“维修服务中心”、“维修服务站”及“维修服务点”三个层面的互动式客户服务网络为客户提供全方位服务，并以“技术先进、网络联保、管理高效、服务贴心”予客户及品牌供应商信心的保证。

另一方面，亨得利集团的珠宝业务拓展也进展顺利，相信珠宝将成为中国内地居民的另一个消费热点。

引领业界，继往开来

在昔日辉煌成就的照耀下，亨得利集团以先进的服务理念，怀抱对社会的责任，对文化交流与传承的使命，继续前行。

附注：

*亨得利集团系指亨得利控股有限公司及其附属公司（Hengdeli Holdings Limited, 二零二五年九月在香港联合交易所主机板上市，股票代号：3889）；亨得利集团有限公司（Hengdeli Group Limited）则为亨得利控股有限公司之下属子公司，注册地在香港。

*以上资讯截止于2011年6月30日，如有更新请参考亨得利名表网：www.hengdeliwatch.com

一本为时尚生活方式设计的钟表及美学实践志

时光转流逝，但大师的经典之作却永世流传。请您和我们一同进入亨得利的璀璨名表殿堂，欣赏登峰造极的顶级制表工艺，探知最新的名表创作及名表潮流，用人类的无限智力，保存时光的永恒美好。手表的购买都体现了爱表人士不同的购物需求与讲究品质的格调。亨得利集团精心整理了世界各地发生的资讯潮流，分享给所有爱表人士，让亨得利集团的传承（Heritage）杂志成为您休闲时光的最佳伴读。

诚邀各位于亨得利集团旗下各零售门店共同欣赏《传承》

E-Mail:chuancheng@xinyuwatch.com

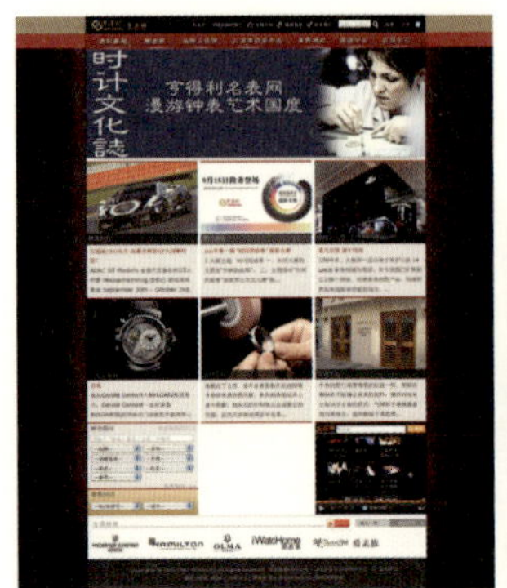

漫步腕表世界 徜徉尊享殿堂

全新上线的亨得利名表网秉承了亨得利集团“以客为尊”的宗旨，服务顾客以及广大手表爱好者。可以及时了解到最新最热门的表坛动态、各类亨得利集团门店活动、品牌腕表详细介绍以及亨得利集团旗下所有零售网点的搜寻与城市周边景点介绍，更有一系列不断更新的、精彩有趣的积分兑换与腕表抽奖活动，作为网站会员，您将获得最具魅力的体验与特殊礼遇，赶快加入我们一起来探索亨得利名表网吧！

敬请登录：亨得利名表网

http://www.hengdeliwatch.com

亨得利集团旗下零售店铺列表

城市	店铺	电话
北京	新宇三宝北京王府井旗舰店	010-65253490
	新宇三宝北京乐天银泰百货店	010-59785170
	新宇三宝北京赛特购物中心店	010-65257366
	盛时表行北京燕莎友谊商城店	010-64673950
	盛时表行北京翠微大厦店	010-68282228
	盛时表行北京城乡贸易中心店	010-68296609
	盛时表行北京翠微龙德店	010-84818170
	盛时表行北京双安店	010-62138820
	盛时表行北京翠微清河店	010-62931951
	盛时表行北京王府井百货大楼店	010-85115758
	盛时表行北京王府井丹耀店	010-65286155
	盛时表行北京新世界店	010-67080576
	盛时表行北京朝阳大悦城店	010-85523408
	盛时表行北京王府井百货大钟寺店	010-62678141
	盛时表行北京王府井百货大兴店	010-81290432
	盛时表行北京富力广场店	010-59037068
	尚时表行北京翠微牡丹园店	010-62020030
	北京东方广场劳力士帝舵专卖店	010-85186239
	北京三里屯天梭专卖店	010-64153955
	北京庄胜崇光一期四楼时尚店Guess专卖店	010-63101229
	北京新世界一期二层CK专柜	010-67089001-503
	北京赛特Fendi专柜	010-67089001-503
	北京世贸天阶天梭专卖店	010-65871381
	北京新世界利莹天梭专柜	010-84764200
	北京君太太平洋雪铁纳专柜	
	北京百盛古驰专柜	010-66535666
石家庄	苏州新宇世家石家庄先天下店	0311-85936689
	石家庄北国商城豪雅专柜	0311-85261116
太原	新宇三宝太原旗舰店	0351-4084360-602
	新宇三宝太原王府井店	0351-7887127
	新宇三宝太原天美新天地店	0351-8376181
	盛时表行太原华宇购物中心店	0351-8308326
	盛时表行太原天美店	0351-8225380
	太原北美新天地天梭专卖店	0351-7856536
	太原丰乐康斯登专卖店	0351-4075973
阳泉	苏州新宇阳泉北国商城店	0353-3338183
呼和浩特	盛时表行呼和浩特王府井店	0471-3356854
鄂尔多斯	盛时表行鄂尔多斯王府井店	
天津	盛时表行天津友谊名都店	022-60623506
	盛时表行天津海信广场店	022-23198240
	尚时表行天津滨江购物中心店	022-23390481
	尚时表行天津友谊新都市店	022-60861559
	尚时表行天津新世界百货店	022-27330820
	尚时表行天津友谊名都大港店	022-60901013
	尚时表行天津乐宾百货店	022-27168103
	尚时表行天津百盛店	022-58550513
	尚时表行天津劝业场南开店	022-60882155
	尚时表行天津永旺梦乐城店	022-59857110
	天津海信广场欧米茄旗舰店	022-23198100
	天津津乐汇天梭专卖店	022-23044950
	天津乐宾百货GUESS专柜	024-31981318
沈阳	新宇三宝沈阳秋林店	024-23834888
	盛时表行沈阳商业城店	024-24848448-7168
	尚时表行沈阳新世界三店	024-23417638
	盛时表行沈阳新世界四店	
	尚时表行沈阳百盛店	024-83280300
	沈阳中兴商业大厦积家专卖店	024-23410898
	沈阳中兴商业大厦万国专卖店	024-23410898
	沈阳中兴商业大厦萧邦专卖店	024-23410898
	沈阳中兴商业大厦朗格专卖店	024-23410898
	沈阳中兴商业大厦沛纳海专卖店	024-23410898
	沈阳中兴商业大厦欧米茄专卖店	024-23410898

新宇三宝北京赛特购物中心店

接待地址：北京市建国门外大街22号赛特购物中心1F

咨询电话：010-6525 7366

盛时表行北京王府井百货大钟寺店

接待地址：北京市北三环西路甲18号中坤广场D栋hQ尚客商场1F

咨询电话：010-6267 8141

城市	店铺	电话
沈阳	沈阳中兴商业大厦雷达专卖店	024-23410898
	沈阳新世界三店天梭专卖店	024-23417638
	沈阳中街恒隆广场欧米茄旗舰店	024-31099050
	沈阳中兴商业大厦艾美专柜	024-23410898
	沈阳中兴商业大厦康斯登专柜	024-23410898
	沈阳中兴商业大厦名士专柜	024-23410898
	沈阳中兴商业大厦豪雅专柜	024-23410898
	沈阳中兴商业大厦汉米尔顿专柜	024-23410898
	沈阳中兴商业大厦雪铁纳专柜	024-23410898
抚顺	盛时表行抚顺百货大楼店	0413-2610653
	抚顺新玛特店	
哈尔滨	新宇三宝哈尔滨邮局店	0451-53656199
	盛时表行哈尔滨中央大街店	0451-84676972
	盛时表行哈尔滨新世界百货店	0451-53651692
	尚时表行哈尔滨新一百店	0451-87127296
大庆	盛时表行大庆百货大楼店	0459-6662218
乌鲁木齐	盛时表行乌鲁木齐王府井百货店	0991-2208228
	世纪名表乌鲁木齐中山路店	0991-2819621
	世纪名表乌鲁木齐汇嘉店	0991-2338065
	世纪名表乌鲁木齐丹璐购物中心店	0991-2838318
	世纪名表乌鲁木齐东方100店	0991-2838318
	世纪名表丹璐时尚百货浪琴专厅形象店	0991-2322035
	世纪名表七一酱园综合购物中心店	0991-2828562
昌吉	世纪名表昌吉飞马店	0994-2366399
	世纪名表昌吉汇嘉店	0994-2266868
喀什	世纪名表喀什汇嘉店	0998-2588585
	世纪名表喀什莱雅店	0998-2572616
库尔勒	世纪名表库尔勒人民店	0996-2683881
	世纪名表库尔勒汇嘉店	0996-2613203
	世纪名表库尔勒辰野店	0996-2708638
克拉玛依	世纪名表克拉玛依汇嘉店	0990-6978151
石河子	世纪名表石河子时代广场店	0993-2088646
哈密	世纪名表哈密市汇美购物广场店	0902-6975188
西安	西安浪琴专卖店	029-88866001
渭南	苏州新宇渭南国贸店	0913-2070577
上海	新宇三宝上海钟表商店	021-53827094
	盛时表行上海东方商厦杨浦店	021-55057430
	盛时表行上海东方商厦中环店	021-61392117
	盛时表行上海东方商厦南东店	021-63610161
	盛时表行上海华狮广场店	021-53068221
	盛时表行上海友谊商店中环店	021-32556510
	上海恒隆广场真力时专卖店	021-62889789
	上海恒隆广场积家专卖店	021-62880688
	上海淮海路雷达专卖店	021-53067739
	上海新世界欧米茄旗舰店	021-53758099
	上海置地广场欧米茄旗舰店	021-63527729
	上海港汇广场CK专柜	021-53858899
	上海淮海路百盛美度表专柜	021-64732029
	上海港汇广场雪铁纳专柜	021-64075229
	上海港汇广场汉米尔顿专柜	021-64075229
杭州	新宇三宝杭州大厦店	0571-85063043
	盛时表行杭州解百店	0571-87920252
	盛时表行杭州银西百货店	0571-87002708
	盛时表行杭州银泰百货店	0571-85190702
	盛时表行杭州中都百货庆春店	0571-87253707
	盛时表行萧山开元店	0571-83881087
	尚时表行杭州银泰庆春店	0571-86533283
	尚时表行杭州大厦玉环店	0576-81726501
	尚时表行杭州解百店	0571-87089726
	尚时表行杭州萧山汇德隆店	0571-82828150
	杭州萧山机场Swatch专柜	
	盛时表行杭州萧山机场店	0571-87921303

盛时表行北京王府井百货大楼店

接待地址：北京市王府井大街255号王府井百货大楼1F
咨询电话：010-8511 5758

盛时表行北京新世界店

接待地址：北京市崇文门外大街3号新世界商场1F
咨询电话：010-6708 0576

城市	店铺	电话
杭州	尚时表行临平莱蒙商业中心店	0571-89268199
	尚时表行临平中都店	0571-89282480
	尚时表行杭州湖墅店	0571-85390270
	杭州亨得利店	0571-87064710
	杭州大厦欧米茄旗舰店	0571-85167009
	杭州大厦CK专柜	0571-85154051
	杭州中都庆春店Swatch专柜	0571-87253707
	杭州萧山机场Swatch专柜	
温州	盛时表行温州五马名表城店	0577-88228066 0577-88224704
	盛时表行温州世贸店	0577-88680026
	盛时表行温州时代广场购物中心店	0577-88993706
	尚时表行温州开太百货店	0577-88846353
	尚时表行温州银泰百货店	0577-88008089
	尚时表行温州钟表店	0577-88275349
	温州时代广场欧米茄旗舰店	0577-88993706
	温州时代广场Swatch专柜	15257700700
	温州银泰百货Swatch专柜	15257700611
瑞安	尚时表行瑞安开太百货店	0577-65872519
	尚时表行瑞安时代广场店	0577-66809687
	温州瑞安时代Swatch专柜	0577-66809521
宁波	盛时表行宁波银泰百货店	0574-87093843
	尚时表行宁波银泰江东店	0574-87816172
	宁波银泰东门浪琴专卖店	0574-87092052
金华	盛时表行金华银泰新天地店	0579-82326112
	尚时表行金华银泰百货店	0579-82329040
台州	尚时表行台州锦江百货店	0576-88825763
	台州世贸中心东森卡地亚专卖店	0576-82787766
	台州中盛百货Swatch专卖店	0576-82470692
	台州锦江百货Swatch专柜	0576-88825929
乐清	尚时表行乐清新时代店	0577-61602273
	乐清时代广场Swatch专柜	0577-61602273

城市	店铺	电话
舟山	盛时表行舟山太平洋百货店	0580-2021691
	尚时表行舟山银泰百货店	0580-2086131
富阳	尚时表行富阳银泰店	0571-61713526
诸暨	尚时表行诸暨第一百货店	0575-87035019
	尚时表行诸暨雄城大厦店	0575-87022107
绍兴	盛时表行绍兴百盛店	0575-81507118
	尚时表行杭州大厦绍兴柯桥店	0575-81169127
新昌	尚时表行新昌华翔亨达利店	0575-86383928
衢州	尚时表行衢州中百商厦店	0570-3023990
义乌	盛时表行义乌解百店	0579-85537626
	尚时表行义乌世纪联华店	0579-85269330
温岭	尚时表行温岭时代广场店	0576-86175058
南京	新宇三宝南京金鹰店	025-84722805
	盛时表行南京金鹰店	025-84703008
	盛时表行南京德基广场店	025-84763452
	尚时表行南京金鹰天地店	025-83368884
	南京德基欧米茄旗舰店	025-84763337
	南京东方商城汉米尔顿专柜	18851744235
徐州	盛时表行徐州金鹰店	0516-83600768
	徐州金鹰国际万宝龙专卖店	0516-83767565
扬州	盛时表行扬州金鹰店	0514-87367005
	尚时表行扬州金鹰京华城店	0514-89880160
泰州	盛时表行泰州金鹰店	0523-86224005
淮安	尚时表行淮安金鹰店	0517-83788549
淮北	尚时表行淮北金鹰店	0561-3868188
盐城	盛时表行盐城金鹰店	0515-83078168
	盛时表行盐城商业大厦店	0515-81602223
无锡	盛时表行无锡百盛店	0510-82700750
	盛时表行无锡八佰伴店	0510-82747530
	尚时表行无锡商业大厦店	0510-82753524
	尚时表行无锡保利广场店	0510-66067293

盛时表行北京翠微大厦店

接待地址：北京市复兴路33号翠微大厦1F
咨询电话：010-6828 2228

新宇三宝太原王府井店

接待地址：太原市亲贤北街99号阳光王府井1F
咨询电话：0351－7887127

城市	店名	电话
无锡	尚时表行无锡新世界二层店	0510-82736192
	无锡商业大厦三层CK专柜	0510-82705199
	无锡万达卡西欧专柜	
	无锡大东方伊酷童店	
张家港	苏州新宇世家张家港国际购物中心店	0512-58286970
	盛时表行张家港第一人民商场店	0512-56085628
	尚时表行张家港名都百货店	0512-56102116
	尚时表行张家港凯丽百货店	0512-58979551
高邮	尚时表行高邮东方商厦店	0514-85086961
姜堰	尚时表行姜堰锦宸百货店	0510-85050802
镇江	苏州新宇世家镇江八佰伴店	0511-88975966
	尚时表行镇江百盛商业城店	0511-85028265
	镇江八佰伴Swatch专柜	0511-88975966
	尚时表行镇江恒顺购物公园店	
江阴	盛时表行江阴华帝店	0510-86870307
	江阴星光swatch专柜	
宣城	尚时表行宣城新百店	0563-2830360
常州	盛时表行常州新世纪商城店	0519-86812017
	常州泰富百货万宝龙专卖店	0519-86806832
常熟	苏州新宇世家常熟华地店	0512-52226365
	尚时表行常熟百盛店	0512-52229910
苏州	苏州新宇世家名表店	0512-65155557
	苏州新宇世家美罗商场店	0512-62096222
	苏州新宇世家苏州金鹰国际购物中心店	0512-67280006
	苏州新宇世家苏州泰华商场（东楼）店	0512-65162389
	苏州新宇世家苏州石路国际商城店	0512-61109388
	苏州美罗商场欧米茄旗舰店	0512-69161151
	苏州美罗商场万宝龙专卖店	0512-65159767
	苏州泰华商场（主楼）欧米茄旗舰店	0512-65726917
	苏州泰华商场（主楼）万宝龙专卖店	0512-65726917
	苏州久光百货欧米茄旗舰店	0512-66961323

城市	店名	电话
苏州	苏州久光百货万宝龙专卖店	0512-66961323
	苏州金鹰国际购物中心Swatch专柜	0512-67280006
	苏州印象城swatch专柜	0512-65098678
吴江	苏州新宇世家吴江万亚购物中心	0512-63102735
	吴江万亚购物中心Swatch专柜	0512-63102735
昆山	昆山商厦浪琴专卖店	0512-55211772
南通	苏州新宇世家南通侨鸿店	0513-85593886
	盛时表行南通八佰伴店	
宜兴	宜兴华地雷达专柜	0510-87920303
合肥	盛时表行合肥金鹰百花井店	0551-2313524
	盛时表行安徽合肥百大鼓楼商厦店	0551-2615958
	盛时表行合肥百大CBD购物中心店	0551-2817875
	盛时表行合肥金鹰大东门店	0551-2201011
	盛时表行合肥百盛逍遥广场店	0551-2616030
	尚时表行合肥百大高新店	0551-5355748
	尚时表行合肥南七商业大厦	0551-3632934
	尚时表行合肥万千精品百货店	0551-2891646
	尚时表行合肥金鹰购物中心店	0551-2622096
	尚时表行合肥商之都店	0551-2624360
	尚时表行合肥百盛元一时代广场店	0551-4251872
	合肥金鹰百花井店Swatch专柜	0551-2313524
巢湖	尚时表行巢湖百大购物中心店	0565-2358127
淮南	尚时表行淮南百大购物中心店	0554-2609056
六安	尚时表行六安百大金商都购物中心店	0564-3321146
	六安百大金商都购物中心Swatch专柜	0564-3321146
芜湖	苏州新宇世家芜湖侨鸿店	0553-3880638
	芜湖侨鸿Swatch专柜	0553-3880638
马鞍山	苏州新宇世家马鞍山八佰伴店	0555-7186607
池州	尚时表行安徽商之都池州店	0566-5229928
宁国	尚时表行安徽商之都宁国店	0563-4019155
青岛	青岛新宇亨得利利群长江店	0532-86888371

盛时表行太原华宇购物中心店

接待地址：太原市开化寺街87号华宇购物中心1F
咨询电话：0351－8308326

尚时表行杭州湖墅店

接待地址：杭州市湖墅南路482-1号
咨询电话：0571－8539 0270

城市	店名	电话
青岛	青岛新宇亨得利百盛青岛店	0532-82021677
	青岛新宇亨得利中山路店	0532-82827734
	青岛新宇亨得利阳光百货店	0532-86677167
	青岛新宇亨得利百盛烟台店	0535-6293288
	青岛新宇亨得利利群台东店	0532-83620268
	青岛新宇亨得利国货城阳店	0532-87758815
	青岛新宇亨得利利群瑞泰店	0532-86990501
	青岛新宇亨得利万千百货店	0532-55563768
	青岛新宇亨得利利群东营店	0546-8512580
	青岛新宇亨得利天梭专卖店	0532-82817730
	青岛新宇亨得利精工表专卖店	0532-82838816
	青岛新宇亨得利四季春天店	0532-87860963
	青岛新宇亨得利巴黎春天店	0532-85818776
	青岛新宇亨得利阳光欧米茄旗舰店	
郑州	新宇三宝郑州大上海城店	0371-66289039
	盛时表行郑州大商新玛特店	13592581716
	盛时表行郑州丹尼斯百货店	13592581255
	盛时表行郑州花园店	0371-65559059
	盛时表行郑州华联商厦店	0371-60963799
	盛时表行郑州丹尼斯花园路店	0371-65742791
	郑州丹尼斯卡地亚专卖店	0371-66202669
	郑州百货大楼天梭专卖店	0371-66610897
	郑州印象城天梭专卖店	0371-86016580
	郑州印象城Swatch专卖店	0371-86016580
	郑州华联商厦Swatch专柜	0371-66616236
	郑州百盛Swatch专柜	0371-66616236
	尚时表行郑州大商宝龙店	0371-69108929
	尚时表行郑州丹尼斯棉纺路店	
	尚时表行郑州国贸360广场店	0371-87095715
洛阳	盛时表行洛阳丹尼斯店	0379-64600263
焦作	尚时表行焦作丹尼斯店	0391-3352526
新乡	尚时表行新乡百货大楼店	0373-2053738
	尚时表行新乡千盛店	0373-2077109
开封	尚时表行开封千盛店	0378-2156136
南阳	尚时表行南阳丹尼斯店	0377-63192229
武汉	老亨达利武汉总店	027-82835972
	老亨达利武汉新世界国贸店	15202706275
	老亨达利武汉中商广场分店	027-87322621
	老亨达利武昌新世界店	027-51799155
	老亨达利武汉徐东新世界店	027-51891502
	老亨达利武汉汉阳新世界店	027-84810462
	老亨达利武汉光谷国际广场店	027-86659836
	老亨达利武汉时尚新世界店	18971172716
	老亨达利武汉新世界中心店	027-68838342
	武汉新世界国贸卡地亚专卖店	027-85710942
	武汉新世界国贸欧米茄旗舰店	027-68850805
	武汉群光广场Swatch专柜	
	武汉王府井百货Swatch专柜	
	武汉新世界时尚广场Swatch专柜	
	武汉世贸广场swatch专柜	15202779959
	武汉光谷大洋swatch专柜	15727056061
	武汉销品茂商场swatch专柜	15727060025
黄石	老亨达利黄石威伊盛国际城店	0714-6319377
十堰	尚时表行十堰五堰商场时尚店	0719-8681332
	尚时表行十堰五堰商场步行街店	
长沙	苏州新宇长沙友谊商城店	0731-85145507
	老亨达利长沙新世界店	0731-82921198
	长沙阿波罗广场浪琴专卖店	18773170782
岳阳	尚时表行岳阳虹桥百盛店	0730-8207806
景德镇	盛时表行景德镇金鼎百货店	0798-8277021
	尚时表行景德镇华达百货店	0798-8273739
南昌	尚时表行南昌百货大楼店	0791-86251136

盛时表行扬州金鹰店

接待地址：扬州市汶河南路120号金鹰国际购物中心1F
咨询电话：0514－8736 7005

盛时表行盐城金鹰店

接待地址：盐城市建军中路169号盐城金鹰购物中心1F
咨询电话：0515－8307 8168

城市	店铺	电话
南昌	尚时表行南昌洪客隆中山店	0791-86232981
	尚时表行南昌洪客隆八一店	0791-86285052
	尚时表行莲塘洪客隆店	15970678022
	尚时表行南昌百货大楼莲塘店	13870977106
九江	尚时表行九江联盛店	0792-8320118
	尚时表行九江太平洋店	0792-8123813
上饶	尚时表行上饶洪客隆店	0793-8118349
	尚时表行上饶解百店	0793-8228536
萍乡	尚时表行南昌百货大楼萍乡店	0799-6220957
赣州	尚时表行赣州国光店	0797-8208097
吉安	尚时表行吉安国光店	0796-8239989
宜春	尚时表行宜春国光店	15909442678
新余	尚时表行新余洪客隆店	0790-6226822
丰城	尚时表行丰城洪客隆店	15170510031
贵阳	盛时表行贵阳国贸店	0851-6822597
	盛时表行贵阳龙港百盛店	0851-5211237
	盛时表行贵阳星力百货店	0851-5280165
	贵阳星力百货荔星名店欧米茄旗舰店	
遵义	尚时表行贵州遵义百盛店	0852-8231370
南宁	盛时表行南宁巴黎春天店	0771-5595160
	盛时表行南宁万达百盛店	0771-2639505
	盛时表行南宁九一新天地店	0771-2846169
	南宁梦之岛水晶城店雪铁纳专柜	
	南宁梦之岛古城美度专柜	
	南宁巴黎春天欧米茄旗舰店	0771-5595160
	南宁柏联百盛Swatch专柜	
	南宁梦之岛民族店Swatch专柜	
	南宁梦之岛水晶城店Swatch专柜	
	尚时表行南宁永凯百货店	
	尚时表行南宁亨得利店	
	尚时表行南宁梦之岛水晶城店	

城市	店铺	电话
柳州	盛时表行柳州五星商场店	
	尚时表行柳州南城店	
	柳州南城Swatch专柜	
	柳州工贸商场Swatch专柜	
桂林	桂林微笑堂Swatch专柜	
	桂林梦之岛Swatch专柜	
	尚时表行桂林南城店	
昆明	盛时表行昆明柏联百盛店	0871-3644861
	盛时表行昆明顺城王府井店	0871-3613500
	尚时表行昆明新西南百盛店	0871-3120506
	昆明顺城王府井Swatch专柜	0871-3637607
	昆明美辰百货Swatch专柜	0871-3637607
	昆明柏联百盛Swatch专柜	0871-3637607
	昆明百大新天地swatch专柜	
	尚时表行昆明百大新纪元店	
	尚时表行昆明邦利百货店	
成都	盛时表行成都王府井店	028-86751337
	尚时表行成都百盛店	028-86694688
	尚时表行成都乐宾百货店	028-81713474
	成都乐宾百货Swatch专柜	028-86628115
	成都时尚百盛Swatch专柜	028-86628115
	盛时表行成都时代百盛店	028-86716895
西昌	尚时表行西昌家佳百货店	0834-6122298
自贡	盛时表行自贡百盛店	0813-5338980
重庆	盛时表行重庆新世纪解放碑店	023-89881703
	尚时表行重庆王府井沙坪坝店	023-65302307
	尚时表行重庆南坪百盛店	023-89022140
	尚时表行重庆万州百盛店	023-58156358
	尚时表行重庆星光南坪协信店	
	重庆江北星光68欧米茄旗舰店	023-67715676
福州	盛时表行福州东百大楼店	0591-87554706

盛时表行合肥金鹰大东门店

接待地址：合肥市长江东路1105号
咨询电话：0551－2201011

盛时表行合肥百大CBD购物中心店

接待地址：合肥市长江中路369号
咨询电话：0551－2817875

城市	店名	电话
福州	尚时表行福州东百元洪购物广场店	0591-83268873
	尚时表行福州世茂百货店	0591-83307285
	福州东方百货欧米茄旗舰店	0591-87565590
	福州东方百货群升欧米茄旗舰店	0591-87457573
	福州东方百货群升浪琴专卖店	0591-87457573
	福州东百元洪购物广场Swatch专柜	0591-83268873
	福州东百Swatch专柜	0591-87433805
	福州世茂百货Swatch专柜	0591-87433805
	福州天虹百货Swatch专柜	0591-87433805
	福州天虹百货尼维达专柜	0591-87433805
厦门	盛时表行厦门巴黎春天世贸店	0592-5176121
	尚时表行厦门巴黎春天中山店	0592-2052092
	尚时表行厦门东百店	
	中山巴黎春天Swatch专柜	0592-2052092
	厦门巴黎春天世贸Swatch专柜	
	厦门大陆春天百货Swatch专柜	0592-2052092
	厦门新世界Swatch专柜	0592-2052092
	厦门瑞景天梭专柜	
海口	盛时表行海口民生百货店	
	尚时表行海口东方广场店	0898-66223705
深圳	盛时表行深圳华强茂业店	0755-83019368
	尚时表行深圳茂业友谊店	0755-82281822
广州	尚时表行广州友谊正佳店	020-38331795
	尚时表行广州友谊总店	
	尚时表行广州万千百货店	020-36689229
	尚时表行广州友谊国金店	
香港	三宝海运大厦店	00852-27358481
	三宝海洋中心店	00852-27301211
香港	三宝时代广场店	00852-25063663
	三宝中环店	00852-21144188
	三宝国际金融中心店	00852-21170000
	香港国际金融中心卡地亚专卖店	00852-21170036
	香港海运大厦萧邦专卖店	00852-21112765
	香港海运大厦卡地亚专卖店	00852-27358481
	香港海运大厦江诗丹顿专卖店	00852-31885117
	香港海港城芝柏专卖店	00852-31010333
	香港海运大厦法兰穆勒专卖店	00852-23141181
	香港利舞台江诗丹顿专卖店	00852-35792538
	香港利舞台欧米茄专卖店	00852-35792588
	香港利舞台法兰穆勒专卖店	00852-35792525
	香港时代广场积家专卖店	00852-21104238
	香港时代广场沛纳海专卖店	00852-25063311
台北	三宝台北忠孝名店	00886-2-77297289
	精光堂SOGO天母馆浪琴专卖店	00886-2-28383066
	精光堂SOGO复兴馆浪琴专卖店	00886-2-87720990
	精光堂大叶高岛屋精工、西铁城店	00886-2-28356600
	精光堂台北101浪琴专卖店	00886-2-81017822
	精光堂新光三越南西三馆店	00886-2-25675496
	台北忠孝天梭专卖店	00886-2-27710328
	台北SOGO百货忠孝馆店	00886-2-27115056
	台北统一阪急百货2F	00886-2-27203808
	台北统一阪急百货5F	00886-2-27203809
	台北MOMO专柜	00886-2-27176075
	文森保罗大直门市	00886-2-25336028
台中	精光堂中友百货2楼店	00886-4-22234621
	精光堂中友百货4楼店	00886-4-22238366

地区	店铺	电话
台中	精光堂中友百货9楼店	00886-4-22255706
	精光堂台中天梭旗舰店	00886-4-23199966
	精光堂台中公益路门市店	00886-4-23194666
	精光堂勤美诚品缘圆道店	00886-4-23233166
	精光堂广三SOGO 浪琴专卖店	00886-4-23282211
	中友百货A栋2楼	00886-4-22232525
	日曜天地	00886-4-22288728
台南	台南FOCUS百货店	00886-6-2110701
	台南大远百成功店专柜	00886-6-2367840
高雄	台湾大立百货B1楼欧米茄专卖店	00886-7-2415100
	精光堂大立精品馆店	00886-7-2118008
	精光堂高雄大远百2楼店	00886-7-5366896
	精光堂高雄大远百CK、阿玛尼店	00886-7-5376633
	精光堂高雄大远百3楼店	00886-7-3304666
	精光堂汉神巨蛋百货浪琴专卖店	00886-7-5554989
	精光堂汉神巨蛋百货雷达专卖店	00886-7-5544989
	精光堂汉神巨蛋百货精工专卖店	00886-7-5546989
	精光堂汉神巨蛋百货天梭专卖店	00886-7-5534989
	精光堂汉神巨蛋综合店	00886-7-5544789
	汉神百货本馆B2店	00886-7-2156678
	精光堂汉神百货本馆天梭专卖店	00886-7-2416008
	梦时代浪琴旗舰店	00886-7-9703577
	大统百货五福店综合柜	00886-7-2615008
	大统百货五福店FOSSIL专卖店	00886-7-2615008
	梦时代精工旗舰店	00886-7-9700006
	高雄SOGO百货店	00886-7-3304939
	高雄大立百货本馆店	00886-7-2156197
	高雄义大世界店	00886-7-6569186
高雄	梦时代雷达旗舰店	00886-7-9705158
	梦时代综合柜	00886-7-9704686
	梦时代汉米尔顿&美度专卖店	00886-7-9704688
	梦时代西铁城专柜	00886-7-9704699
	梦时代CK专柜	
新竹	精光堂新竹大远百店	00886-3-5254239
	新竹大远百精品店	00886-3-5252285
	新竹远东百货欧米茄名品店	00886-3-5236120
嘉义	精光堂耐斯松屋百货店	00886-5-2778457
基隆	基隆天梭专卖店	00886-2-24240868
中坜	中坜SOGO百货店	00886-3-4259435
桃园	桃园远东百货店	00886-3-3329388
花莲	花莲大远百店	00886-3-8316266
名表服务中心	北京亨得利	010-65256100
	上海上钟	021-63845283
	上海金钟	021-60919590

店铺列表的资讯更新日期：2011年10月31日

浪琴 Longines

雷达 Rado

帝舵 Tudor

豪雅 Tag Heuer

艾美 Maurice Lacroix

名士 Baume & Mercier

汉米尔顿 Hamilton

美度 Mido

雪铁纳 Certina

天梭 Tissot

RETAIL
CHA

以上信息截止于2011年5月1日　如有更新请参考亨得利名表网 www.hengdeliwatch.com

PRIME TIME 盛时表行

繁花灿烂，正当盛时。盛时表行是亨得利集团旗下销售国际中高档名表的品牌综合店。提供一流品质，多样选择，是追求个性爱表人士的首选表店。

盛时表行目前分布在：北京、天津、沈阳、上海、杭州、南京、合肥、广州、郑州等城市。

U0920937